DEUTSCHE TEXTE

13

THEORIE UND KRITIK
DER DEUTSCHEN NOVELLE VON
WIELAND BIS MUSIL

HERAUSGEGEBEN

VON

KARL KONRAD POLHEIM

MAX NIEMEYER VERLAG TÜBINGEN

1970

In den *Deutschen Texten* werden poetische, kritische und theoretische Texte aus dem gesamten Bereich der deutschen Literatur bis zur Gegenwart sowie dazugehörige Materialien und Dokumente veröffentlicht. Die Wahl der Themen, die Zusammenstellung der Texte und die Anlage der Bände entsprechen der Zielsetzung der Reihe: die *Deutschen Texte* sind für den Unterricht in Literaturgeschichte und Literaturwissenschaft an den Universitäten und den höheren Schulen bestimmt.

ISBN 3 484 19010 8

© Max Niemeyer Verlag Tübingen 1970
Alle Rechte vorbehalten. Printed in Germany
Herstellung: Bücherdruck Helms KG Tübingen
Einband von Heinr. Koch Tübingen

INHALTSVERZEICHNIS

VI

VORWORT

Was eine Novelle sei: diese Frage, die jeder Primaner beantworten können muß, bereitet der deutschen Literaturwissenschaft seit einiger Zeit erhebliches Kopfzerbrechen. Aber wie verschieden, ja gegensätzlich die Lösungsversuche auch sein mögen - hier die Vorstellung von bestehenden normativen Wesensmerkmalen, dort die Auffassung von durchaus wandelbaren und historisch sich wandelnden Formen[1] -, sie müssen sich alle mit der eigentlichen Blütezeit der deutschen Novelle, dem 19. Jahrhundert im weiteren Sinn, auseinandersetzen. Was aber haben die Dichter und Denker dieser Zeit selbst über die Novelle zu sagen gewußt? Die Äußerungen weniger: Goethes, Tiecks und Heyses vor allem, sind bekannt und werden wiederholt und mit kanonischer Geltung beschwert. Jedoch - in welchem Zusammenhang und bei welcher Gelegenheit fielen diese Äußerungen? Wie verhielten sich die Zeitgenossen dazu? Was hatten sie ihrerseits vorzubringen?

Solches hat man, wenn man auf die Novellentheorien des 19. Jahrhunderts pochte, recht wenig beachtet. Es mag daher nicht unangebracht sein, eine kleine Sammlung bekannter wie unbekannterer Stimmen vorzulegen. Sie setzt mit Wieland ein, der die erste ausführlichere Definition gab und somit das Nachdenken über die Novelle in Deutschland recht eigentlich einleitete. Sie berücksichtigt die Aussagen romantischer, biedermeierlicher, jungdeutscher, realistischer, naturalistischer Dichter und ihrer Gegner, die Meinungen von Philosophen und Popularphilosophen, von Poetikern und Kritikern, die Lehren der beginnenden Literatur- und Geisteswissenschaft. Sie schließt mit einer Bemerkung Musils aus dem Jahr 1914. Denn mit der Welt des 19. Jahrhunderts beendete dieser Einschnitt auch die Blütezeit der deutschen Novelle; zugleich eröffnete er - es ist kein Zufall - deren wissenschaftlich formalkritische Behandlung:

---

[1] Vgl. dazu und zum folgenden meinen Forschungsbericht: *Novellentheorie und Novellenforschung*, Stuttgart 1965 (= Referate aus der Deutschen Vierteljahrsschrift für Literaturwissenschaft und Geistesgeschichte).

1915 erschien Oskar Walzels für die Folgezeit maßgebender Aufsatz über die Kunst der Novelle.

Ein Blick in die Sammlung läßt erkennen, wie umstritten die Novelle als verbindliche poetische Gattung im 19. Jahrhundert ist. Gelangt schon die Befürwortung einer gültigen Novellenform selbst zu keiner Einheitlichkeit – ganz zu schweigen von den Widersprüchen in den Texten desselben Autors –, so stehen ihr vielfältig Kritik oder Ablehnung oder einfach die gegenteilige Meinung gegenüber. Auch die so oft als Kronzeugen beschworenen Stimmen erhalten in dieser Umgebung einen etwas anderen Ton. Der heute wieder gerne genannte Friedrich Schlegel geht auf eigenem Weg voran. Seine Aussagen, hier um Unveröffentlichtes vermehrt, beziehen sich nicht so sehr auf einen Gattungstypus, als vielmehr auf seine Idee von der romantischen Poesie überhaupt. So wirken sie auf seine romantischen Zeitgenossen, aber nicht auf das weitere Gespräch über die Novelle. Dieses erhält neuen Auftrieb durch die einsetzende Mode, Novellen zu schreiben, die ihrerseits literatursoziologische Gründe hat. Die Publikationsformen der Taschenbücher und Zeitschriften spielen dabei eine wichtige Rolle. Dazu tritt nun das reiche Novellenschaffen Tiecks, an dem sich die Gedanken über die Novelle, Zustimmung und Ablehnung, neuerlich und lange noch entzünden. Nicht der Theoretiker, sondern der Dichter Tieck also wirkt so anregend, und dies mit Werken, welche sich unserer gängigen Vorstellung von der Novelle kaum einfügen. Als er dann 1829 seine eigene Theorie veröffentlicht, ist dies keineswegs ein Vorstoß in ein neues Gebiet poetischer Gattungen, sondern eine Antwort auf die oft kritischen Abhandlungen und Rezensionen über ihn. Auch Goethes berühmter Ausspruch, zwei Jahre vorher, ist als Reaktion auf jene Novellenmode deutlich, und er wird, was nicht übersehen werden soll, aus einem bestimmten Anlaß heraus getan und in die Form einer Frage gekleidet. Goethes und Tiecks Äußerungen rücken zeitlich nahe an die der Jungdeutschen, die in sich wiederum uneinheitlich genug sind. Die großen Novellendichter des Realismus sprechen kaum ein Wort zur Novellentheorie, höchstens in privaten Briefen auf äußere Anregungen hin, und nicht umsonst zieht Storm seine Vorrede zurück. Als Heyse, der viel schwächere Dichter, seine Definition formuliert, verwendet er vorsichtig den Konjunktiv, und die stärkere Betonung später zielt offensichtlich auf die eigene Produktion. Daneben laufen in mannigfachen Ausprägungen die Meinungen und Gegenmeinungen über die Novelle bis zum Ende der Epoche hin.

Die Novellenauffassung des 19. Jahrhunderts kann nicht durch die einseitige Hervorhebung einiger weniger Stimmen erkannt und als Basis für weitere Folgerungen benutzt werden. Erst die Fülle der Zeugnisse mit der Verschiedenheit ihrer Aussagen vermag ein richtiges historisches Bild zu ergeben. Zu diesem will unsere Sammlung hinführen. Sie selbst freilich kann nur einen Ausschnitt bieten, der als Arbeitsgrundlage für Seminare und Übungen oder für die selbständige Beschäftigung dienen soll, vielleicht zur Korrektur mancher herrschenden Lehrmeinung und hoffentlich zur vertieften Forschung anregend. Um diesen Sinn von Übungstexten zu wahren und daher Umfang und Preis nicht zu erhöhen, mußte auf vieles verzichtet werden. Zahlreiche Autoren konnten überhaupt nicht aufgenommen werden, und bei fast allen genannten waren Kürzungen unumgänglich. Diesen fielen leider auch die praktischen Beispiele, wie sie manche Dichter für Novellenstoff und Gestaltung vorbringen, zum Opfer.

In die Sammlung wurden nur solche Stellen einbezogen, in denen das Wort Novelle tatsächlich vorkommt, sonst wäre ein Abgleiten ins Uferlose unvermeidlich. Alle diese Stellen sind dergestalt chronologisch geordnet, daß die erste aufgenommene Äußerung eines Autors für seine zeitliche Eingliederung maßgebend wurde, die anderen Äußerungen desselben Autors aber, um die Einheit der Person zu bewahren, unmittelbar folgen. Querverweise sind nur dort angebracht, wo der unmittelbare Bezug im Text selbst ausgesprochen ist. Darüber hinaus werden die einzelnen Stimmen weder gedeutet noch sachlich eingeordnet noch miteinander in Beziehung gesetzt. Diese Aufgabe, die das beigegebene Register erleichtern möge, sei dem Benützer vorbehalten. Um ihm weitere Möglichkeiten des Vergleichens und Differenzierens zu bieten, wurden trotz des Platzmangels bisweilen ähnliche, aber auch konträre Aussprüche eines und desselben Autors nebeneinandergestellt.

Zur äußeren Einrichtung der Sammlung ist noch folgendes zu bemerken. Jedem Text geht der Nachweis seiner Herkunft voran. Als entscheidender Titel (kursiv) wird derjenige angesehen, der über einer selbständigen, in sich geschlossenen Arbeit steht, bei Aufsatzsammlungen also der Titel des einzelnen Aufsatzes, bei Gesamtwerken der Gesamttitel, auch wenn hier Unterabteilungen eingeführt sind. Die so häufig zitierten Vorworte und Einleitungen werden als Einheit aufgefaßt und daher für sich genannt, womit gleichzeitig ein Hinweis auf eine interessante literarische Erscheinung gegeben ist. Die Texte sind geordnet nach dem Zeitpunkt ihres Erstdrucks (ED) oder ihres mündlichen Vortrags (bei Vorlesungen und Gesprächen). Der wiedergegebene Text ist auch bei späteren Auflagen mit dem Erstdruck identisch, sofern nichts anderes angemerkt wird.

Alle Texte sind in der Orthographie der zitierten Ausgabe wiedergegeben. Das Druckbild jedoch ist vereinheitlicht, indem verschiedene Schrifttypen nicht berücksichtigt, alle Sperrungen und Auszeichnungen aufgehoben (sie wechseln oft je nach der Auflage), dagegen alle Titel einheitlich kursiv gesetzt sind. Offensichtliche Druckfehler wurden stillschweigend verbessert. Textkritische Zeichen sind, der besseren Lesbarkeit wegen, weggelassen; sie können ja in der zitierten Ausgabe nachgeschlagen werden (dies gilt besonders für Friedrich Schlegel). Da fast alle Texte gekürzt in Auszügen oder Ausschnitten geboten werden müssen, wird dies bei Sinnzusammenhängen durch Punkte in eckiger Klammer angedeutet, sonst aber nicht eigens bemerkt.

Zum Schluß darf ich meinen Dank aussprechen. Verpflichtet fühle ich mich dem Buch von Arnold Hirsch über den Gattungsbegriff Novelle, das bereits 1928 reiche Hinweise auf die Anschauung des 19. Jahrhunderts gab. Meinen Hilfskräften, den Herren Michael Jungfer und Dieter Kunze, danke ich für ihre unermüdliche Hilfe bei der oft sehr schwierigen Beschaffung der Quellen. Sie wäre ohne das große Entgegenkommen des Herrn Oberbibliotheksrates Dr. Günter Soffke nicht möglich gewesen. Mein Assistent, Herr Heinz-Peter Niewerth, hat dankenswert das Register erstellt. Nicht zuletzt aber danke ich dem Lektor des Max Niemeyer Verlages, Herrn Lothar Rotsch, für seine rege Anteilnahme und die wertvolle Unterstützung.

Bonn, im Herbst 1969   Karl Konrad Polheim

CHRISTOPH MARTIN WIELAND

1   *Don Sylvio von Rosalva* [Anmerkung zum I. Buch. – ED: 2. Auflage. 1772]. In: W.s Werke. XIV. Theil: Don Sylvio von Rosalva. I. Theil. Berlin: Hempel o. J., S. 167f.

Novellen werden vorzüglich eine Art von Erzählungen genannt,
welche sich von den großen Romanen durch die Simplicität des
Plans und den kleinen Umfang der Fabel unterscheiden, oder
sich zu denselben verhalten, wie die kleinen Schauspiele zu der
großen Tragödie und Komödie. Die Spanier und Italiener haben deren eine unendliche Menge. Von jenen sind die Novellen
des Cervantes durch die französische und durch mehrere deutsche Übersetzungen bekannt. Sie sind ihres Verfassers nicht un-
würdig. Von den italienischen hat man uns zu Venedig 1754
einen Auszug unter dem Titel: *Il Novelliere Italiano*, in vier
Octavbänden geliefert, der nicht weniger als 177 Novellen von
mehr als achtundzwanzig verschiedenen Verfassern enthält. Die
meisten sind Nachahmer des durch sein *Decamerone* so berühmten Boccaccio. Auch die Franzosen haben, seitdem die Damen
Gomez und Ville-Dieu diese Art von kleinen Romanen beliebt
gemacht haben, eine Menge Werkchen dieser Art aufzuweisen,
wovon die besten in der *Bibliothèque de Campagne* zu finden
sind.

2   *Die Novelle ohne Titel. Einleitung* [ED in: Taschenbuch für das
Jahr 1804. Der Liebe und Freundschaft gewidmet. Frankfurt/M.:
Wilmans]. In: W.s Gesammelte Schriften. Hg. von der Deutschen
Kommission der Preußischen Akademie der Wissenschaften. I.
Abt.: Werke. XX. Bd: Alterswerke. Hg. von F. Beißner. Berlin:
Weidmann 1939, S. 6of. (Dazu: Bericht des Herausgebers zu W.s
Werken. XX. Bd. Berlin: Weidmann 1940, S. 6A, 10A).

Herr M., dem das Loos die Unterhaltung der Gesellschaft am
vierten Abend aufgetragen hatte, erklärte sich in einem kleinen
Prolog: da er weder ein Geistermährchen, noch ein Milesisches
Mährchen, noch irgend eine andre Gattung von aufstellbaren
Mährchen in seinem Vermögen hätte, so würden die Damen

und Herren mit einer kleinen Novelle vorlieb nehmen müssen, die er ehmahls in einem alten wenig bekannten Spanischen Buche gelesen zu haben vorgab. Bey einer Novelle, sagte er, werde vorausgesetzt, daß sie sich weder im Dschinnistan der Perser, noch im Arkadien der Gräfin Pembroke, noch im Thessalien der Fräulein von Lussan, noch im Païs du Tendre der Verfasserin der *Clelia*, noch in einem andern idealischen oder utopischen Lande, sondern in unserer wirklichen Welt begeben habe, wo alles natürlich und begreiflich zugeht, und die Begebenheiten zwar nicht alltäglich sind, aber sich doch, unter denselben Umständen, alle Tage allenthalben zutragen könnten. Es sey also von einer Novelle nicht zu erwarten, daß sie (wenn auch alles übrige gleich wäre) den Zuhörern eben denselben Grad von Anmuthung und Vergnügen gewähren könnte, den man aus glücklich gefundenen oder sinnreich erfundenen und lebhaft erzählten Mährchen zu schöpfen pflege. [...]

JOHANN JOACHIM ESCHENBURG

3   *Entwurf einer Theorie und Literatur der schönen Wissenschaften* [ED: 1783]. Neue, umgearbeitete Ausgabe. Berlin u. Stettin: Nicolai 1789, § 26, S. 341.

Unter der zahlreichen Menge von ältern Romanen der Italiäner verdient hier keiner genannt zu werden. In der blühendsten Periode ihres Geschmacks schränkte man sich vornehmlich auf kleinere prosaische Erzählungen oder Novellen ein, von welchen diese Nation einen großen Vorrath besitzt. [...]

CHRISTIAN FRIEDRICH SCHWAN

4   *Nouvelle.* In: C. F. Sch., Nouveau Dictionnaire de la Langue Françoise et Allemande. Tome III. Mannheim: Schwan et Fontaine 1791, Sp. 467.

Man pflegt auch kleine erdichtete Erzählungen und wunderbare Begebenheiten, die blos zur Unterhaltung dienen sollen Nouvelles zu nennen, in welcher Bedeutung man auch wohl im Deutschen die Novelle sagt. Une nouvelle espagnole; eine spanische Novelle oder Erzählung. Une nouvelle historique; eine historische Novelle.

CHRISTIAN FRIEDRICH VON BLANCKENBURG

5 [Unbezeichneter Zusatz zum Artikel:] *Erzählung (Dichtkunst).* In: Johann George Sulzer, Allgemeine Theorie der Schönen Künste in einzeln, nach alphabetischer Ordnung der Kunstwörter auf einander folgenden, Artikeln abgehandelt. II. Theil. Neue vermehrte 2. Auflage. Leipzig: Weidmann 1792, S. 143f.

Eine zweite Art hieher gehöriger Erzählungen, sind die so genannten, eigentlichen Nouvelles, welche gegen die Mitte des siebzehnten Jahrhundertes Mode wurden. Sie zeichnen, von den angeführten, kürzern und fröhlichern oder auch traurigen, sich durch größere Umständlichkeit, durch mehrere Entwickelung des Inhaltes, durch mehr Ernst, oder Feyerlichkeit im Tone aus; es sind wirkliche kleine Romane; und, wahrscheinlicher Weise sind die vorher angeführten spanischen Erzählungen, im Ganzen, ihr Muster gewesen. [...]

FRIEDRICH SCHLEGEL

6 *Fragmente zur Literatur und Poesie* [Notizheft 1797–1798]. In: F. S., Literary Notebooks 1797–1801. Ed. H. Eichner. London: Athlone 1957 [Abgek.: LN. Nach Nummern zitiert].

[LN 450] Novelle ist ein analytischer Roman ohne Psychologie.
[LN 848] Systematisirte Novellen hängen wie Terzinen in Prophetie zusammen.
[LN 860] *Don Quixote* mehr eine Kette als ein System von Novellen. – Viele Romane eigentlich nur Ketten oder Kränze von Novellen. – Die Novelle ist eine romantische Rhapsodie.
[LN 951] [...] Die Novelle eine Romantische Tendenz, Fragment, Studie, Skizze in Prosa; – eins, oder alles zusammen. –
[LN 954] Die älteste Form für den Prosa Roman ein System von Novellen.
[LN 962] [...] Novelle in der ältesten Bedeutung = Anekdote.
[LN 970] Novellen dürfen im Buchstaben alt sein, wenn nur der Geist neu ist.

[LN 972] Shakspeare's ganze Form wäre wohl systematisch, sein tragischer und komischer Geist ließe sich recht gut in Novellen ausdrücken; in diesen alles andre gemischt, nur Tragisches und Komisches gesondert.

[LN 1025] Die systematische Form (des Romans) eine Kette von Novellen, die wie Theorema, Aporema, Problema auf einander folgt. (Die Fragmentenform eine lanx satura von Novellen.)

[LN 1058] Novellen sind romantische Fragmente, suchen das Barokke in der Intrigue.

[LN 1094] Episches Romanzo = Romanze + Novelle + Historie. Im Ariost vielleicht nur die beiden ersten.

[LN 1102] Die wahre Novelle ist zugleich Romanze und Roman.

[LN 1126] In einer Novelle ist die Einheit zugleich philosophisch, ethisch und poetisch; Symmetrie, Nemesis pp.

[LN 1127] Im Ganzen ist die spanische Romantische Poesie eine Romanze, die italiänische eine Novelle, die Engländische eine History.

[LN 1133] Mährchen könnten recht tragisch bizarr sein. – Die Italiänischen sind die Urform der Novelle [...]

[LN 1148] Ohne Novellen zu kennen, kann man Shakspeare's Stücke nicht verstehn der Form nach.

[LN 1154] Ariost, Cervantes und Shakspeare, jeder hat auf andre Weise die Novelle poetisirt. Die wahre Novelle muß in jedem Punkt ihres Seins und Werdens neu und überraschend sein.

[LN 1182] Im Shakspeare sehr deutlich – Mährchen, Novellen, Historien als bestimmte Gattungen des Romantischen.

[LN 1221] Die Novelle so ganz rhetorisch, daß sie sich in δικανική, ἐπιδεικτική und συμβουλευτική theilt.

[LN 1230] Die Novelle muß durch und durch erotisch sein, im Mährchen und der Historie darf die Liebe untergeordnet sein.

[LN 1232] Das Problem der Umgebung für ein System von Novellen ist noch nicht gelöst.

[LN 1252] Gewöhnliche Anekdoten als chaotisch Romantisches nebst Volksmährchen gehören zu den Novellen.

[LN 1254] *Don Quixote* ist das polemische Punctum saliens – das ‚Werde Licht' der Novellen.

7   *Kritische Fragmente* [ED in: Lyceum der schönen Künste. I. Bd, 2. Teil. 1797]. In: Kritische Friedrich-Schlegel-Ausgabe. Hg. von E. Behler unter Mitwirkung von J.-J. Anstett und H. Eichner [Abgek.: KA]. II. Bd: Charakteristiken und Kritiken I. Hg. von H. Eichner. München-Paderborn-Wien: Schöningh 1967, S. 153.

[Lyceumsfragment 53] In Rücksicht auf die Einheit sind die meisten modernen Gedichte Allegorien (Mysterien, Moralitäten,) oder Novellen (Avantüren, Intrigen); ein Gemisch, oder eine Verdünnung von diesen.

8   *Ideen zu Gedichten* [Notizheft 1798]. In: LN (vgl. oben Nr 6) und Unveröffentlichtes.

[LN 1347] Ewige Jugend das wesentliche Erforderniß des Romantischen. – Das unzerstörbar Neue in der Novelle (nicht bloß in der Begebenheit sondern auch im Ganzen der Conversation, auch in Ethos und Pathos, wenn diese werden und wachsen, nicht still stehn) ist noch verschieden von dem Romantischen. Dieß lezte liegt oft in einer frischen Buntheit und leichten Unendlichkeit nach allen Seiten. – [...]
[LN 1361] Der Zweck der kritischen Novelle ist, die Poesie zu verjüngen und ins Leben einzuführen, das Moderne modern zu erhalten pp. [...]
[LN 1365] Die Novelle ist ein KünstlerRoman, nämlich der Romantischen Kunst, dann zu einem Mährchen und endlich zu einer Fabel gemacht und sublimirt.
[Unveröffentlicht. S. 42] Theorie und Geschichte nach allen Seiten unendlich; diese können recht gut in den Novellen Statt finden.
[LN 1375] Zu den Novellen gehört ganz eigentlich die Kunst gut zu erzählen, wie zu der classischen Übersetzung die Kunst, gut darzustellen.
[Unveröffentlicht. S. 44] Zum Roman durchaus keine Rhetorik sondern nur ästhetische Philosophie. – Die Novelle nicht bloß historisch sondern auch rhetorisch.
[LN 1430] Der organische Roman ist eine Novelle, d. h. ein Roman der sich ganz aufs Zeitalter bezieht.
[LN 1441] Eine Novelle ist eine witzige Begebenheit; auch Begebenheiten können naiv sein, Humor und Caricatur haben; grotesk, das versteht sich von selbst.

[LN 1449] Novellen sind mythische Concetti.

[LN 1452] Fabel, Mährchen und Legenden können durch Kunst und Bildung zu Novellen werden. Dahin gehört auch die Poetisirung der Künste.

9   *Fragmente* [ED in: Athenäum, I. Bd, 2. Stück. 1798]. In: KA. II. Bd (vgl. oben Nr 7), S. 236, 250.

[Athenäumsfragment 383] Es gibt eine Art von Witz, den man wegen seiner Gediegenheit, Ausführlichkeit und Symmetrie den architektonischen nennen möchte. Äußert er sich satirisch, so gibt das die eigentlichen Sarkasmen. Er muß ordentlich systematisch sein, und doch auch wieder nicht; bei aller Vollständigkeit muß dennoch etwas zu fehlen scheinen, wie abgerissen. Dieses Barocke dürfte wohl eigentlich den großen Styl im Witz erzeugen. Es spielt eine wichtige Rolle in der Novelle: denn eine Geschichte kann doch nur durch eine solche einzig schöne Seltsamkeit ewig neu bleiben. Dahin scheint die wenig verstandne Absicht der *Unterhaltungen der Ausgewanderten* zu gehn. Wunder nimmts gewiß niemand, daß der Sinn für reine Novellen fast nicht mehr existiert. Doch wäre es nicht übel, ihn wieder zu erwecken, da man unter andern die Form der Shakespeareschen Dramen ohne das wohl nie begreifen wird.

[Athenäumsfragment 429] Wie die Novelle in jedem Punkt ihres Seins und ihres Werdens neu und frappant sein muß, so sollte vielleicht das poetische Märchen und vorzüglich die Romanze unendlich bizarr sein; [...]

10   *Philosophische Fragmente. Zweite Epoche. I* [Notizheft 1798 bis 1799]. In: KA. XVIII. Bd: Philosophische Lehrjahre 1796–1806. I. Teil. Hg. von E. Behler. 1963, Notizheft IV, S. 230ff., 262ff. [Abgek.: PhL IV und Nummer].

[PhL IV 436] Die Figurazion in Tiecks Romanen ist zugleich Novelle und Mährchen; die Lizenzen von beiden.

[PhL IV 485] [...] Mährchen, Novelle, Historie – Romanze – sind die Grundlage aller Formen der modernen Poesie. [...]

[PhL IV 822] [...] Novelle oft nur ein poetischer Essay d. h. ein pittoreskes Conversationsstück.

[PhL IV 825] [...] Die Prosa in den Novellen eigentlich schön

6

– die Umgebung erotisch. Darstellung der ganzen Liebe. Jede Novelle ist eine Charakteristik.

[PhL IV 837] [...] Roman und Dithyrambus sind Werke, Drama und Übersetzung nebst Novelle sind poetische Studien, Diaskeuasen, Essays.

11 *Philosophische Fragmente. Zweite Epoche. II* [Notizheft 1798 bis 1801. Hier wohl 1799]. In: KA. XVIII. Bd (vgl. oben Nr 10), Notizheft V, S. 345.

[PhL V 293] Essays sind der Gegensatz der Novellen.

12 *Fragmente zur Poesie und Literatur II und Ideen zu Gedichten* [Notizheft 1799–1801]. In: LN (vgl. oben Nr 6) und Unveröffentlichtes.

[LN 1609] Novellen haben am meisten von Studien. – Soll man in der Poesie Studien machen?

[Unveröffentlicht. S. 22] Die epischen Novellen müßten etwa mit einem absoluten Setzen des reinen Erzählens anfangen, die Satiren dagegen mit der Polemik gegen die Langeweile.

[LN 1688] Der Grund der Novelle die Anekdote. Alles andre spätere Umbildung. Die meisten Novellen sind wahr.

[LN 1691] Die besten Heldensagen altdeutsch. – Die spanischen Romane schon ein Gemisch von diesen und von Mährchen und Novellen.

[Unveröffentlicht. S. 44] Die Novellen ganz in Prosa; die Geschichte muß da alles sein, nicht der Liederputz; ernst, gründlich, genau, einzeln, bedeutend.

[LN 1847] Novellen haben Affinität mit Dramen, wie Romanzen mit Lyrik, nicht Identität.

[LN 1862] Im Ariost eigentlich Novelle, Mährchen und selbst etwas Arabeske mit dem Rittergedicht vereinigt. [...]

[LN 1867] Sage, Mährchen, Novelle gehn auf das wirkliche Leben; Arabeske, Schäfergedicht, Legende sind alle nur poetische Poesie – Darstellung der Kunst, der Poesie, künstlerischer Menschen und des poetischen Lebens.

[LN 1890] Es giebt eine arabeske, eine idyllische, eine Legendenmäßige (alterthümlich würdige) und eine Novellen Prosa; die letzte ist die höchste.

[LN 1895] In den Novellen, Mährchen, Romanzen ist die Einheit historisch – in Lyrik und Drama ist die Einheit technisch.

[LN 1900] In der Novelle muß die Geschichte so nichts sein wie nur möglich. Epideixis über und aus Nichts eine artige Geschichte machen zu können.

[Unveröffentlicht. S. 57] Die Novelle muß bald musikalisch pittoresk – tragisch – komisch behandelt werden, kurz in mancherlei Mischung und Gegensätzen. – Jede Novelle zugleich auf Idylle und Arabeske bearbeitet und entweder musikalisch oder pittoresk.

[LN 1946] Zu bloßen Novellen können nur einzelne Geschichten genommen werden, nicht solche die im System erst ganz schön sind, wie die Griechischen Metamorphosen pp.

[LN 1950] Wie Märchen und Idyllen sich auf Fantasie und Schönheit, so beziehen sich Arabesken und Novellen auf Erfindung und Umbildung. – Allerdings ist die neue attische Komödie durchaus Novelle. – Wie die Operette romantisch, so vielleicht die Novelle dramatisch ihrer Natur nach.

[Unveröffentlicht. S. 60] Absolute Rhetorik ein Ziel für Tragödie und auch für Novellen – aber auf ganz andere Art. Zur Novelle die epideiktische, dort die dikanische. – Alles Idyllische, Märchenhafte und Arabeske in jeder Novelle entwickelt, in sich selbst allegorisch und consequent gemacht und dann rhetorisiert. – Das Combiniren mehrerer Geschichten gehört sehr zur Kunst der Novellen.

[Unveröffentlicht. S. 64] Individualität das Wesen der Novelle.

[Unveröffentlicht. S. 66] Die Form der Novellen durchaus rhetorisch, nicht bloß historisch.

[LN 1997] Wie unter denen des Cervantes und Shakspeare so muß es auch unter den Novellen des Boccaccio eine Centralnovelle geben.

[LN 2035] Die Novelle ist die Poesie der guten Gesellschaft, daher Anekdote.

[LN 2047] Die Elemente des Romans sind Legende, Romanze und Novelle; [...]

[LN 2050] [...] Tragische Tollheit und tragische Dummheit. Der Quell von Cervantes' Novellen in *Galatea* zu suchen, und dann im *Don Quixote*.

[LN 2051] *Adonis* ist die Centralnovelle des Shakspeare.

[LN 2111] Die Würde des Handels und der mechanischen Kunst liegt tief im Geist der italiänischen Novelle.

13 *Gespräch über die Poesie* [ED in: Athenäum. III. Bd, 1. u. 2. Stück. 1800]. In: KA. II. Bd (vgl. oben Nr 7), S. 301, 337.

[...] die Bekanntschaft mit den zärtlichen Gedichten des bei den Vornehmen beliebten Spenser gab seinem [Shakespeare] neuen romantischen Schwunge Nahrung, und dieser mochte ihn zur Lektüre der Novellen führen, die er mehr als zuvor geschehn war, für die Bühne mit dem tiefsten Verstande umbildete, neu konstruierte und fantastisch reizend dramatisierte. Diese Ausbildung floß nun auch auf die historischen Stücke zurück, gab ihnen mehr Fülle, Anmut und Witz, und hauchte allen seinen Dramen den romantischen Geist ein, der sie in Verbindung mit der tiefen Gründlichkeit am eigensten charakterisiert, und sie zu einer romantischen Grundlage des modernen Drama konstituiert, die dauerhaft genug ist für ewige Zeiten.

Von den zuerst dramatisierten Novellen erwähnen wir nur den *Romeo* und *Love's Labour's Lost*, als die lichtesten Punkte seiner jugendlichen Fantasie, die am nächsten an *Adonis* und die *Sonette* grenzen. In drei Stücken von *Heinrich dem Sechsten* und *Richard dem Dritten* sehn wir einen stetigen Übergang aus der ältern noch nicht romantisierten Manier in die große. An diese Masse adstruierte er die von *Richard dem Zweiten* bis *Heinrich dem Fünften*; und dieses Werk ist der Gipfel seiner Kraft. Im *Macbeth* und *Lear* sehn wir die Grenzzeichen der männlichen Reife und der *Hamlet* schwebt unauflöslich im Übergang von der Novelle zu dem was diese Tragödien sind. [...]

[...] So scheinen mir im Umkreise der romantischen Poesie selbst Novellen und Märchen z. B., wenn ich so sagen darf, unendlich entgegengesetzt. [...]

14 *Nachricht von den poetischen Werken des Johannes Boccaccio* [ED in: Charakteristiken und Kritiken. II. Bd. 1801]. In: KA. II. Bd (vgl. oben Nr 7), S. 386, 390f., 393–396.

[...] Also B. [Boccaccio] selbst bestätigt durch sein Beispiel, was Cervantes und Shakespeare zur Genüge bewiesen haben, daß die Novelle auch einzeln und für sich bestehend muß interessieren können, daß es nicht gerade notwendig ist, eine ganze Flora derselben in ein romantisches Symposium einzufassen, wie es im *Decamerone* so vortrefflich geschehen ist, daß es zu ausschließend allgemeine Regel scheinen könnte [...]

[...] Von dem *Decamerone* eine Beschreibung zu geben, würde überflüssig sein. Die Einfassung des Werks muß denen, die bisher nur dieses allein vom B. kannten, nach dem, was ich von seinen übrigen berichtet habe, schon ungleich verständlicher sein, da wir die allmählige Entstehung dieser eigentümlichen Lieblingsform des Boccaz, eine gründlich genaue, fast geometrisch geordnete Darstellung seines geselligen Kreises mit einem Kranz von lieblichen Geschichten zu durchflechten, in mehren Stufen nachweisen konnten. Die Charakteristik der Novellen müßte ins einzelne gehn, da ja jede Novelle ihren spezifisch verschiedenen Charakter, ihre eigne Signatur hat; ferner da viele von bedeutenden Meistern umgebildet sind, müßte die Nachbildung mit der Behandlung des B. verglichen werden, und diese mit ihren Quellen, die wir sehr oft nicht finden oder nicht haben können. Im ganzen scheint es die beste Methode, Novellen zu charakterisieren, wenn man sie erneuert, wo die Charakteristik zugleich den Beweis ihrer Richtigkeit oder Unrichtigkeit mit sich führt. Fruchtbar wäre es für die Theorie, die Geschichte einer einzigen Novelle von besondrer Tiefe, die etwa recht viele Umbildungen erfahren hat, des Beispiels wegen durch alle diese durchzuführen; welches aber hier, wo unsre Absicht auf einen einzelnen Meister beschränkt ist, nicht stattfinden kann. Weniger überflüssig dürfte es sein, einige Worte zur Charakteristik der ganzen Gattung zu sagen, wodurch es uns wenigstens vielleicht gelingen wird, einiges Nachdenken darüber zu veranlassen.

Ich wähle dazu einen Weg, der sonderbar scheinen kann. Ich werde zuerst suchen die Tendenz des Dichters, der mit Recht als der Vater und Stifter der Novelle betrachtet wird, in eine Idee zusammenzufassen, ob diese etwa ein Licht über die tiefere Eigenheit der Gattung gibt. [...]

[...] Die subjektive Beschaffenheit oder Beziehung fast aller Werke des Boccaz fällt in die Augen. Nehmen wir nun an, daß dies an sich nicht fehlerhaft, daß es vielmehr die eigentliche, also richtige Tendenz seiner Kunst war, das Subjektive mit tiefster Wahrheit und Innigkeit rein ans Licht zu stellen, oder in klaren Sinnbildern heimlich anzudeuten, so wird es begreiflich, daß sie gerade in der *Fiammetta* in ihrem höchsten Glanze erscheint; und wenn es uns gelingt, den Charakter der Novelle mit diesem Begriff von der Tendenz des Künstlers in Beziehung zu setzen, so werden wir einen Mittelpunkt und gemeinschaftlichen Gesichtspunkt für alle seine Werke gefunden haben, die man ganz richtig nur als Annäherungen und Vorbereitungen zur *Fiammetta* oder zur Novelle, oder als unwillkürliche Verbindungsversuche und zwischen beiden schwankende und schwebende Mittelglieder betrachten würde.

Ich behaupte, die Novelle ist sehr geeignet, eine subjektive Stimmung und Ansicht, und zwar die tiefsten und eigentümlichsten derselben indirekt und gleichsam sinnbildlich darzustellen. Ich könnte mich auf Beispiele berufen und könnte fragen: Warum sind denn unter den Novellen des Cervantes, obgleich alle schön sind, einige dennoch so entschieden schöner? Durch welchen Zauber erregen sie unser Innerstes und ergreifen es mit göttlicher Schönheit, als durch den, daß überall das Gefühl des Dichters, und zwar die innerste Tiefe seiner eigensten Eigentümlichkeit sichtbar unsichtbar durchschimmert, oder weil er wie im *Curioso Impertinente* Ansichten darin ausgedrückt hat, die eben ihrer Eigentümlichkeit und Tiefe wegen entweder gar nicht oder nur so ausgesprochen werden konnten? Warum steht der *Romeo* auf einer höhern Stufe als andre dramatisierte Novellen desselben Dichters, als weil er in jugendliche Begeisterung ergossen in ihm mehr als in jeder andern ein schönes Gefäß für diese fand, so daß er ganz davon angefüllt und durchdrungen werden konnte? – Auch bedarf es keiner Auseinandersetzung, um zu zeigen, daß diese indirekte Darstellung des Subjektiven für manche Fälle angemessener und schicklicher sein kann, als die unmittelbare lyrische, ja daß gerade das Indirekte und Verhüllte in dieser Art der Mitteilung ihr einen höhern Reiz leihen mag. Auf ähnliche Weise ist die Novelle selbst zu dieser indirekten und verborgenen Subjektivität vielleicht eben darum besonders geschickt, weil sie übrigens sich sehr zum Objektiven neigt, und wiewohl sie das Lokale und das Costum gerne mit Genauigkeit bestimmt, es dennoch gern im allgemeinen hält, den Gesetzen und Gesinnungen der feinen Gesellschaft gemäß, wo sie ihren Ursprung und ihre Heimat hat; weshalb sie auch in jenem Zeitalter vorzüglich blühend gefunden wird, wo Rittertum, Religion und Sitten den edlern Teil von Europa vereinigten.

Aber es läßt sich diese Eigenschaft der Novelle auch aus ihrem ursprünglichen Charakter unmittelbar deduzieren. Es ist die Novelle eine Anekdote, eine noch unbekannte Geschichte, so erzählt, wie man sie in Gesellschaft erzählen würde, eine Geschichte, die an und für sich schon einzeln interessieren können muß, ohne irgend auf den Zusammenhang der Nationen, oder der Zeiten, oder auch auf die Fortschritte der Menschheit und das Verhältnis zur Bildung derselben zu sehen. Eine Geschichte also, die streng genommen, nicht zur Geschichte gehört, und die Anlage zur Ironie schon in der Geburtsstunde mit auf die Welt bringt. Da sie interessieren soll, so muß sie in ihrer Form irgendetwas enthalten, was vielen merkwürdig oder lieb sein zu können verspricht. Die Kunst des Erzählens darf nur etwas höher steigen, so wird der Erzähler sie entweder dadurch zu zeigen suchen, daß er mit einem angenehmen Nichts, mit einer Anekdote, die, genau genommen, auch nicht einmal eine Anekdote wäre, täuschend zu unterhalten und das, was im Ganzen ein Nichts ist, dennoch durch die Fülle seiner Kunst so reichlich zu schmücken weiß, daß wir uns willig täuschen, ja wohl gar ernstlich dafür interessieren lassen. Manche Novellen im *Decamerone*, die bloß Späße und Einfälle sind, besonders in dem letzten provinziell-florentinischen Teile desselben gehören zu dieser Gattung, deren schönste und geistreichste der *Licenciado Vidriera* von Cervantes sein dürfte. Aber da man es selbst in der besten feinen Gesellschaft mit dem was erzählt wird, wenn nur die Art anständig, fein und bedeutend ist, nicht eben so genau zu nehmen pflegt, so liegt der Keim zu diesem Auswuchs schon in dem Ursprunge der Novelle überhaupt. Doch kann es eigentlich nie allgemeine Gattung werden, so reizend es auch als einzelne Laune des Künstlers sein mag, denn diese würde, wenn sie förmlich konstituiert und häufig wiederholt würde, eben dadurch ihren eigentümlichen Reiz verlieren müssen. Der andre Weg, der sich dem künstlichern Erzähler, dem vielleicht schon die ersten Blüten vorweggenommen sind, zeigt, ist der, daß er auch bekannte Geschichten durch die Art, wie er sie erzählt und vielleicht umbildet, in neue zu verwandeln scheine. Es werden sich ihm eine große Menge darbieten, die etwas objektiv Merkwürdiges und mehr oder weniger allgemein Interessantes haben. Was anders soll die Auswahl aus der Menge bestimmen, als die subjektive Anneigung, die sich allemal auf einen mehr oder minder vollkommnen Ausdruck einer eignen Ansicht, eines eignen Gefühles gründen wird? Und welchem Erzähler einzelner Geschichten ohne innern, weder historischen noch mythischen Zusammenhang, würden wir wohl lange mit Interesse zuhören, wenn wir uns nicht für ihn selbst zu interessieren anfingen? Man isoliere diese natürliche Eigenheit der Novelle, man gebe ihr die höchste Kraft und Ausbildung, und so entsteht jene oben erwähnte Art derselben, die ich die allegorische nennen möchte, und die wenigstens, mag man sie so oder anders bezeichen sollen, sich immer als der Gipfel und die eigentliche Blüte der ganzen Gattung bewähren wird.

Entsteht nun die Frage, in welcher Novelle etwa Boccaz seine Individualität am vollständigsten ausgesprochen habe, so würde ich die Geschichte des Africo und der Mensola, das *Ninfale Fiesolano* nennen. Veredlung der rohen männlichen Jugendkraft durch die Liebe, eine kräftige glühende Sinnlichkeit und innige naive Herzlichkeit im Genuß, der durch plötzliche Trennung schnell unterbrochen wird, wodurch zerrissen die Liebenden den Schmerzen über solche Trennung sich bis zum Tode heftig überlassen; das sind überall die Grundzüge von Boccazens Liebe und seiner Ansicht derselben.

Aber gar viele andre Novellen noch im *Decamerone* werden demjenigen bedeutender und verständlicher sein, der sich dabei etwa an die *Fiammetta* oder auch wohl an den *Corbaccio* erinnern kann.

Da die Poesie bei den Neuern anfangs nur wild wachsen konnte, weil die ursprüngliche und natürlichste Quelle derselben, die Natur und der Enthusiasmus für die unmittelbare Idee derselben in der Anschauung göttlicher Wirksamkeit, entweder gewaltsam verschlossen war, oder doch nur sparsam sich ergoß: so mußte, den Trennungen der Stände und des Lebens gemäß, neben der Romanze, die Helden- und Kriegsgeschichten für alle, und der Legende, die Heiligengeschichten für das Volk sang oder erzählte, auch die Novelle in der modernen Poesie notwendiger Weise entstehen mit und für die feine Gesellschaft der edlern Stände.

Da die Novelle ursprünglich Geschichte ist, wenn auch keine politische oder Kulturgeschichte, und wenn sie es nicht ist, dieses nur als erlaubte, vielleicht notwendige, aber immer doch nur einzelne Ausnahme angesehen werden muß: so ist auch die historische Behandlung derselben in Prosa mit dem Styl eines Boccaz die ursprünglichste; welches gar nicht gegen die mögliche Dramatisierung vielleicht aller Novellen streiten soll; aber doch demjenigen, der der Gegenstand dieses Versuchs war, den Ruhm vindizieren kann, als Vater und Meister der Gattung zu gelten.

15 *Zur Poesie II, Paris 1802 Dezember* [Notizheft]. Unveröffentlicht. Bl. 13 v.

Dichter die nicht Gelehrte sind, sollten nicht Novellen sondern alte Mythologie nehmen um ihre Subjektivität darin auszudrücken.

16 *Zur Poesie. Anno 1803, I* [Notizheft]. Unveröffentlicht. Bl. 12 r.

Elemente des Romans sind Novelle, Lied, Romanze, Mährchen.

17 *Geschichte der europäischen Literatur* [Vorlesung in Paris und Köln 1803–1804, Nachschrift Bertram und Brüder Boisserée]. In: KA. XI. Bd: Wissenschaft der europäischen Literatur. Hg. von E. Behler. 1958, S. 159.

[...] Cervantes kann als Romandichter und überhaupt am meisten mit dem Boccaccio verglichen werden, der zuerst die Gattung der Novellen schuf. Es sind dies Darstellungen aus dem wirklichen, die Poesie damals freilich sehr ansprechenden Leben, oder aus einer, ohne tief in die alte Fabel zurückzugehen, ganz leicht erfundenen Hirtenwelt; sehr sinnreiche, witzige, romantische Dichtungen in kunstreichen Kompositionen, worin die Prosa herrschend ist, aber auch Gedichte und Lieder jeder Art leicht und zierlich eingewebt sind. [...]

18 *Zur Poesie und Literatur 1812* [Notizheft]. Unveröffentlicht.

[Bl. 10 v] Der ursprüngliche Roman ist die ⟨Nove⟩ Legende. – Novelle nur eine Abart und falsche Gattung. Doch läßt sich

14

nun aber auch die Novelle legendenartig behandeln, beyde Arten in einander verschmolzen. [Anm. d. Hrsgs: Das oben so bezeichnete ⟨Nove⟩ ist in der Hs. durchgestrichen. Schlegel wollte also zuerst „Novelle" schreiben. Man vgl. dazu seine Notiz oben Nr 6, LN 954.]

[Bl. 17 r] Das Wiederhinaufsteigen zum Mythischen und Epischen ist im Roman sichtbar. Novelle Empirisch Märchen Supernatürlich Beyde als einseitige Gattung soll der Roman verbinden.

[Bl. 17 v] Bei Novelle Erzählung Märchen Geschichte? pp. ist es offenbar besser, daß alles in Eine Form und Gattung vereint werde.

[Bl. 31 r] Auch unser Lustspiel sollte halb und halb historischer Art seyn; und aus dramatisierten Novellen bestehn. Nur mit dem Unterschiede, daß hier nicht wie bey Shakespeare und Calderon alles in die Intrige gelegt ⟨werd⟩ und ein absolutes Mythos gesucht wurde; sondern so daß auch hier der Charakter die Hauptsache wäre.

19 *Zur Poesie und Literatur 1817 Dezember–1820* [Notizheft]. Unveröffentlicht.

[S. 14] Die Legende und Novelle sind nur Theil der Romanze, oder Stoff für das Drama.

[S. 28] Boccaz und überhaupt die Novelle ist auch eine Art von Spielsage.

AUGUST WILHELM SCHLEGEL

20 *Vorlesungen über Philosophische Kunstlehre* [Jena 1798, Nachschrift F. Ast]. Hg. von A. Wünsche. Leipzig: Dieterich 1911, § 250, S. 213f.

Die Novelle. In den ganzen Ritterdichtungen lag der Keim dazu, aber in dem *Dekamerone* des Boccaccio (101 Novellen) nahm die Dichtart ihren eignen Gang, worin viel Verstand und feine Ausbildung des Einzelnen ist; das Buch ist wegen der Anstößigkeit oft kastriert worden. Die Italiener haben diese Gattung immer mehr ausgebildet, aber sie hat sich nie mit dem Roman vereinigt, sondern ist bloß ein Roman im Kleinen. Auch in

Spanien ist sie behandelt worden, besonders von Cervantes im *Don Quixote*. Auch in Deutschland hat man Nachahmung gemacht. In ihr liegt der Ursprung des Shakespearschen romantischen Dramas, das man nicht verstehen kann, wenn man nicht vorher die Novellen studiert. Cervantes Dichtung ist ein vollendetes Meisterwerk der höhern romantischen Kunst; in dieser Rücksicht beruht alles auf dem Kontrast zwischen parodischen und romantischen Massen, der immer unausprechlich reizend und harmonisch ist, zuweilen auch wie bei der Zusammenstellung des verruchten Cardenio mit dem verrückten Don Quixote ins Erhabne übergeht. Es besteht in Begebenheiten, die zwar aus einem gemeinschaftlichen Grunde herfließen, deren Folge aber, nach dem bloßen Begriffe betrachtet, zufällig ist, die jede Verwickelung und Auflösung für sich haben und zu nichts weiter führen. Es scheint, daß man die Strenge der Gesetze als Drama, mit dem weit freieren, dem epischen Gedichte analogen Ganzen des Romans verwechselt hat (so die Liebschaft des Mars und der Venus in der *Odyssee*, ohne Bezug auf den Odysseus) analog der Novelle *Curioso impertinente*. Im echten Roman ist entweder alles Episode oder gar nichts und es kommt bloß darauf an, daß die Reihe der Erscheinungen in ihrem gaukelnden Wechsel harmonisch sei, die Phantasie festhalte, und bis zum Ende die Zauberung sich auflösen lasse. [...]

21 *Vorlesungen über schöne Litteratur und Kunst*. III. Teil (1803 bis 1804): Geschichte der romantischen Litteratur. Hg. von J. Minor. Heilbronn: Henninger 1884 (= Deutsche Litteraturdenkmale des 18. u. 19. Jahrhunderts. Nr. 19), S. 242–248.

[...] Deswegen muß es nun auch in der modernen Poesie eine eigenthümlich historische Gattung geben, deren Verdienst darin besteht, etwas zu erzählen, was in der eigentlichen Historie keinen Platz findet, und dennoch allgemein interessant ist. Der Gegenstand der Historie ist das fortschreitende Wirken des Menschengeschlechts; der jener wird also dasjenige seyn, was immerfort geschieht, der tägliche Weltlauf, aber freylich damit er verdiene aufgezeichnet zu werden. Die Gattung, welche sich dieß vornimmt, ist die Novelle, und hieraus läßt sich einsehen, daß sie, um ächt zu seyn, von der einen Seite durch seltsame Einzigkeit auffallen, von der andern Seite eine gewisse allgemeine Gültigkeit haben muß, wie man denn leicht bemerken kann, daß viele der besten und wahrhaft unsterbliche Geschichten in allen Ländern und Zeiten erzählt werden, als gerade dort und dann geschehen, worin man auch in einem gewissen Sinne unstreitig Recht hat. Da nun die Novelle Erfahrung von wirklich geschehenen Dingen mittheilen soll, so ist die ihr ursprünglich und wesentlich eigne Form die Prosa. Von demjenigen Roman, welcher sich eine idealische Welt zubildet, worin seine Begebenheiten spielen, wie z. B. die alten Ritterromane thun, läßt sich dieß nicht behaupten: hier könnten verschiedne Dichter bey anders modifizirten Absichten mit gleichem Vortheil der eine die prosaische der andre die versifizirte Form wählen. Es ist daher das Versifiziren der Novellen, was so vielfältig unternommen worden, sey es von Hans Sachs oder Lafontaine oder Wieland, um es nur gerade heraus zu sagen, eine leere und verkehrte Tendenz. [...]

Etwas andres ist es, wenn eine Novelle nicht allein für sich dasteht, sondern eine bedingte Stelle in einer größern erzählenden Composition einnimmt, da ist die Versification in Übereinstimmung mit der Form des Ganzen vollkommen zu rechtfertigen, so wie die Aufnahme von Novellen in selbiges am rechten Orte untadelich seyn kann. In wie fern Ariost Recht daran that sein ritterliches Epos so vielfältig mit wahren und eigentlichen Novellen zu durchflechten, darüber wird noch gesprochen werden, wenn wir auf ihn kommen, aber das können wir vorläufig sagen, daß er bey der Behandlung in Versen den rechten Weg eingeschlagen und meisterlich durchgeführt hat. Unstreitig hatte er dabey den Boccaz als das große Muster beständig vor Augen, daher die rasche Bewegung, Leichtigkeit, Concision seiner Erzählungen, das Verzichtleisten auf unpassenden Schmuck, welches man ihm dann und wann als Trockenheit vorgeworfen. Die berüchtigte Geschichte vom Giocondo ist in allen diesen Punkten wunderwürdig, und wiewohl Boileau, bey angeblichem Respekt vor dem Ariost, dem Lafontaine bey der Vergleichung den Vorzug giebt, so würde unser Urtheil ganz anders ausfallen müssen.

Etwas anders ist es mit der Dramatisirung von Novellen. Dieß ist von den größten Meistern, namentlich Shakspeare, vielfältig geschehen, und zwar theils so, daß er sie durchgehends unverändert gelassen, wie z. B. *Romeo und Julie,* theils daß er sie nach eignen und tiefern Absichten fast in allen Umständen umgebildet. Es kann das Drama dadurch einen eignen geheimnißvollen Reiz gewinnen, daß der Dichter seine Erfindung begränzt und eine bedingte Aufgabe sich zur Lösung vorsetzt. Möglich mag es vielleicht seyn, alle Novellen zu dramatisiren, und dieß könnte vielleicht, bey der Nothwendigkeit im Dramatischen gründlicher und detaillirter zu motiviren, eine Probe der Richtigkeit abgeben. Keinesweges aber möchte ich behaupten, daß jede Novelle die bequeme Empfänglichkeit für die Dramatische Form sogleich solle ansehen lassen; denn es könnten zufällige Äußerlichkeiten im Wege stehn. So viel ist gewiß: die Novelle bedarf entscheidender Wendepunkte, so daß die Hauptmassen der Geschichte deutlich in die Augen fallen, und dieß Bedürfniß hat auch das Drama. Mit leisen und allmähligen Fortschritten und Veränderungen bloß in den innern Verhältnissen der Personen zu einander ist es nicht gethan, diese bleiben der ausführlichen Darstellung des Romans billig vorbehalten, denn sie fodern eine graduelle Entwickelung: und hiebey ist keine andre Wahl als die höchste Feinheit zu erreichen, wie es z. B. im *Don Quixote* geschehen, oder gänzlich insipide und langweilig zu werden. In der Novelle muß etwas geschehen; ein dreister energischer Charakter der Sitten ist ihr daher vortheilhaft und es läßt sich mehr als bezweifeln, ob es in unsern Zeiten, wo das Leben sich in lauter Kleinlichkeiten zerbröckelt, und fast niemand eigentlich das Herz hat unbekümmert nach seinem Sinne zu leben, möglich seyn dürfte, eine solche Masse von Novellen aufzubringen, die in unsern Sitten gegründet und der Denkart des Zeitalters angemessen wären, als die unter den Boccazischen sind, welche einen historischen Grund haben und das damalige Zeitalter schildern. Man wird vielleicht, bey der Anstößigkeit der meisten dieser Geschichten, hievon Gelegenheit nehmen, die Fortschritte unsers Zeitalters in der geselligen Ordnung, Sittlichkeit und Anständigkeit zu rühmen; allein es ist weiter nichts als daß jenes derber, rüstiger, gesunder ist, und daß heut zu Tage sogar die Verderbniß ins Kränkeln gekommen und keine Energie mehr hat.

Aus obigem ergiebt sich schon, daß nicht gefodert werden kann, jeder Roman solle auch als Novelle verkürzt gedacht werden dürfen. Allein das ist ausgemacht, daß viele der modernen und unromantischen Romane sich gerade dasselbe zum Ziel gesetzt, was die Novelle: nämlich Erfahrungen über den Weltlauf mitzutheilen, und etwas als wirklich geschehen zu erzählen. Daher die vielen Überschriften: kein Roman, wahre Geschichte u. s. w. Wie wenige dieß leisten, liegt wieder am Tage. Denn erstens enthalten sie keine Wahrheit, sondern Fratzen, und zweytens geschieht auch nichts darin. Im besten Falle aber, wenn beydes geleistet wird, wofern das Detail keine Heiterkeit, keinen fantastischen Farbenzauber, mit einem Worte keinen poetischen Werth an sich hat, so muß doch der Gehalt eines solchen Romans auf das eigentlich Factische reducirt werden, d. h. dasjenige was sich darin zur Novelle qualifizirt. Auf diese Art würde, um eins der schätzbarsten Bücher in diesem Fache zu nennen, Richardsons *Clarissa*, durch deren sieben lange Bände sich durchzuarbeiten gewiß sehr peinlich, eine Novelle von einem oder ein paar Bogen Ausbeute geben können, im *Grandison* steckt aber nicht einmal eine solche, und bey dem Experiment würde die ganze Kahlheit offenbar werden. Eben wegen dieser factischen Leerheit ist es mit der Dramatisirung solcher Romane so übel gegangen, da wir vielmehr unter den aus Novellen entwickelten Dramen die reichhaltigsten Meisterstücke aufzuweisen haben. So hat Goldoni aus der *Pamela* ein Schauspiel gemacht, welches des Romans vollkommen würdig ist.

Wer an die verschwenderische Fülle des Factischen im Boccaz und andern guten Italiänischen und Spanischen Novellisten gewohnt ist, dem muß das moderne Romanenwesen, als eine sehr wässerige dünne Speise vorkommen, und sollte der Sinn für jene wieder erwachen, und durch neue Novellen genährt werden, so wäre es mit der unseligen Romanenschreiberey auf einmal aus, wozu aber jetzt wenig Aussicht ist, indem die Leser und Leserinnen durch letztere zu ordentlichen Virtuosen in der Albernheit ausgebildet worden sind.

Um eine Novelle gut zu erzählen, muß man das alltägliche, was in die Geschichte mit eintritt, so kurz als möglich abfertigen, und nicht unternehmen es auf ungehörige Art aufstutzen zu wollen, nur bey dem Außerordentlichen und Einzigen verweilen, aber auch dieses nicht motivirend zergliedern, sondern es eben positiv hinstellen, und Glauben dafür fodern. Das Unwahrscheinlichste darf dabey nicht vermieden werden, vielmehr ist es oft gerade das Wahrste, und also ganz an seiner Stelle. An die materielle Wahrscheinlichkeit d. h. die Bedingungen der Wirklichkeit eines Vorfalls, muß sich der Erzähler durchaus binden, hier erfodert sein Zweck die größte Genauigkeit.

Die politische Historie ist ein sehr ernstes Studium, welches Anstrengung des Geistes fodert; die Novelle, als ein poetisches Gegenbild derselben, ist vielmehr der Erhohlung gewidmet, die Unterhaltung muß in der Erscheinung oben auf seyn, und die Belehrung sich nur von selbst einstellen. Die Erfahrungen des geselligen Lebens sind eine der beliebtesten und angemessensten Unterhaltungen in der Gesellschaft; deswegen ist das eigentliche Muster für den Vortrag der Novelle der gebildete gesellige Erzähler, natürlich mit derjenigen Freyheit der Erhöhung des natürlichen Urbildes, welche der Poesie überall zugestanden wird. Schon die Trouveres, als Dichter der Fabliaux, waren gesellige Erzähler, aber freylich bezahlte Lustigmacher. Boccaz hat die Novelle gleich zusammen mit ihrer gebührenden Umgebung, nämlich einem anmuthigen geselligen Zirkel, und als den Gipfel der Unterhaltung dargestellt.

Die Novelle kann von ernsten Begebenheiten mit tragischer Katastrophe bis zur bloßen Posse alle Töne durchlaufen, aber immer soll sie in der wirklichen Welt zu Hause seyn, deswegen liebt sie auch die ganz bestimmten Angaben von Ort, Zeit und Namen der Personen. Daher muß sie den Menschen in der Regel nach seinem Naturstande nehmen, d. h. mit allen den Schwächen, Leidenschaften und selbstischen Trieben, welche der ungeläuterten Natur anhängen. Sie soll den Weltlauf schildern, wie er ist; sie darf also die Motive im allgemeinen nicht über Gebühr veredeln. Giebt sie dadurch Anstoß? Man kann erwiedern: die Welt ist durchaus anstößig für den, der ihr Treiben so geradehin für ein Muster der Nachfolge annehmen wollte. Es giebt dafür kein andres Gegenmittel als der verständige Blick und die überlegne Ansicht, und diese ist es eben, welche der Novellist hervorrufen will, indem er die Gemeinheit der Motive keinesweges verkleidet. Aber warum, könnte man wieder einwenden, muß denn die Sittsamkeit so häufig verletzt, warum die ganze scandalöse Chronik ausgekramt werden? – Ich weiß wohl, daß sich Cervantes bey seinen Novellen strengere Gesetze aufgelegt, und werde noch Gelegenheit haben von diesem preiswürdigen Streben zu reden. Allein wie meisterlich er auch die Schwierigkeit zu umgehen weiß, und sich in diesen Fesseln bewegt, so ist doch nicht zu läugnen, daß die Gattung dadurch sehr beschränkt worden, ja hier und da in der That ins manierirte gefallen ist, man nehme z. B. den *Zeloso Estremeno*. – Die Sache verhält sich so. Die Novelle ist eine Geschichte außer der Geschichte, sie erzählt folglich merkwürdige Begebenheiten, die gleichsam hinter dem Rücken der bürgerlichen Verfassungen und Anordnungen vorgefallen sind. Dazu gehören theils seltsame bald günstige bald ungünstige Abwechselungen des Glücks, theils schlaue Streiche, zur Befriedigung der Leidenschaften unternommen. Das erste giebt hauptsächlich die tragischen und ernsten, das letzte die komischen Novellen. [...]

FRIEDRICH SCHLEIERMACHER

22 *Poesie* [Eintragungen im zweiten Tagebuch 1799–1800]. In: W. Dilthey, Leben Schleiermachers. I. Bd. Berlin: Reimer 1870, Anhang: Denkmale der inneren Entwicklung Schleiermachers, S. 116.

[Nr 18] Diderots Vorschlag Stände zu schildern, paßt wol eigentlich mehr auf die Novelle, wo er auch früher aufgeführt ist, als auf's Drama.
[Nr 23] Wenn der Roman auf die Darstellung der innern Menschheit geht und ihrer Einheit an der wechselnden Reihe der äußeren Verhältnisse: so geht die Novelle wol eigentlich auf die Darstellung der äußeren Menschheit, nämlich der geselligen Verhältnisse und ihrer Formen an der verschiedenen Reihe der inneren Verhältnisse und ihrer Rückwirkungen. Unsre meisten Romane sind bis jetzt Novellen gewesen, und auch der *Meister* hat noch viel von dieser Art. In den Roman hingegen gehören wol keine Novellen.

23 *Vertraute Briefe über Friedrich Schlegels Lucinde* [ED: 1800]. In: F. Sch.s sämmtliche Werke. III. Abth.: Zur Philosophie. I. Bd. Berlin: Reimer 1846, S. 482, 503f.

[...] Entschlage dich also ja aller Gedanken an eine große Menschenmasse oder an complicirte Verhältnisse und Begebenheiten, an alles novellenartige, was in unsern Romanen so oft das wesentliche und immer die allzureichliche Draperie ist, welche die Figuren erst im allgemeinen beinahe verbirgt, und sie dann noch einzeln als ein schweres Gewand unkenntlich macht. [...]

———

[...] Bilde Dir doch nicht ein, daß alle Verwirklichungen, Gemüthsbewegungen und Thaten, welche daraus hervor gehen können, im Stande wären, die Liebe zu erläutern oder zu verherrlichen, und daß es deshalb der Mühe lohnen könne, das gemeine und unwürdige mit auf den Schauplaz zu bringen, und mache Dir den Unterschied zwischen einem Roman und einer Novelle recht klar, um bestimmt zu wissen was Du von jedem fordern darfst. Fast wäre ich in Versuchung, um ihn recht schneidend aufzustellen, Dir etwas sehr starkes zu sagen. Du möchtest mich aber zu sehr verkezern, und ich will es lieber darauf ankommen lassen, ob Du es selbst findest. [...]

24   *Ästhetik* [Grundheft 1819, Nachschrift Bindermann 1825]. Hg. von R. Odebrecht. Berlin u. Leipzig: de Gruyter 1931(= Das Literatur-Archiv. IV. Bd), S. 275–278.

Der Roman und die poetische Form. Wir haben nun noch das große prosaische Gebiet der Poesie, da wir bisher nur die Poesie in gebundener Rede gehabt haben. Hier müssen wir wieder zurückgehen auf die geringere metrische Intensität der neueren Sprachen und die hiermit verbundene Leichtigkeit, die Formen der Sprache zu verwechseln bei demselben Gegenstand in ungebundener Rede.

Wenn wir den Inhalt betrachten, so finden wir hier ein Element, was bei den Alten gar nicht vorkommt, die Anekdote, ein herausgerissenes historisches Ereignis, sonst unbedeutend, was überwiegend eine Spitze hat, wodurch es sich eignet dargestellt zu werden. – Der Dichter muß besonders, weil in der Erzählung nicht viel liegt, notwendig etwas hineinlegen oder besondere Virtuosität durch die Sprache entwickeln. Das ist das eigentliche ursprüngliche Wesen der Novelle, wobei sich von selbst versteht, daß im einzelnen Vorfalle sich immer eine ganze Seite des Lebens darstellt; es ist ein allgemeiner Ort.

Das Wesen der Dichtung ist auch hier die sinnliche Vergegenwärtigung der Anschauung der Naturwahrheit; aber daraus, daß die Erzählung immer eine sogenannte dramatische Spitze haben muß, deutet sie auf die Abneigung vom Epischen und Hinneigung zum Drama. Es hat die Tendenz durch die Form einer abgeschlossenen Handlung, wobei aber nicht an die mimische Darstellung gedacht wird. Ursprünglich war diese Dichtung von geringerem Umfange, denn es muß doch ein gewisses Verhältnis stattfinden zwischen dem ursprünglichen Gegenstand und der Darstellung. Aber das Mittel, aus mehreren solchen einzelnen wieder ein Ganzes zu machen, bot sich leicht dar und ist der Typus des *Decamerone* des Bocaccio. Hieraus hat sich nun auf der einen Seite der Roman gebildet, auf der anderen Seite das neuere Drama. Denn diese gehen meistens auf eine solche Novelle zurück. Hier fragt sich nun, da sich geschichtlich nachweisen läßt, daß die Novelle die Grundlage des Romans und des Dramas ist, wie sich beides zu seiner ursprünglichen Form verhält. Der Gegensatz, den wir im antiken Drama finden, ist in dem neueren nicht rein gehalten: das Verhältnis des Komischen und Tragischen. Es pflegt eines von beiden zu sehr vorzuherrschen. [...]

Nehmen wir dazu, daß die Darstellung jetzt gar nicht an der dramatischen Form haftet, sondern das Drama die Darstellung nicht berührt und schon so genügt, und, wenn es dargestellt werden soll, erst für die Bühne bearbeitet werden muß, so sehen wir, wie leicht der Übergang ist aus der Novelle zum Drama.

Es gibt zwar Novellen, wo die Darstellung mehr auf die Gegenstände als die Personen gerichtet ist, und diese können nur durch eine große Umbildung sich zur dramatischen Bearbeitung eignen; wo aber das Epische vorherrscht, da sieht man ja leicht, wie das Drama entstehen kann. Es darf dann der Dichter die Sache nur so stellen, daß keine Erzählung nötig ist, und selbst diese kann durch den Prolog oder zwischen den Akten gegeben werden, wie wir auch bei den größten Dramen finden. Es gibt aber auch noch andere Abteilungen hierin. Es bildet dies das Gebiet, wo das Objekt hervortritt, aber nicht zur dramatischen und epischen Reinheit (der Alten) sich entwickelt, und dies müssen wir von Lyrischen trennen. In Beziehung auf den Stoff erscheint das Gebiet der Novelle, welches auf der Anekdote beruht, als ein eigenes, und was auf der Heldensage beruht, als ein anderes. Die Heldensage geht auf das öffentliche Leben hinaus, denn es wird hier eine einflußreiche Person behandelt; doch wird es zum Privatleben zurückgeführt, indem es das Leben des Helden für sich ist; doch ist hier ein Unterschied von der Novelle und es hat alles Heroische eine Ähnlichkeit. Es findet hier auch die Unterordnung der persönlichen Darstellung unter die Darstellung der Handlung statt. Sehen wir auf den Roman, so soll es hier umgekehrt sein. Das Charakteristische soll die Hauptsache sein und die Begebenheit soll nur das sein, worin sich der Charakter entwickelt. Wir sehen dies bei dem neueren Roman; doch ist die Sache nicht sicher genug, um als charakteristischer Unterschied dargestellt zu werden. Der *Don Quixote* würde sonst eine Novelle sein und kein Roman. Denn außer den beiden Hauptpersonen stehen die Personen gegen die Begebenheit zurück, und das Buch würde einen ganz anderen Charakter bekommen, wie man die verschiedenen Novellen wieder herauszöge; denn im Grunde ist es ein Kranz von Novellen. Bei einer so strengen Scheidung müßten wir sagen, daß der Roman erst später entstanden sei. Es fragt sich, worauf die verschiedenen Forderungen beruhen, und da werden wir sagen müssen, es ist ein größeres Zerfallen des öffentlichen Lebens und ein Hineintreten des Privatlebens, worauf der eigentliche Roman sich gründet. Die Forderung, das Innere des Menschen darzustellen anders als im Moment, ist etwas Eigentümliches, die Handlung der Poesie Übersteigendes, da es ein Individuum eigentlich nur in subjektiver Auffassung gibt; und deswegen könnte es auch nur in diesem Gebiet vorkommen, wo das Subjekt so hervortritt. Ein einzelnes Wesen im Zusammenhang darzustellen, so daß das Leben zur Anschauung gebracht werden soll, wie es aus dem inneren Leben sich entwickelt, ist eine Aufgabe, die die Alten gar nicht kannten, und die sich erst in neuerer Zeit gebildet hat. Der Roman ist das eigentümliche Produkt derselben. Es gibt eine ungeheure Masse von Schreibereien in dieser Gattung, welche gar nichts enthalten, besonders bei uns, und es fragt sich, ob nicht die Gattung es mit sich bringt, daß selbst große Dichter, die sich damit beschäftigen, hier eigentlich aus dem Gebiet der Kunst herausgehen und die Sache ansehen, als sei es ein verwildertes Epos. Um die Bedeutung dieser Gattung festzuhalten, muß man noch einen anderen Gesichtspunkt feststellen. Der Roman steht der Geschichtsschreibung sehr nahe, daß er eigentlich nur als Ergänzung derselben sein sollte und dann steht er auf einem bestimmten Platze der Kunst. Insofern er davon abweicht, geht er aus der Kunst heraus. Er unterscheidet sich durch die Prosa schon von der übrigen Dichtung, und was den Stoff betrifft und die Form, so nähert er sich der Geschichtsschreibung. So wie die Geschichtsschreibung uns etwas Entfernteres meldet, kann sich die Sache nicht lebhaft genug darstellen; die ganze Masse und Form des gewöhnlichen Lebens entzieht sich ihr. Der Roman hat nun gar nicht nötig, sich an geschichtlich wahre Begebenheiten anzuschließen oder geschichtlich bedeutende Personen festzustellen, aber er muß das gewöhnliche Leben seiner Totalität nach zur Anschauung bringen. Wir kennen auch eine ganze Reihe von solchen Werken, wo die Darstellungen wegen der Begebenheit etwas alteriert sind und dies ist eigentlich nicht recht. Eines solchen Effektes wegen soll man sich keine Alteration erlauben. Ähnlich verhält es sich mit der Rede, die in der alten Historie den Leuten in den Mund gelegt sind; doch ist wenigstens die Hauptidee derselben wahr.

Was nun die vorerwähnte Klasse betrifft, so muß man dabei nicht stehen bleiben, sondern gleich über die eigentliche geschichtliche Darstellung im strengen Sinne weggehen; und dann erhalten wir den historischen Roman, wie wir viele haben. Man kann aber auch das Geschichtliche ganz liegen lassen, und sich nur auf die Lokalität und die Zeit beschränken, wo dann die Schilderung des gewöhnlichen Lebens allein übrig bleibt. Ist der Roman so, daß Zeit und Umstände unbestimmt bleiben, so ist dies etwas anderes und neigt sich sehr zur Novelle hin; aber wir müssen dabei nicht den Ausgangspunkt der Novelle beachten, wo eine größere Menge von Personen eine konstante Teilnahme an der Geschichte hat. Eine solche Komposition trägt schon den Charakter an sich, daß sie Kontraste in Begebenheit und Charakterschilderung will und dadurch ist eigentlich schon der Unterschied zwischen Novelle und Roman bestimmt. Es ist offenbar, daß in der wirklichen Geschichte selbst, so wie die

Einzelwesen als starke Motive für die Zeit heraustreten, doch das Einzelwesen nicht vollkommen unabhängig ist, sondern es wird in Gesellschaft durch bestimmte Gesichtspunkte und Ansichten zusammengehalten und dadurch ein Kreis gebildet, aus dem das Einzelwesen nicht herauskommen kann oder als Sonderling aus der Geschichte heraustritt. Dies kommt bei der Geschichtsschreibung auch zutage, und es fragt sich, wie der Roman dies aufnehmen kann. Wenn der Roman die Schilderung der Sitte und Gewohnheit, die ihn der Novelle nahebringt, verschmäht, so kann er in einer Reihe von Begebenheiten die Gesinnung der Menschen darstellen und sie im einzelnen Leben selbst aufeinanderwirken lassen, wie in der Geschichte. Dies ist der am meisten ethische Roman, wobei gewöhnlich ein Nationalcharakter zu Grunde liegt, woraus sich die Begebenheiten entwickeln, und diese Gattung erfordert kein geringes Maß von Talent und Geist. [...]

AUGUST KLINGEMANN

25 *Poesie. Fragmente. An Louise.* In: Memnon. Eine Zeitschrift. Hg. von A. Klingemann. I. Bd. Leipzig: Rein 1800, S. 57.

Das Romantische ist mehr Ahnung als Sprache, und es äußert sich in leichten Spielen, und umgaukelt die Phantasie mit lachenden Bildern; es erscheint in der Kunst, wie der Abend in der Wirklichkeit; mehr ein leichter rosenfarbener Traum, als bestimmtes Dasein. Am zartesten entfaltet sich die Blüthe des Romantischen in der Novelle; hier sind die Farben am durchsichtigsten, und es ist das bunte Blumenufer, das im stillen Strome sich abbildet.

JOHANN GOTTFRIED HERDER

26 *Mährchen und Romane* [ED in: Adrastea. II. Bd. 1801]. In: H.s Sämmtliche Werke. Hg. von B. Suphan. XXIII. Bd. Berlin: Weidmann 1885, S. 294.

Uns näher schloß sich der Roman an Stände des bürgerlichen Lebens an; aus Spanien über Frankreich kamen uns in dieser

Gattung romantische Muster. *Gil Blas von Santillana,* der *Baccalaureus von Salamanka, Guzman d'Alfarache* u. f. Die kleinen Erzählungen in ihnen und sonst einzeln (Novellen genannt) werden noch lange gelesen werden. [...]

Joachim Heinrich Campe

27 *Novellen.* In: Wörterbuch zur Erklärung und Verdeutschung der unserer Sprache aufgedrungenen fremden Ausdrücke. II. Bd: F.–Z. Braunschweig: Schulbuchhandlung 1801, S. 486.

Novellen, kleinere Geschichtsdichtungen, eine besondere Gattung von Erzählungen, dergleichen z. B. Cervantes gedichtet hat.

Friedrich Wilhelm Joseph Schelling

28 *Philosophie der Kunst* [Vorlesung in Jena 1802–1803]. In: Sch.s Werke. Hg. von M. Schröter. III. Ergänzungsbd: Zur Philosophie der Kunst 1803–1817. München: Beck u. Oldenbourg 1959, S. 329, 334.

[...] Die Stellung der Begebenheiten ist ein anderes Geheimniß der Kunst. Sie müssen weise vertheilt seyn, und wenn auch gegen das Ende der Strom breiter wird, und die ganze Herrlichkeit der Conception sich entfaltet, so sollen sich doch die Begebenheiten nirgend drücken, drängen und jagen. Die sogenannten Episoden müssen entweder dem Ganzen wesentlich angehören, organisch mit ihm gebildet seyn (Sperata), nicht bloß angeflickt, um dieses und jenes herbeizuführen, oder sie müssen ganz unabhängig als Novellen eingeschaltet seyn, wogegen sich nichts einwenden läßt.

Die Novelle, um dieß im Vorbeigehen zu bemerken, da wir uns auf alle diese Untergattungen nicht insbesondere einlassen können, ist der Roman nach der lyrischen Seite gebildet, gleichsam, was die Elegie in Bezug auf das Epos ist, eine Geschichte zur symbolischen Darstellung eines subjektiven Zustandes oder einer besonderen Wahrheit, eines eigenthümlichen Gefühls.

Um einen leichten Kern – einen Mittelpunkt, der nichts verschlinge und alles gewaltsam in seine Strudel ziehe – muß überhaupt im Roman alles fortschreitend geordnet seyn. [...]

––––––

[...] romantische Bücher [...]. Ich verweise dahin – nicht die Novellen und Mährchen, die für sich bestehen als wahre Mythen (in den unsterblichen Novellen des Boccaccio) aus wirklichem oder phantastischem Gebiet, und die ebenfalls sich im äußern Element rhythmischer Prosa bewegen, [...]

CHRISTIAN AUGUST HEINRICH CLODIUS

29 *Entwurf einer systematischen Poetik.* II. Theil. Leipzig: Breitkopf u. Härtel 1804, S. 655f.

[...] Näher kamen dem Wesen des eigentlichen Romans die Italiener durch ihre Novellen oder kleine Erzählungen von Begebenheiten der geselligen Welt, z. B. der *Decamerone* des Boccaccio. [...]

Anmerk. 2. [...] Die moralischen Erzählungen, die an die Fabeln gränzen, gehören als Fabeln zur allegorischen Poesie. Andre kleine Erzählungen sind als Novellen anzusehn, und gehören also doch zur Gattung des Romans, wenn sie gleich diesen Nahmen nicht führen.

JEAN PAUL

30 *Vorschule der Aesthetik* [ED: 1804]. In: J.P.s Sämtliche Werke. Historisch-kiritsche Ausgabe. Hg. von der Preußischen Akademie der Wissenschaften. I. Abt., XI. Bd. Weimar: Böhlau 1935, § 64, S. 219f.

[...] Und warum erwählet denn überhaupt der Dichter eine Geschichte, die ihn, in so fern er sie erwählt, doch stets auf eine oder die andere Weise beschränkt und ihn noch dazu der Vergleichung bloß stellet? Kann er einen angeben, der nicht die Kräfte der Wirklichkeit anerkenne? – Sobald es einmal einen Unterschied zwischen Erträumen und Erleben zum Vortheil des letzten gibt: so muß er auch dem Dichter zu Gute kommen, der beide verknüpft. Daher haben denn auch alle Dichter, vom

Homer bis zum lustigen Boccaz, die Gestalten der Geschichte in ihre dunkeln Kammern, in ihre Vergrößerung- und Verkleinerung-Spiegel aufgefangen; – sogar der Schöpfer Shakespeare hat es gethan. Doch dieser große, zum Weltspiegel gegossene Geist, dessen lebendige Gestalten uns früher überwältigen, als wir die historischen Urstoffe und Ahnen später im Eschenburg und andern Novellisten kennen lernen, kann nicht verglichen werden; wie der zylindrische Holspiegel stellet er seine regen, farbigen Gestalten außer sich in die Luft unter fremdes Leben und hält sie fest, indeß uns das historische Urbild verschwindet; hingegen die planen und platten Spiegel zeigen nur in sich ein Bild, und zu gleicher Zeit sieht man außer ihnen die Sache, Novelle, Geschichte sichtbar stehen.

FRIEDRICH AST

31 *System der Kunstlehre oder Lehr- und Handbuch der Aesthetik.* Leipzig: Hinrichs 1805, § 214, S. 260.

Bricht aber der poetische Geist durch die in der Anschauung oder der Erkenntniß gegebene Wesenheit hindurch, so daß er auch in der Form und der Behandlung sein absolut freybildendes Vermögen offenbart, so erzeugt sich die der rein-historischen, objektiven und realen Geschichte oder Erzählung entgegengesetzte Gattung der subjektiven und idealen Erzählung, die Novelle und der Roman, in denen die subjektive und frey poetische Stimmung des Dichters bald als fröhliche, heitere Laune, als Witz und Ironie, bald auch als Enthusiasmus und Phantasie hervorstrahlt. So wie sich aber die Romanze zum Rittergedichte, und in der epischen Poesie der Griechen die Rhapsodie zum Epos verhält, so verhält sich auch die Novelle, die eine einzelne Begebenheit und Geschichte erzählt, zum Romane, in welchem sich das Individuelle zum Universum erweitert, das Endliche im Unendlichen lebt, das Prosaische im Poetischen spielt, die Geschichte in Poesie aufgelöst ist, und die Poesie selbst in der Tiefe des Gemüths zur Philosophie wird, [...]

32 *Handbuch der Aesthetik.* IV. Theil. Halle: Hemmerde u. Schwetschke 1805, S. 259.

[...] Aber nun sind die epischen Gedichte selbst wieder, theils nach ihrem Umfange, theils nach ihrem Zwecke und ihrer Hauptwirkung, theils nach der Größe und Wichtigkeit der Handlung und der handelnden Personen, verschieden. Die, welche einen geringern Umfang haben und eine kleinere Handlung darstellen, nennen wir Erzählungen, und zu diesen gehören auch die Novellen der Spanier und Italiener und die Mährchen. [...]

FRIEDRICH BOUTERWEK

33 *Aesthetik.* II. Theil: Theorie der schönen Künste. Leipzig: Martini 1806, S. 377f., 431f.

[...] Das Schwanken der Erzählung zwischen der Poesie und der Prose fällt besonders auf, wo interessante Begebenheiten aus der Sphäre des gemeinen Lebens in eine Art von Anekdotenstyl versificirt, oder gar ohne Versification, aber doch mit einer poetischen Tendenz, erzählt werden. Jede interessante Anekdote läßt sich poetisch coloriren. Wird sie aber dadurch zur poetischen Erzählung? Sie wird es mehr, oder weniger, je nachdem es dem Erzähler gelingt, durch das Ausmalen der Situation das prosaische Interesse in ein poetisches zu verwandeln. In der naiven Manier Jean Lafontaine's erzählt, nähert sich die muthwillige Anekdote der komischen Poesie ungefähr eben so sehr, als die komische Novelle in der Manier eines Straparola zur gemeinen Anekdote herabsinkt. Wer die unvergleichbar vorzüglicheren Novellen des Boccaz, Gedichte im eigentlichen Sinne nennen will, muß auch jeden guten Erzähler, der Stadtgeschichtchen anmuthig und geistreich vorzutragen weiß, für einen Dichter erklären. Die Italiener unterscheiden zwischen einem Gedicht und einer Novelle. Die Franzosen aber haben durch ihre Contes den Unterschied zwischen Poesie und Prose völlig verwirrt. [...]

———

Den Beschluß dieser Elementarlehren der Poetik mache ein Wort über den Roman. Wenn man Alles, was dem Sprachgebrauche gemäß, dieser Classentitel unter sich aufnimmt, nach einem und demselben Princip beurtheilen soll, so ist gar keine Theorie des Romans möglich. Soll das Romantische im eigentlichen Sinne den unterscheidenden Charakter des Romans bestimmen, so sind Wieland's *Agathon* und Voltaire's *Candide* so wenig Romane, als Xenophon's *Cyropädie*. Soll der Mangel des Verses die poetische Erzählung zu einer Novelle machen und ein Roman eine Novelle im Großen seyn, so stehen uns wieder einige der ältesten versificirten Romane, unter andern der alte französische Roman von der Rose, der ganz versificirt ist, im Wege. In mehreren altfranzösischen Novellen wechselt die gebundene Rede mit der ungebundenen ab. Wir müssen also zu der Quelle zurückkehren, wo der Roman nicht historisch, sondern im Innern des Geistes entsprang. [...]

34 *Aesthetik.* 2., in den Principien berichtigte und völlig umgearbeitete Ausgabe. II. Theil. Göttingen: Vandenhoeck u. Ruprecht 1815, S. 153–157.

[...] Am nächsten mit der unterhaltenden Prose verwandt sind die conversationsmäßigen und novellenartigen Erzählungen in Versen. Solche Erzählungen werden seltener entstehen, wo die Poesie überhaupt für etwas Großes gilt, und ihrer ursprünglichen Bestimmung gemäß auf das menschliche Gemüth wirkt. Deßwegen scheinen die alten Griechen diese Art von Gedichten kaum gekannt zu haben, wenn nicht vielleicht einige der milesischen Mährchen, die wegen der Zartheit und Anmuth ihrer Erfindung berühmt waren, hierher gehören. Aber in einem Zeitalter, wie die romantischen Jahrhunderte, da die Poesie, zwar nicht ausschließlich, aber doch vorzüglich diente, die gesellige Unterhaltung zu beleben, konnte sich leicht die Neigung verbreiten, allerlei kleinen und unterhaltenden Geschichten einen Anstrich von Poesie zu leihen. So entstanden die vielen erzählenden Gedichte, die man damals in Frankreich zu den Fabliaux zählte. Die deutschen Dichter des Mittelalters wetteiferten in diesem Felde mit den Franzosen. Die komischen Erzählungen dieser Art wurden Schwänke genannt. Der Engländer Chaucer trug eine reiche Sammlung solcher Erzählungen von allen Gattungen zusammen, erzählte nach, dichtete hinzu, und knüpfte den ganzen Vorrath an ein gemeinschaftliches Band. Geistliches und Weltliches, Bruchstücke aus der Staatengeschichte, mitunter auch Anekdoten und bloße Stadtgeschichten, wurden in diesem Geschmacke zu kleinen poetischen Erzählungen geformt, wie es sich traf, bald rührend, bald lustig, bald fromm, bald übermüthig, oder auch mit einem didaktischen Ernste, wie der Stoff und die Laune des Erzählers es mit sich brachten. Und was wäre wohl die Ursache gewesen, warum der Italiener Boccaz dieser Art von angenehmen Erzählungen die metrische Form entzog, und sie umgestaltete zu Novellen in Prose? Verse konnte Boccaz auch machen, wenn gleich keine musterhaften. Aber der italienische Geschmack scheint, wie der griechische, diese Art von Erzählungen nicht in das Gebiet der vollendeten Poesie haben ziehen zu wollen. Was etwa Poetisches in der einen, oder der andern solcher Geschichten liegt, kann unversehrt bleiben, auch wenn es nicht in Versen erzählt wird. Der Mangel der metrischen Form drückt in der italienischen Novelle natürlich aus, daß eine solche Erzählung kein eigentliches Gedicht seyn soll, auch wenn sie nicht ohne poetisches Interesse ist. Aber bei den Franzosen, die Alles für ein Gedicht halten, was nur geistreich und unterhaltend in Versen abgefaßt ist, behaupteten die Fabliaux ihre alten Privilegien, verwandelten sich in Contes, legten das alte Rittercostüm ab, nahmen die Farbe der neueren Zeiten an, wurden leichtsinnig im äußersten Grade, ließen sich aber den Vers nicht nehmen, und schmückten sich mit allen kleinen Reizen, die der Styl der geistreichen Unterhaltung zuläßt. Der größte Meister in dieser Erzählungskunst, Jean Lafontaine, wurde unnachahmlich dadurch, daß er mit dem ihm eigenen Kindersinne, durchaus naiv und doch mit dem feinsten Geschmacke, der alten romantischen Treuherzigkeit die Eleganz seines Zeitalters mittheilte. Die Kritik würde sich sehr eigensinnig beschränken, wenn sie solche und andere novellenartige Erzählungen unter keiner Bedingung für Gedichte gelten lassen wollte. Ein zartes poetisches Gefühl kann sich auch conversationsmäßig und in Kleinigkeiten aussprechen. Mehrere der alten romantischen Gedichte dieser Art, auch in der älteren deutschen Litteratur, sind reich an Zügen des kräftigen und heiteren Witzes, die uns gerade in die Stimmung setzen, in der man seyn muß, um das Leben, wie es ist, bald von der lächerlichen, bald von der ernsthaften Seite ästhetisch anzusehen. Manche der alten deutschen Schwänke, auch die etwas späteren von Hans Sachs nicht zu vergessen, sind Schooßkinder einer fröhlichen Phantasie, und nichts weniger als bloß versificirte und artig aufgeputzte Anekdoten. [...]

ALOYS SCHREIBER

35 *Lehrbuch der Aesthetik.* Heidelberg: Mohr u. Zimmer 1809, § 263, S. 327.

Die Novelle, oder die prosaische Erzählung unterscheidet sich von der versificirten blos durch die unrhytmische Form. Wie jene, hat sie nur eine Situazion, und ist entweder wunderbare Sage, oder erotisch oder scherzhaft.

GEORG REINBECK

36 *Handbuch der Sprachwissenschaft, mit besonderer Hinsicht auf die deutsche Sprache.* II. Bdes 2. Abth.: Die Poetik in ihrem Zusammenhange mit der Aesthetik. Essen u. Duisburg: Bädeker 1817, § 456, S. 223f.

Die poetische Erzählung, in welcher die Idee der Menschheit in deren besondern Beziehung zum Culturleben als einzelne vollendete Thatsache anschaulich wird, heißt, wenn der Stoff aus der Vorzeit genommen ist: Sage; wenn er der neuern Zeit entnommen ist: Novelle. Beide sind ein Roman im Kleinen, mit welchem sie auch alle Regeln gemein haben, nur daß ein rascherer Fortschritt der Begebenheit stattfinden muß; ja, daß sie gleichsam mehr Skizze sind, als ausgeführtes Gemählde: also die Individualität des Dichters hier ganz verschwindet. Sie liefern nur die Thatsache, nicht Raisonnement. – Der Ton kann so verschieden seyn, als der beabsichtigte Total-Eindruck. Ist die Thatsache von etwas größerm Umfange, so wird die romantische Prosa statt des Metrum eintreten können; doch ist dieß kein wesentliches Merkmahl der Sage oder der Novelle.

37 *Einige Worte über die Theorie der Novelle.* In: G. R., Situationen. Ein Novellenkranz. Stuttgart: Beck u. Fränkel 1841, S. XIII bis XXIII.

[...] Da es nun mehrere Arten von Gedichten giebt, die sich nach Stoff, Form und Beziehung von einander unterscheiden, so wird dieser Unterschied auch durch bestimmte Bezeichnungen (Kunstnamen) müssen festgehalten werden, Bezeichnungen, welche nur aus dem bestimmten Begriff jeder Art hervorgehen werden. Daher würde es Unkenntniß verrathen, wenn der Name einer Gedichtart auf eine andere, wenn auch verwandte, übertragen würde, und wenn dieß allgemeiner stattfände, so würde daraus nothwendig eine Verwirrung, nicht bloß in der Theorie, sondern auch in der Praxis entstehen.

Dieß ist nun aber wirklich, besonders gegenwärtig, der Fall mit der Novelle in ihrer Verwechslung mit dem Roman, so daß der größere Haufen der Leser nicht weiß, was die Novelle und was der Roman, jeder für sich, leisten soll; und zwar scheinen dieß nicht bloß die Leser, sondern leider auch zum größern Theil diejenigen nicht zu wissen, die sich ein öffentliches Urtheil in der Literatur anmaßen, und dieß gemeiniglich, je weniger sie davon verstehen, mit um so größerer apodiktischer Gewißheit aussprechen. [...]

Der armen Novelle geht es aber überhaupt sonderbar. Wenn einige sie und den Roman für das einzig mögliche Epos der neuern Zeit erklären, weil ein Epos im antiken Sinne nicht mehr gedichtet werden könne, – (als ob Thaten von allgemeiner Bedeutung für die Menschheit nicht mehr möglich wären!) – so wollen sie andere nicht einmal für Gedichte anerkennen. Nun ist wohl nicht zu läugnen, daß die meisten Erzählungen, die sich für Novellen ausgeben, mehr erdichtet als gedichtet sind: eine äußere Anreihung von oft höchst gewöhnlichen, oder auch unwahrscheinlichen Vorfällen ohne innere Nothwendigkeit, ohne Idee, berechnet auf Spannung der Neugierde und Kitzel der Sinne, oder auf Auslegung von Lebens- und Kunstansichten, wobei von eigentlich dichterischer, das heißt geistiger Gefühls-Wirkung, gar nicht die Rede ist. Dieß aber reicht eben so wenig hin, die Ebenbürtigkeit dieser Gedichtart in Abrede zu stellen, als der Mangel an äußerer dichterischer Sprachform, indem sie gewöhnlich in Prosa erscheint, um der Erzählung durch die

Sprachform der Wirklichkeit den Schein der sogenannten Wahrheit zu gewinnen. Dieß findet auch aus gleichem Grunde, nur vielleicht mit wenigerm Rechte, bei der dramatischen Dichtung statt: mit wenigerm Rechte, weil hier durch das Eintreten in die Gegenwart der Schein der Wirklichkeit schon vorhanden ist und nicht erst braucht gewonnen zu werden. – Beide, Novelle wie Drama, können aber auch die metrische Form annehmen, denn sie gehören ihrem Wesen nach nicht in das Gebiet der Prosa. – Wenn die Novelle uns ein von der Phantasie nach einer Idee mit Absicht und Zweck zu dichterischer Wirkung freigeschaffenes Bild darbietet, so ist sie ein Gedicht, und ihr Verfasser ist ein Dichter, und oft in einem höhern Grade als der Formkünstler, dem das stoffschaffende Talent abgeht.

Die Novelle ist eine poetische Erzählung. Eine poetische Erzählung ist die Mittheilung einer in der Menschenwelt möglichen Thatsache für die Phantasie als geschehen, um zu ergötzen oder zu erschüttern. Nicht jede poetische Erzählung ist aber eine Novelle. Es kömmt dabei auf die Beziehung (Sphäre) an, in welcher eine solche Thatsache steht, dann auf die Verhältnisse, in welcher sie sich bewegt, und auch auf den größern oder mindern Umfang derselben. Steht eine Thatsache (Begebenheit) von größerm Umfange, in der sich also eine Reihe von Thatsachen zu einem organischen Ganzen vereinigen, in den höchsten allgemeinsten Beziehungen der Menschheit, so bildet sie die Epopöe; steht sie in Beziehung zum Culturleben, den Roman; zum Naturleben, das Idyll. Bewegt sie sich nicht bloß in den Verhältnissen der Menschen- und Naturwelt, wie die Wirklichkeit sie darbietet, sondern in einer von der Phantasie geschaffenen Welt, so entsteht die phantastische Dichtung (zu welcher auch das Mährchen gehört, wenn diese Phantasiewelt eine Zauberwelt ist). Ist die Thatsache von minderm Umfange, begreift sie nicht Reihen von Thatsachen in sich, die sich zu einem organischen Ganzen vereinigen, sondern stellt sie eine einzelne Situation des Menschenlebens dar, so entsteht die poetische Erzählung im engern Sinne, welche nach ihren Beziehungen und Verhältnissen verschiedene Namen erhält. Der Erzählung aus dem Kreise des Naturlebens bleibt der Namen Idyll, so wie der aus dem Kreise einer Zauberwelt der Name Mährchen; die aus dem Kreise des Culturlebens aber erhält den Namen Novelle, die aus dem religiösen Kreise den Namen Legende, und die der Volks-Tradition angehörig den Namen Sage. [...]

Die Novelle ist die poetische Erzählung einer Thatsache, welche als dem wirklichen Culturleben eines bestimmten Zeitraumes angehörig erscheinen soll. Dieß hat sie mit dem Roman gemein. Der Roman aber umfaßt einen bedeutenden Theil eines ungewöhnlichen Menschenlebens, ja wohl ein ganzes und oft mehr als ein Menschenleben: der Roman bildet eine poetische Biographie; dagegen hat die Novelle nur eine einzelne Erscheinung eines Menschenlebens, eine ungewöhnliche Situation zum Gegenstande. Wenn in dem Roman das Leben des Helden mit seinen mannigfaltigen Abwechslungen und Lagen interessiren soll, so soll das Interesse der Novelle sich dagegen auf eine einzelne Situation, als auf eine einzelne Thatsache concentriren. Welch' ein bedeutender Unterschied wird daraus in der Behandlung hervorgehen.

Durch diese Concentrirung das Interesse auf eine einzelne Thatsache, in welcher ein menschliches Schicksal entschieden wird, nähert sich die Novelle dem Drama, bei welchem dieß ebenfalls eintritt, daher auch aus einer Novelle leichter ein Drama sich bilden läßt (wie von Shakspeare aus den Novellen italienischer Dichter), als aus einem Roman; nur nicht aus jeder Novelle, weil bei dem Drama das Interesse vorzüglich auf die Erreichung oder Verfehlung eines bestimmten Zweckes und auf den Kampf dafür fällt, nicht aber so in der Novelle, wo es auf einen bestimmten Zweck und einen Kampf dafür nicht ankömmt.

Ein Leben, auch das bewegteste, entwickelt sich nur nach und nach in einem längern Zeitraum und hat mehrere Perioden; die Situation gehört einem einzelnen Zeitmomente an. Daher wird der Verlauf in der Novelle, wie im Drama, rascher von Statten gehen, und das sogenannte epische Ausmalen und Verweilen, und alles, was nicht unmittelbar zur Thatsache gehört, wird wegfallen müssen, also alle Episoden, alle ausführlichere Charakterzeichnungen und Schilderungen und Reflexionen und Raisonnements, die schon im Romane leicht breit und langweilig werden. Novellen, in welche solche Ungehörigkeiten sich einmischen, wohl gar als sogenannte Kunstpoesie der echten Novelle als sogenannter Naturpoesie entgegensetzen und gleichsam über sie erheben zu wollen, wie in einer unlängst erschienenen Poetik geschehen ist, heißt Irrthümer zur Regel machen. Daß die Novelle eine Idee durchführt, darf ihre Natur nicht verändern: eine raisonnirende Novelle – und wäre das Raisonnement noch so geistreich, ist ein Unding. Der Gedanke (das abstracte Denken) kann in der Dichtkunst nie vorherrschend und bildend seyn, selbst nicht in der Didaktik. Daher fallen die meisten sogenannten moralischen Erzählungen und psychologischen Romane ganz aus dem Gebiete der Poesie. – Die Novelle ist rein erzählend, und zwar vertritt sie, wie dieß sich schon aus ihrer historischen Entwicklung bei Boccaccio ergiebt, weit mehr als der Roman die mündliche Erzählung. Nun will der Zuhörer einer mündlichen Erzählung nicht wissen, was der Erzähler denkt und fühlt, sondern was geschehen ist, und das will er ohne Unterbrechung erfahren. Wenn daher der Roman, der mehrere Stadien durchläuft, seinem Interesse unbeschadet von Zeit zu Zeit aus der Hand gelegt werden kann, so würde es ein schlimmes Zeichen für den Werth einer Novelle seyn, wenn dieß eben so füglich anginge. – Es erhellt also wohl, daß es eine irrige Ansicht ist, wenn die Novelle, wie gewöhnlich in unsern Poetiken, und auch von mir früher, als ein kurzer Roman bezeichnet wird. Manche Erzählungen sind allerdings kurze Romane, aber dann sind sie eben keine Novellen.

Welche Lebensverhältnisse darf denn aber die Novelle auffassen? – Alle, wie der Roman, nur müssen sie sich zu einer künstlerischen Bildung, zu einer Bildung für den Geist, mit welchem die Kunst und besonders die Dichtkunst es allein zu thun hat, eignen. Dadurch wird schon alles Rohsinnliche ausgeschlossen. [...]

Auch in der Composition, oder in der Anordnung der Einzelnheiten des Ereignisses mit ihren Motiven, aus denen die Situation hervorgeht, wird die Novelle sich insofern dem Drama nähern, daß ein steter Fortschritt in der Begebenheit, die auch nur in ihren Hauptzügen, mehr skizzirt als ausgeführt, erscheinen wird, stattfinden und dabei die beabsichtigte dichterische Wirkung nie aus den Augen gelassen werden muß. – Die Novelle hält sich bei der Motivirung der Erscheinungen nicht auf und doch muß jede Einzelnheit für die Phantasie hinlänglich motivirt erscheinen; daher werden die Motive zu den entscheidensten Momenten oft nur hier und da wie beiläufig angedeutet werden, und ihre Bedeutung wird dann erst in der Folge hervortreten. Die größere oder mindere Ausführung der Einzelnheiten, die richtige Vertheilung von Licht und Schatten im Bilde, wird ganz von dem beabsichtigten Total-Eindrucke abhangen müssen. – Hier tritt besonders der Künstler hervor und macht sich darin geltend, denn dieß setzt ein Studium voraus, ohne welches es keinen Künstler geben kann.

Lebendigkeit und Anschaulichkeit sind die ersten Erfordernisse einer poetischen Erzählung überhaupt und vorzüglich der Sprachdarstellung derselben an sich. Wenn auch der Stoff der Novelle dem wirklichen Leben entnommen zu seyn scheint, so darf doch die Sprachdarstellung der poetischen Färbung nicht ermangeln, selbst wenn die Sprachform Prosa ist; und bei dem mindern Umfange und der geringeren Fülle des Bildes wird eine sorgfältigere Sprachausführung unerläßlich seyn. [...]

Karl Wilhelm Ferdinand Solger

38 *Vorlesungen über Ästhetik* [Berlin 1819, Nachschrift K. W. L. Heyse. ED: Hg. von ebdem. 1829]. 2., unveränderte Auflage. Darmstadt: Wiss. Buchges. 1962, S. 297f.

[...] Dem Romane steht die Erzählung entgegen, als epische Darstellung der Wirklichkeit von dem Principe des gegebenen Verhältnisses, der Situation oder Begebenheit aus. Eine Erzählung darf nicht die Entwickelung des Charakters zum Gegenstande haben, sondern diesen durch die Situation entstehen und sich bilden lassen. Dies geschieht besonders unter zwei Modificationen: nämlich indem entweder die Bestimmung von Charakteren durch Begebenheiten, oder die Begebenheiten überhaupt als allgemein menschliche dargestellt werden. Letzteres ist die Aufgabe der Novelle, in welcher die einzelne Situation als eine allgemeine entwickelt, auf Begriffe der Erfahrung bezogen wird. So ist besonders in den italiänischen Novellen des Boccaccio und Anderer die Situation als allgemein menschliche die Hauptsache, ohne höhere ethische oder religiöse Beziehung. Die Novelle hat in sofern die nächste Ähnlichkeit mit dem Idyll. – Die Erzählung im engeren Sinn läßt mehr den Charakter durch die

Situation bestimmt werden. Das Allgemeine in ihr ist die Wirkung der Verhältnisse auf den Charakter. Hierin hat sich Heinrich von Kleist besonders ausgezeichnet, dessen Erzählungen, vor allen sein trefflicher *Kohlhaas*, wahrhaft poetisch sind.

FRANZ ANTON NÜSSLEIN

39 *Lehrbuch der Kunstwissenschaft*. Landshut: Krüll 1819, § 350, S. 281.

Im Romane muß sich, wie im Epos, eine ganze Welt, ein Universum vor unserer Anschauung entfalten. Die Universalität des Romans läßt nicht nur Episoden zu, sondern macht solche selbst nothwendig.

Wird aber die Episode, so zu sagen, selbstständig, erscheinet sie als ein selbstständiges Gedicht; so führt sie den Namen Novelle. Die Novelle ist eine kleine prosaische Erzählung, die prosaische Erzählung einer einzelnen Begebenheit, einer Situation etc. und gleichet darum einer Episode im Romane.

WILLIBALD ALEXIS

40 *Ernst von Houwald, Der Leuchtthurm. Die Heimkehr. Fluch und Segen. Das Bild. Romantische Accorde* [Rezension]. In: Hermes oder kritisches Jahrbuch der Literatur. IV. Stück für das Jahr 1821. Nr. XII der ganzen Folge. Leipzig: Brockhaus, S. 32 bis 34.

[...] Aufrichtig zu gestehen, so glauben wir, daß Houwald sich seinen Kräften weit angemessener bewegen dürfte, wenn er das dramatische Feld mit dem der Erzählung, in welchem er schon so liebliche Früchte geliefert hat, vertauschte. Dieser Wunsch wird um so mehr gerechtfertigt, wenn wir die vielen unberufenen Mitarbeiter auf dem Felde der deutschen Erzählung betrachten. Es scheint sich hier der deutschen Literatur ein ganz neuer Kreis, in welchem ihre Geister glänzen können, zu eröffnen. Bis jetzt, so viel dem Rec. bekannt, hat sich noch keine Theorie über die verschiedenen Arten der Novelle und Erzählung gebildet, aber so viel ergibt sich aus der Erscheinung, daß die größte Freiheit und Mannichfaltigkeit das Aufblühen der verschiedenartigsten Gebilde verstatte. Die Hauptbedingung aller dieser freundlichen Kinder ist Kürze, Vollendung und Rundung in sich und ein leichter und doch gediegener Styl. Es würde vermessen seyn, schon jetzt alle die Felder oder Gattungen der Erzählungen ordnungsmäßig specificiren zu wollen, es sey indessen erlaubt, einige der bisher erschienen Arten oder derjenigen, welche erscheinen können, besonders anzudeuten. Einen ausgezeichneten Platz dürften hier die Kunstnovellen einnehmen, und Rec. glaubt, daß es ersprießlich seyn dürfte, wenn überhaupt die Kunstromane in Kunstnovellen verwandelt würden. Es war eine Zeit in Deutschland, wo nur die Kunstromane als wahre Romane betrachtet wurden, aber das allmälige Verschwinden derselben bezeugt, daß die langen Reflexionen über Nichts als die Kunst, und gemeiniglich nur über die eine Kunst mit Hintansetzung alles historischen Stoffes und der niederländischen Abschilderung des wirklichen Lebens, endlich in den bänderreichen Romanen ermüden mußten. In kürzeren Erzählungen aber, wo es nur weniger Handlung bedarf, dagegen die Schilderung und Reflexion als das Fleisch jenes Gerippes das eigentliche Leben hervorbringen soll, würden die Kunstansichten, gehörig concentrirt und geschickt unter die wenigen handelnden Personen vertheilt, von großer Wirkung seyn und immer neu bleiben. Daß dem Rec. hierbei vorzüglich Tiecks meisterhafte Novelle: *Die Gemälde* vorgeschwebt habe, braucht er wohl nicht erst zu verrathen. Aber eben so leicht könnte ihm entgegnet werden: Welche andere Novelle dürfte sich mit jener messen? – Einen andern Platz, aber wohl den geräumigsten würden die historischen Novellen einnehmen. Sie theilen sich in die verschiedensten Arten. Für die besten aber würden wir immer diejenigen halten, welche den Geist irgend einer großen oder merkwürdigen Erscheinung auffassen und ihn von den mehreren Seiten betrachten, oder die, welche das historische Interesse in den Hintergrund stellen und nun im Vorgrunde lebendige Charaktere handeln und in die historische Entwicklung eingreifen lassen, dabei aber auch mehr oder minder das charakteristische Leben der Zeit, in seiner innern Eigenthümlichkeit aufgegriffen, uns vormalen. So wie aber unter den Romanen die in den letzten Decennien des vorigen Jahrhunderts unter dem

Namen der historischen Romane erschienenen zu den verwerf-
lichsten unter allen gehören, weil das Wahre mit dem Erdichteten lediglich, um das Interessante oder Überraschende hervor-
zubringen, darin vermischt wurde, so müssen wir unter den
Novellen die jetzt mode werdenden „historischen Skizzen" ver-
dammen. Sie bestehen darin, daß der Autor aus ganzen langen
historischen Perioden und Begebenheiten das ihm Anstehende
heraushebt; damit es aber doch ein Interesse gewinne und als
eigne Arbeit gelte, es mit einer empfindsamen Sauce wässert
und mit einem romantischen Anstrich überpinselt. In diesen,
vorzüglich von den weiblichen Autoren beliebten, Skizzen pflegen die Helden und Heldinnen überaus edel zu seyn und Mono-
loge zu halten. Das historische Interesse verschwindet aber natürlich, und uns erscheinen diese Heroen gleich jenen, welche
weiland der Müller aus der Mühle zum guten Geschmack aus
den alten Heroen der Vorzeit zu niedlichen für die unsere um-
gemahlen hat. In den historischen Novellen der einen Art zeigt
uns Walter Scott neuerdings ein schönes Muster. Die Engländer
nennen die Romanenschreiber überhaupt Novellisten, aber, bei
Übertragung unsers Begriffes auf diesen Namen, möchte Walter
Scott selbst besser gethan haben, wenn er einige seiner Romane,
statt sie zu bändereichen Romanen zu dehnen, in Novellen zusammengedrängt hätte. Hofmanns *Fräulein Scudery* ist, so wie
sie die vollendetste unter des Dichters eigenen Arbeiten ist, auch
eine der besten unter den deutschen Novellen, welche getreu
und doch mit dem höchsten Interesse das Leben einer Zeit,
welche sonst für das deutsche Gemüth wenig Anziehendes hat,
schildert. [...]

41 [*Vorwort*]. In: Die Schlacht bei Torgau und der Schatz der
Tempelherren. Zwei Novellen. Berlin: Herbig 1823, S. VI–IX.

[...] Als die nachzuahmenden Meister in der Darstellung, erscheinen ihm [Alexis selbst] unter den Novellendichtern Cervantes, Göthe – und Tiek [sic], welcher letztere in seinen *Gemälden* eine neue Bahn gebrochen hat. Die Klarheit und Einfalt des erstern in Erfindung und Darstellung mit dem harmonischen Wohllaut des zweiten verbunden, sind die Bedingungen,
welche jeder Dichter in dieser Gattung sich nothwendig vor-
zeichnen muß. Ob er aber, um plastischer in der Charakterzeich-

41

nung zu werden, sich der dialogisirten Form bedienen solle, muß der speciellen Überzeugung, weil diese Frage mehr vom Stoff abhängt, überlassen bleiben. Mindestens scheint diese Form überall vorzuziehn, wo die Charaktere so tief aufgefaßt sind, wie in Tieks *Gemälden*, und wo die ganze Dichtung sich um irgend ein Thema der Kunst oder einer tiefern Auffassung des Lebens bewegt. Was diesen letztern Punkt betrifft, so ist der Dichter [Alexis selbst] zwar weit davon entfernt, die Novelle nur als Darlegung einer auszusprechenden Idee gelten lassen zu wollen, eben so wenig kann er aber denen beipflichten, welche umgekehrt nur ein absichtsloses Spiel der Phantasie, der Gedanken und der Begebenheiten erlauben; im Gegentheil glaubt er, daß unter den Novellen diejenigen zu den vorzüglichen gehören werden, bei welchen irgend ein Hintergrund, sei es ein künstlerischer, wissenschaftlicher oder historischer, zum Vorschein kommt, gegen welchen die handelnden Personen, vom höheren Standpunkte aus betrachtet, immer nur subordinirt erscheinen. [...]

Es ist jetzt nichts Unerhörtes, daß ein ultra objektives Gemüth alles und jedes Raisonnement verwirft, mißfällt ja doch Manchen sogar die erwähnte Tieksche Novelle, weil mehr Kunstbetrachtungen als Begebenheiten darinnen zu finden sind. Dies darf jedoch keinen Dichter abhalten, die als recht erkannte Mittelstraße einzuschlagen, und zwischen denen, welche nur rasche und spannende Entwickelung von Staatsaktionen verlangen, und denen, welche sich noch tugendhaft am langweiligen Moralisiren erfreuen, die wahre Handlung aufzusuchen, welche sowohl in der äußern Entwickelung der Begebenheiten als auch in der geistigen Entwickelung der Gedanken zu finden ist. [...]

42   *Über Tiecks Novellen, bei Gelegenheit seiner neuesten: „Die Gesellschaft auf dem Lande."* In: Literarisches Conversations-Blatt für das Jahr 1825. I. Bd. Leipzig: Brockhaus 1825, Nr. 53 (3. März), S. 210f.; Nr. 54 (4. März), S. 213. [Zur Identifikation des Autors vgl. Goedeke, Bd IX (1910), S. 456.]

[...] Der andere Vorwurf ist, daß seine [Tiecks] Novellen keine Novellen wären. Durchläuft man den Irrgarten aller Geschichtchen unserer Taschenbücher, welche den Namen Novelle auf dem Titel führen, so darf man freilich Tieck's Dichtungen, die von diesen Erzählungen himmelweit verschieden sind, nicht auf gleiche Art benennen. Auch die meisten der italienischen Novellen haben nur den Vorzug, daß Shakspeare aus ihnen Themata zu seinen Dramen wählte. Weit näher stehen schon Cervantes Novellen denen Tieck's. Nicht Eine interessant verwickelte Begebenheit, nicht Eine Erzählung mit überraschenden Wendungen bildet hier das Wesen der Dichtung, sondern in der Regel liegt irgend ein bedeutendes Thema zum Grunde, welches die Aufmerksamkeit ebenso, oder noch mehr als die Handlung selbst, fesselt. Z. B. welches Gemälde des freien Lebens in der Poesie, wie es nur dem Spanier erscheinen kann, zeigt uns die köstliche Preciosa; der *Licenciado Vidriara* ist eigentlich nur eine witzige Abhandlung ohne Handlung; *Rinconate und Cortedillo* nur ein launiges Gemälde des Diebeslebens in Sevilla, ohne Zusammenhang und Auflösung u. s. w.

Tieck's Novellen treten allerdings zuerst ganz bestimmt aus dem Kreise der sogenannten Erzählungen heraus. Es ist nicht die abgehandelte Begebenheit, nicht das Abenteuer, dessentwegen der Dichter allein geschrieben hat, sondern ein höheres Interesse, gegen welches gehalten die Personen meistens nur subordinirt erscheinen. Nicht um irgend einen Begriff bildlich auszudrücken, hat er Personen und Begebenheiten willkürlich gestaltet, sondern um irgend eine Region der Kunst, der Geschichte oder des geselligen Vereins poetisch-lebend zu zeigen, ruft er die Gestalten aus den Gräbern oder aus der Wirklichkeit hervor, welche in den beschriebenen Kreis gehören und ihm Licht und Wärme verleihen.

Ich habe mich des Gleichnisses vom Gemälde enthalten: „daß er die historischen Gruppen des Vorgrundes gegen die Landschaft des Hintergrundes verschwinden läßt," um die irrthümliche Auslegung, als sei er ein Decorationsmaler, für den die Zeichnung der menschlichen Personen nur Nebensache ist, zu vermeiden. Im Gegentheil ist es ganz das menschliche Interesse, welches in seinen Novellen vorwaltet, und wirkliche Menschen, ebenso mit Fleisch und Bein als mit Geist begabt, sind es, die durch ihren Reflex den Hintergrund des Gemäldes bilden.

So erblicken wir in der Novelle, welche auch den Namen der *Gemälde* führt, das ganze künstlerische Leben unserer Zeit. Nirgends aber hat der Dichter durch ängstliche Ausmalung lebloser Gegenstände, nirgends durch Beschreibungen das Bild vollenden wollen. Nur die Menschen hat er individualisirt, aber mit und in ihnen die Repräsentanten bedeutender Richtungen und Schulen. – Ähnliches gilt von seinen *Musikalischen Leiden und Freuden,* seiner *Verlobung* u. s. w. Überall strahlen die Personen so von Kenntnissen und den charakteristischen Eigenschaften ihres Faches, daß aus ihren Emanationen sich von selbst der künstlerische Dunstkreis bildet.

Daß Tieck ein von ihm behandeltes Thema, so weit menschliche Kräfte reichen, auch zu erschöpfen weiß, bezweifelt Niemand. Wol aber, ob dergleichen Abhandlungen überhaupt in die Novellen gehören? oder ob er künstlerisch sie mit dem Gange der Handlung zu verschmelzen gewußt habe?

Gegen jenen allgemeinen Einwurf läßt sich so lange nichts entgegnen, als der Begriff der Novelle noch nicht festgestellt ist. Was aber will man überhaupt von den Erzählungen, wenn die Reflexion ganz ausgeschlossen bleiben soll? Eine Jagd von Begebenheiten, wie in den v. der Velde'schen Erzählungen, ermüdet den Geist. Wo ist die Grenze? Concentrirt nicht die Poesie vorzugsweise alle bedeutende Erscheinungen des Lebens in ihrem Spiegel vor den gemeinen gewöhnlichen? Und was ist bedeutender in unserm Leben, als die Erscheinungen der Kunst? Die Geschichte erhielt nicht poetische Bedeutung durch die Anhäufung seltsamer Facta, sondern durch den Geist der Völker und Zeiten, der sich in diesen ausspricht. Plastisch den Gedanken durch die bildliche Gestalt wiederzugeben, ist freilich die allgemeine Aufgabe; wo aber Ansichten und Begriffe sich durch vielfältigen Verkehr tausendfach nuancirt haben, reichen die Bilder nicht mehr aus, und auch der Dichter muß zu den Werken in einer Zeit greifen, wo alles Streben sich in Worten Luft macht.

Aber nur die Bestrebungen, welche im Leben zur äußern Erscheinung gediehen, können der Vorwurf einer Dichtung werden. Nicht Philosopheme, die in den Stuben und Werken der Gelehrten verschlossen bleiben, sondern die wird er aufstellen, welche bedeutend auf das Leben zurückgewirkt haben. Nicht Fromme, welche in stiller Zurückgezogenheit ihrer Überzeugung leben, wählte der Dichter zum Gegenstand seiner Novellen, sondern jene Pietisten, welche, ihre Frömmigkeit zur Schau tragend, mit ihrem Weltbekehrungsstreben nichts weniger als sich vom Leben zurückzogen.

———

Zweifelhafter scheint die Beantwortung der andern Frage, ob das Thema immer mit dem Gange der Handlung in Tieck's Novellen gehörig verschmolzen worden? [...]

Die erste und schwierigste Anfoderung an jedes Kunstwerk finden wir in Tieck's Novellen erfüllt: einen organischen Zusammenhang, man mag ihn in dem Thema aufsuchen oder in der Entwickelung der Fabel. Willkürliche Episoden dürfte man bei ernsterer Betrachtung nirgends finden. Aus der Totalanschauung eines innig vertrauten Stoffes entspringen die einzelnen Erscheinungen. Mit künstlerischer Hand erhellet er nicht mit Einem Male das ganze Gemälde, sondern beleuchtet, wohlbekannt mit allen Reizen der Landschaft, einen interessanten Punkt nach dem andern, bis er, nach gehörigem Wechsel von Licht und Schatten, die ganze Gegend im Sonnenlichte vortreten läßt. Wir sehen dann die Bedeutung der einzelnen Punkte zum Ganzen und freuen uns, jede Einzelheit zuvor in ihrer Absonderung kennen gelernt zu haben. Die Fabel seiner Novellen ist sehr einfach, es ist kein Zug, der mit Gewalt herbeigezogen wäre oder sich aus dem Ideengange nicht rechtfertigen ließe, aber in jeder Novelle findet sich eine überraschende Wendung (das novi quid), welche mit der geistigen Bedeutung des Themas in der innigsten Verbindung steht. [...]

CARL FRIEDRICH VON RUMOHR

43 *Vorbericht.* In: C. F. v. R., Italienische Novellen von historischem Interesse. Hamburg: Perthes u. Besser 1823 (= C. F. v. R., Sammlung für Kunst und Historie. II. Heft), S. III–VIII.

Die Novelle, in ihrem ursprünglichen Verstande genommen, ist eine Form der Erzählung, welche ausschließlich der italienischen Literatur angehört. Der Name ist so alt, als die Gattung selbst, und so bezeichnend, als möglich. Novella nemlich, gleichwie das abgeleitete: novellare und novellatore, kommt von nuova, Neuigkeit, Nachricht, und würde wahrscheinlich mit dem französischen: nouvelle, ganz gleichbedeutend seyn, wäre man nicht in Italien seit fünf Jahrhunderten daran gewöhnt, bey diesem Worte an geschriebene Erzählungen zu denken. Ursprünglich bezeichnete es also: Erzählung von Ereignissen des Tages, und diesen Sinn behielt es unter den Italienern beynahe ohne Unterbrechung. Denn obwohl einige italienische Schriftsteller die Novelle mehr dichterisch, als historisch behandelt haben, so blieben sie doch der früheren Bestimmung des Wortes eingedenk und trugen dem Namen gewissermaßen ihre Schuld ab, indem sie jederzeit wirkliche unter die erdichteten Ereignisse mengten und sich enthielten, die einzelnen Erzählungen zu kleinen Romanen auszudehnen, wie Cervantes und andere Fremde, welche ihre Dichtungen irrig Novellen benannt haben.

Unter den italienischen Novellensammlungen ward der *Decameron* des Boccaz von jeher vorzugsweise verbreitet, erläutert, übersetzt und gelesen. In diesem Werke ist nun freylich der poetische Stoff und die rhetorische Wendung überwiegend. Wer daher seine Vorstellung nach jenem berühmten Vorbilde gestaltete, der konnte leicht verleitet werden, alle Novellen für erdichtet zu halten. Für Dichtungen galten sie in der That bey den meisten Neueren, bis die Vorrede zur ersten Ausgabe des Sacchetti und späterhin die Untersuchungen des Domenico M. Manni die Ansicht verbreiteten, daß viele, ja die meisten Novellen auf Thatsachen beruhen dürften, daß die Novellen mithin großentheils zu den Hülfsquellen der historischen Forschung gehören.

Betrachten wir die Novellen aus diesem Gesichtspuncte, so wird es unumgänglich, sie in poetische und historische abzutheilen. Die erste Abtheilung umfaßt Erzählungen von freyer Erfindung und willkührliche Gestaltungen eines überlieferten poetischen Stoffes. Die zweyte begreift Darstellungen aus dem wirklichen Leben; diese theilen sich wiederum in Erzählungen wirklicher Ereignisse, welche die Zeit, den Ort der Handlung und die handelnden Personen genau bezeichnen, und in Erzählungen, in welchen unter erdichteten Handlungen und Namen bestimmte Eigenthümlichkeiten einer Person, Gegend oder Zeitgenossenschaft geschildert werden. [...]

Im Allgemeinen jedoch beruht das historische Gewicht der Novellen allein auf anschaulicher Wahrheit der Schilderung von Sitten und Charakteren, etwa noch auf jener Unbefangen-

heit in der Äusserung eigner Gesinnungen und Ansichten, welche
der Geschichtschreiber selten in gleichem Maaße besitzt, weil
er doch gewöhnlich strebt, seinem Zeitalter überlegen zu scheinen. Wir können also nur in vereinzelten Fällen geschichtliche
Thatsachen auf Novellen begründen; sie dienen uns mithin weniger zur Bestätigung, als vielmehr zur Ergänzung der Geschichtschreiber, deren Schilderungen im Ganzen zu allgemein
sind, um auf Eigenthümliches und Besonderes genau einzugehn.
Die Novellen leisten in dieser Beziehung ungleich mehr, als die
Denkwürdigkeiten der Franzosen, eben weil letztere weniger
unbedacht, zufällig und objectiv sind, einem bestimmteren Plane
folgen und Alles zu sehr im Lichte der eignen Persönlichkeit
auffassen. [...]

44 *Novellen.* II. Bd. München: Franz 1835, S. 1–11, 38–43, 102 bis
    104, 237–241.

– Allein, wie nur können Sie diese Erzählung für eine Novelle
ausgeben wollen! rief die geistreiche Putzmacherin; ist es denn
unmöglich, den Unterschied Ihnen begreiflich zu machen? – Die
Gräfin, welche die neue Haube wiederum in die Hand genommen, warf einen fragenden Blick auf den Schriftsteller, welcher
zur Seite an einem Lesetischgen saß. Auch schienen die übrigen
Anwesenden auf seine Antwort gespannt zu seyn.
    Nicht für eine Novelle? fragte der Dichter mit dem gemisch-
ten Ausdrucke des Ärgers und der Verwunderung. Freylich
wohl für eine Novelle, setzte er hinzu; denn was ist überhaupt
Novelle? Doch nur so viel, als nouvelle. So daß Nichts uns ab-
hält, noch verhindert, alle Stadtgeschichten des Tages Novellen
zu benennen, und die Klätscher selbst Novellisten. Wo denn
kommt dieses Wort zuerst vor? Doch bey den Italienern. Und
welchen Sinn hat es dort? Keinen andern, als den von bloßen
Tagesgeschichten. Was man nun auch in der Folge möge damit
vermischt, hineingemengt haben, so blieb den Leuten die eigentliche Bedeutung des Wortes doch stets in Erinnerung. Noch
Gozzi gab ein Dutzend unsaubrer Stadtklätschereyen schön
toscanisirt unter dem Titel *Novellen* heraus. Solche Klätsche-
reyen sind die ursprünglichen, die ächten, die Novellen schlechthin. Was hingegen die Nichtitaliener in verschiedenen Ländern
und Zeiten Novellen benannt, unter diesem Namen ans Licht

gestellt haben, ist ein durchaus unbegrenzbares Mancherley. Um ein Beyspiel anzuführen, ein ehrwürdiges, nenne ich Ihnen Cervantes, dessen Novellensammlung, Thiergespräche, Episoden aus Schelmenromanen, abentheuerliche und auch sentimentale Geschichten einschließt. Wie nun? Was dachte sich dieser große Mann bey dem Worte Novelle? Sicher Nichts sehr scharf, noch eng begrenztes. Und wie denn sollte ich, um Ihnen gefällig zu seyn, mein Geschichtgen benennen, verehrte Kunstrichterin? – Erzählung, sagte sie, Erzählung, mein Lieber. Erzählung? entgegnete er; Erzählung? Das ist ein zähes Wort, ein Wort voll kleiner Haken, die's in der Kehle festhalten, wenn mans herausgeben will. Und, nächst dieser klebenden Beschaffenheit, klingt es auch besonders widerwärtig. Wahrlich, wie man in den Gärten das Unkraut ausreißt, sollte man nicht minder auch darauf Bedacht nehmen, aus unserer Sprache, welche dem Organ schon an sich selbst schwer liegt und fällt, so gar entsetzliche Worte ganz auszujäten, gleich diesem ,Er-zäh-lung', oder ,zwischen', ,Schwierigkeit' und ähnlichen mehr, welche meist durch bequemere sich ersetzen lassen; oder auch sie ganz auswerfen, wie nämlich, dergleichen, mit allem was sonst noch unserer Prosa das Schleppende und Träge giebt.

Machen Sie, sprach die Putzmacherin, mit Ihrer Erzählung, was Ihnen belieben wird; nur, bitte ich, nennen Sie nicht Novelle, was nimmermehr eine Novelle seyn wird. Nun denn, rief der Poet voll Ungeduld, so stellen Sie mir vor Augen, was nach Ihrer Ansicht allein Novelle zu heißen Anspruch hat. Sind also Novellen keine Erzählungen?

Nein, sagte sie, auf keine Weise.

So werden sie dramatisirte Darstellungen seyn?

Weßhalb und worin, mein Lieber, wären sie dramatisch?

Ich beginne, Sie zu verstehen, sagte er mit Nachdenklichkeit; was Sie Novellen nennen, ist eine freye Form der Untersuchung und Abhandlung.

Weiß ich doch nicht, rief die Putzmacherin, was Ihnen einfällt; sage ich Ihnen doch, daß Novellen, Novellen sind!

Ein feinsinniger Mann, der zur Gesellschaft gehörte, und bisher aus übergroßer Bescheidenheit geschwiegen hatte, wünschte, indem er jetzt das Wort nahm, sich ein Verdienst zu erwerben, wenn nicht um die Sache, doch um die Schöne, welche höchst irriger Weise er in Verlegenheit glaubte. Der Form nach, sagte er mit einer leichten, ausdrucksvollen Vorneigung des Oberleibes, kann die Novelle allerdings nur in die Classe der Erzählungen versetzt werden; ein Wort, das besonders in Verbindung mit dem Artikel, schwer auszusprechen ist, wie mir's nicht früher aufgefallen. Doch unterscheide man, was eine Sache der Form, was hingegen sie dem Inhalt nach sey. Dem Inhalt nach unterscheidet sich die Novelle von der Erzählung, zu welcher sie der Form nach gehört, in den nachfolgenden Stücken. Die eigentliche Erzählung ist, gleich der Ihrigen, eben nur Erzählung. Sie entwickelt eine Reihe von Begebenheiten, welche, um nicht einzuschläfern, allerdings wohl ein höheres Interesse anregen, von geistreichen Gedanken, schönen Sentenzen und solchem mehr begleitet, unterstützt werden müssen; doch Alles mehr aphoristisch und desultorisch, mit anderen Worten, gleich als wie zufällig aus den entwickelten Begebenheiten hervorgehend. In der Novelle hingegen knüpft sich nicht etwa der geistreiche Inhalt an die Begebenheit, diese vielmehr an die Idee, welche dem Ganzen zum Grunde liegt und darin hindurch gehalten, von allen Seiten besehn, gedreht, gewendet, gehandhabt wird, bis im gewissen Sinne Nichts mehr daran bleibt; das heißt, bis die Idee, von welcher man ausgegangen, in sich selbst aufgehoben und erschöpft ist, gleich den Wasserbrunnen nach einer sogenannten großen Wäsche. Sie werden einsehn, werther Poet, daß unter diesen Umständen die Novellen mehr die Hervorbringung des Tiefsinnes, als der Imagination sind; daß, Gefühl, Anschaulichkeit, Handlung, sogar jedes freyere Aufsprudeln des Geistes, eigentlich von der Novelle ganz ausgeschlossen ist und bleiben muß, wenn nicht die kaum geborne Gattung alsobald wieder untergehen soll; was in Ansehung Ihrer mir wohlbekannten Humanität Sie gewiß nicht werden befördern wollen.

Eben, erwiederte der Poet nach einigem Sinnen, habe ich im Geiste die Gegenstände überschaut, aus welchen Ihr Begriff der Novelle möchte entnommen seyn. Glaube daher zu verstehen, was Sie eigentlich wollen; ein gewisses Mittelding von Untersuchung und Darstellung, ein Hinundherschwanken vom einen zum anderen, was der Absicht nach mit jenen alten, beynahe vergessenen Lehrgedichten so ziemlich übereintrifft. Da fragt es sich denn noch immer, ob es der Mühe verlohne, die Gattung, wenns etwan eine Gattung ist, so ungetrübt rein zu erhalten, als wäre sie nicht mehr, noch weniger, als ein Artikel des frommen Glaubens. Irre ich mich nicht, ist ein solches Mittelding philosophischer und poetischer Darstellung eben nur ein Vehikel, gar viel blauen Dunst in die Welt und auf den Markt zu bringen. Die Beschränkung auf irgend eine ausgeschiedene Idee, nach Art der Abhandlungen gewährt dem Autor Gelegenheit zu grenzenloser Verbreitung. Das Ungewisse und Schwankende in der Form erweitert scheinbar den Stoff, verhehlet die Wiederholungen, versteckt das Unbefriedigende im erwarteten Ergebniß. Müßte doch eine solche, mehr schlaue, als sinnvolle Mischung vor Langerweile tödten, würde sie nicht durch eben die Gabe leichter Erzählung getragen, welche vorhin, als ungehörig, Sie von der Novelle ausgeschlossen haben, oder durch etwas Witz und Munterkeit gewürzt, welche Sie ebenfalls hier für unwesentlich erklären. [...]

Des Friedens willen, sagte er, räume ichs dieser neuen deutschen Novellenart ein, daß unter der Benennung von didaktischen, lehrreichen, belehrenden Novellen sie fürder eine ganz eigene Gattung ausmache. Denn an und für sich erscheint es mir als ein Gemisch von Anmaßung und Irrthum, dieses irgend einer Form, oder Gattung als solcher mehr, oder tieferen Gehalt beylegen wollen, als den übrigen. Seitdem man schreibt, sucht jeder bessere Schriftsteller auch in den Büchern von freyer Erfindung stets bald dieses, bald jenes andere Resultat seines Nachdenkens auszusprechen. Und fragt es sich doch, ob man jemals darauf verfallen wäre, mit der ursprünglichen Bezeichnung eben des leichtsinnigsten Geschwätzes gesteigerte Ansprüche auf Ernstlichkeit und Tiefe verbinden zu wollen, wenn nicht Cervantes seinen Novellen das Epithat, *exemplares,* das ist, musterhafte erbauliche, lehrreiche, ertheilt hätte. Ich bin gar nicht im Klaren, in wie weit seine Novellen auf diesen Beysatz Anspruch haben; genug aber, daß schon auf dem Titelblatte er die Absicht ausgesprochen, erbaulich und lehrreich zu seyn, worin ihm nachfolgen möge, wer auch im übrigen ihm nachzuahmen bemüht ist. Hingegen kann, Novelle schlechthin, nicht wohl Etwas anderes genannt werden, als das lose Geschwätz, welches nunmehr seit bald sechs hundert Jahren Novelle geheißen; jenes Gemisch von Klätscherey und poetischem Geiste, welches in seiner Vollkommenheit der italienischen Literatur ausschließlich angehört. Eine dritte etwas breitere Art, welche frühzeitig auf die eigentliche Novelle geimpft worden, möge man denn zur Unterscheidung, die historische, romantische, poetische nennen. Es verdankte sodann die Literatur der deutschen Gewissenhaftigkeit die Unterscheidung von dreyen Gattungen der Novellisterey; der Novelle an sich, der didaktischen, der historisch-poetischen. Versteht sich, daß in der Folge immerdar ein frischer Besen zur Hand seyn mußte, um täglich den Staub hinwegzukehren, der, bey so großer Nähe, leicht von einer Schwelle zur andern sich verwehen dürfte. [...]

———

Weil damit die Geschichte [*Beyspiel einer ächten Novelle*, S. 15ff.] zu Ende war, schwieg der Poet, [...] Bis endlich der Feinsinnige, zwar ohne Lob, noch Tadel, immer doch mit schonendem, verbindlichem Wesen die Frage aufwarf, ob denn jemals ein Geschichtgen der Art unter den Leuten für eine Novelle habe gelten können, nicht vielmehr stets zu den Anecdoten gezählt worden sey.

Auch zu den Anecdoten, entgegnete der Poet; denn in dem Sinne, den Sie dem Worte hier beylegen, ist Anecdote die Umschreibung des Wortes Novelle. Anecdoton ist das noch nicht ausgegebene, kundwordne, also dem Leser, oder Hörer noch neue. Novelle hingegen ist das neue, also bis dahin noch nicht ausgegebene, oder verkündete. Beyde Ausdrücke bezeichnen demnach dasselbe, der erste mit der Sache zugleich einige Umstände, der andre die Sache schlechthin. Anecdote ist Neuigkeit, Neuigkeit Novelle. Mit Beseitigung dieses Einwurfes bekenne ich übrigens, daß meine sehr ächte Novelle auf Ihren Beyfall keinen Anspruch besitzt. Hatte sie nur des Beyspiels willen aufgezimmert, mag sie daher, verglichen mit dem leichten, behaglichen Geschwätz ihrer Vorbilder, ungelenk und hölzern sich ausnehmen. Auch zweifle ich schon deßhalb an der Möglichkeit, das italiänische Novellenwesen jemals mit Glück auf unsern heimischen Boden zu verpflanzen, weil bessere Sitte und gröbere Sprache jenes natürliche, artige Herausgeben jeglicher Unanständigkeit ausschließt, welches in dieser Art und Form der Dichtkunst die Spitze und Schärfe, das Salz und die Würze ausmacht. [...]

Freylich setzte er bedingend hinzu, findet sich ein gar nicht verwerflicher Schatz von Novellen der alten Art, oder, wie Sie zu sagen vorziehn, von Anecdoten in der Literatur unserer Dorfkalender und Wandalmanachs. Von diesen Novellen werden die besten alljährlich wiederum abgedruckt, was die Unerschöpflichkeit ihres Reizes außer Zweifel stellt, da man bekanntlich mit immer neuem Vergnügen sie zu lesen pflegt. Durch unablässiges Nachbessern haben sie eine Vollendung der Form und relative Reinheit der Sprache erlangt, welche sie werth macht, irgend einmal in schöner Ordnung gesammelt und gleichsam als Musterschrift abgedruckt zu werden. Wie man denn auch bey den Italienern die Novellensammlungen besonders als Vorbilder einer behenden und leichten Art der historischen Darstellung hochschätzt. Gewiß beweisen jene artigen Kalendergeschichtgen, daß Unfälle, Einfälle und Zufälligkeiten einer gewissen Art, dem Publico stets beyfällig bleiben, daß, so viel sie wiederkehren mögen, sie doch stets ihm neu erscheinen; weßhalb es nicht befremden darf, daß, ungeachtet ihrer genauen Bekanntschaft mit der Etymologie des Wortes die Italiener den eigentlichen Novellen so viele uralte Geschichtgen beygemischt haben. Wäre das Wort diesseits der Berge früher bekannt geworden, so würde man, vermuthe ich, auch die Geschichte Till Eulenspiegels unter keinem anderen Titel herausgegeben haben, als: die Novelle von Till Eulenspiegel, oder, Till Eulenspiegel, Novelle. Denn schon seit ältester Zeit wird der, vielleicht ältere Eulenspiegel der Italiener, das ist, Bertoldo und sein Söhnlein Cacasenno (auf deutsch, Klugschmeisser) stets unter die Kategorie der Novellen gebracht. [...]

[...] Was ist denn diese Sache, welche Sie uns mitgetheilt haben? [*Rittersinn. Novelle*, S. 54ff.] Ich denke, Nichts weiter, als ein abgerissenes Stück aus der allgemeinen Weltgeschichte und nimmermehr eine Novelle.

Ich sehe, erwiederte der Poet, daß auf das Historische und Herkömmliche Sie nuneinmal kein Gewicht legen wollen, daß es Nichts helfen dürfte, Ihnen zu wiederholen, was ich bereits erwähnt und herbeygeführt habe, zu zeigen, daß Novellen ihrer Kürze ungeachtet doch eigentlich ganz unbegrenzbare Dinge sind. Abstrahiren wir also vom Traditionellen und fassen wir die Darstellungsform der Erzählung an sich selbst auf. Welche andere Eintheilung und Sonderung werden Sie nun jemals darin geltend machen und einführen können, als jene ursprüngliche, nicht willkührliche, welche aus dem Vorwalten entspringt, bald mehr der Schilderung bald mehr des raschen Fortgangs der Begebenheit? – Schon im Alterthume hat das idyllische Element aus dem Epischen sich auszuscheiden versucht; möchte daher die Novelle, wenn überhaupt der Erzählung sie entgegenzusetzen ist, in der modernen Literatur die Stelle der Idylle einnehmen, bey Schilderungen sich aufhalten, die Begebenheit als solche unterordnen sollen. Die classischen Novellen der Italiener und Spanier treffen mit dieser Bestimmung recht wohl zusammen, und, beym Lichte besehn, möchten selbst die modernen durch Nichts anderes unter den übrigen Erzählungen sich unterscheiden und aussondern. Denn jener geistige Inhalt, oder Beziehungsreichthum, auf welchen sie Anspruch machen, ist selbst, wenn der Anspruch gegründet wäre, nicht als das Kennzeichen irgend einer besonderen Gattung dichterischer Produktion geltend zu machen, weil er eine allgemeine Forderung und ohne ihn überhaupt kein Kunstwerk denkbar ist. [...]

———

[...] Recht wohl, nicht übel, sagte der Kenner. Doch zur Sache. Das Ding [*Eine Hand wäscht die andere. Didaktisch practische Novelle*, S. 105ff.] novellt sich so ziemlich, nähert sich dem Ideale, welches von einer Novelle ich aufgefaßt habe. Gegen den Ausgang hin verliert Dichter nun allerdings seine Idee aus den Augen; die Idee selbst ist auch ein Sprüchwort, Sprüchwörter jedoch der Ausdruck von Ideen der Volksweisheit. [...]

[...] Übrigens vermisse ich in Ihrer Novelle das Element des Wunderbaren, die Faseley des Tiefsinnes, die tiefsinnige Unvernunft, den lebhaft sprudelnden Witz, die Wortspiele und so viel andres, so dieser Gattung eigenthümlich ist, und ihr den besonderen Reiz verleiht, wie namentlich die Berufungen auf Solches, so noch gar nicht ausgesprochen, sondern für künftigen Gebrauch im Sinne behalten worden. Eine Novelle ist für mich, was in ihrer Art die berühmten Strudel und Wasserwirbel in der sicilischen Meeresenge; ein bewegter Abgrund voll unaufgeklärter, undurchdringlicher Räthsel, bey dessen Anblick ich mich fühle, wie nachts im Bette, wenns draußen stürmt. [...]

JOHANN WOLFGANG GOETHE – JOHANN PETER ECKERMANN

45 *Gespräche mit Goethe* [29. Januar 1827. ED: 1836]. Hg. von H
    H. Houben. 24. Auflage. Wiesbaden: Brockhaus 1949, S. 177f.

[...] „Nun, fuhr Goethe fort, wie steht es mit der Novelle?" Ich habe sie mitgebracht, sagte ich. Nachdem ich sie nochmals gelesen, finde ich, daß Eure Excellenz die intendirte Änderung nicht machen dürfen. Es thut gar gute Wirkung, wenn die Leute beym getödteten Tiger zuerst als durchaus fremde neue Wesen mit ihren abweichenden wunderlichen Kleidungen und Manieren hervortreten und sich als Besitzer der Thiere ankündigen. Brächten Sie sie aber schon früher in der Exposition, so würde diese Wirkung gänzlich geschwächt, ja vernichtet werden.

„Sie haben Recht, sagte Goethe, ich muß es lassen, wie es ist. Ohne Frage, Sie haben ganz Recht. Es muß auch beym ersten Entwurf in mir gelegen haben, die Leute nicht früher zu bringen, eben weil ich sie ausgelassen. Diese intendirte Änderung war eine Forderung des Verstandes und ich wäre dadurch bald zu einem Fehler verleitet worden. Es ist aber dieses ein merkwürdiger ästhetischer Fall, daß man von einer Regel abweichen muß, um keinen Fehler zu begehen."

Es kam sodann zur Sprache, welchen Titel man der Novelle geben solle; wir thaten manche Vorschläge, einige waren gut für den Anfang, andere gut für das Ende, doch fand sich keiner, der für das Ganze passend und also der rechte gewesen wäre. „Wissen Sie was, sagte Goethe, wir wollen es die *Novelle* nennen; denn was ist eine Novelle anders als eine sich ereignete unerhörte Begebenheit. Dieß ist der eigentliche Begriff, und so Vieles, was in Deutschland unter dem Titel Novelle geht, ist gar keine Novelle, sondern bloß Erzählung oder was Sie sonst wollen. In jenem ursprünglichen Sinne einer unerhörten Begebenheit kommt auch die Novelle in den *Wahlverwandtschaften* vor." [...]

46 *Einleitung über den Roman.* In: K. R., Aesthetische und Poetische
Mittheilungen. Magdeburg: Heinrichshofen 1827, S. 10–12.

[...] Diese Tendenz nach einer absoluten Fülle, auch in der
Form, darf nicht aus den Augen gelassen werden, wenn man
den Roman nicht mit der Novelle verwechseln will, wie es
häufig geschieht. Einfach läßt ihr Wesen sich so bestimmen, daß
es an einer bestimmten geschichtlichen Anschauung haftet,
welche sich in der Novelle auf concrete Weise verlebendigt.
Die Form kann deshalb eine dreifache sein, indem einmal mehr
die wirklich gewesene Zeit ihrer unmittelbaren Existenz nach
zur Vorstellung gebracht wird, wie in *Lord Nigels Schicksalen*
der damalige Zustand Londons und der Charakter Jakobs des
Ersten aber in *Ivanhoe* der Gegensatz der Angelsachsen und
Normannen und die Anarchie Englands unter Richards schwa-
chem Bruder. – Zweitens kann der Geist der Zeit seiner Innerlichkeit nach mehr im Allgemeinen dargestellt werden, so daß
die äußere Seite der Einbildung des Geistes in alles besondere
Leben des Volkes weniger genau, überhaupt weniger sichtbar
ist, wie in Maler Müllers *Chares und Fatime* der Charakter des
Orients. – Die dritte Form ist dann diejenige, wo die Äußerlich-
keit und Innerlichkeit des substantiellen Lebens einer bestimmten Zeit (was als wirkliches an sich schon jene Einheit des Inneren und Äußeren) gleich sehr erscheinen, wie diese concrete
Ineinsbildung jener beiden Formen Tieck vorzüglich gelungen
ist. Der historische Roman hat ganz dieselben Stufen zu durch-
gehen.

Den organischen Unterschied vom Roman hat die Novelle
darin, daß sie zur Substanz nicht die Bildung eines Individuums
hat, dessen Persönlichkeit ganz begriffen werden soll, sondern
daß ihre Substanz ein historisches Element ist, insofern in dasselbe eine allgemeine Zeitbildung auf charakteristische Weise
reflectirt. Theils sind daher die poetischen Figuren der Novelle
von vorn herein bestimmte Individualitäten, welche den Geist
der Zeit schon in sich haben, und in continuirlicher Identität
mit sich selbst handeln; theils aber ist auch, weil eine bestimmte
Anschauung hervorgebracht werden soll, das bewegende Princip keine Idee als solche, weil dadurch die Erscheinung des ge-

schichtlichen Lebens geschwächt werden würde, dem in der Novelle der Begriff unmittelbar immanent ist. Daraus kann man sich erklären, warum die Novelle so häufig dem dramatischen Dichter vorgearbeitet hat, indem gerade in ihr die Begebenheit, das Schicksal überhaupt und die Entwickelung desselben in einer besonderen Zeitlichkeit und Räumlichkeit das Wesentliche ist, und sie dem Umfange nach in der That zum Roman sich so verhält, wie die Episode zum Epos. [...]

47 *Ludwig Tieck und die romantische Schule.* [ED in: Hallesche
    Jahrbücher 1838]. In: K. R., Studien. I. Theil: Reden und Abhandlungen. Zur Philosophie und Literatur. Berlin: Jona 1839.
    S. 334–337.

[...] Tieck wird gewöhnlich als der Stifter unserer neueren Novelle angesehen. Indessen dürfte wohl daran zu erinnern sein, daß die Form seiner Novelle in Göthe's *Erzählungen der Ausgewanderten* und in dessen *Wanderjahren* durchaus enthalten ist. In den Erzählungen und Reflexionen, welche den Rahmen des *Phantasus* bilden, namentlich im ersten Theile, der 1811 erschien, ist dies bis auf die Satzbildung hin unverkennbar. Ein solcher Zusammenhang kann Tieck nur zur Ehre gereichen. Allein nun muß auch noch weiter gesagt werden, daß die Tieck'sche Novelle ihrem Inhalte nach unsere Zeit nur auf der Oberfläche berührt, während die *Wanderjahre* ihre tastenden Fühlhörner weit über unsere Zeit hinausstrecken. [...]
Es ist für unsere jetzige Literatur fast zum Axiom geworden, die Novelle als ihren Mittelpunct anzusehen. Ich will auch gar nicht ableugnen, daß nicht die Novelle eine wahrhaft ästhetische Form der epischen Darstellung sei. Im Gegentheil habe ich mich schon 1827 bemüht, über den Unterschied der Novelle vom Romane klar zu werden, [...] Jetzt aber ist eine Manie, Novellen zu schreiben, entstanden, in welcher alle Poesie untergeht. Da die Novelle eine sehr schwere Aufgabe ist, und in ihrer Vollendung gerade anspruchlos, gewöhnlich, im Conversationstone, ohne große Vorbereitungen auftritt, so wird der Flache dadurch getäuscht, sie für etwas sehr Leichtes zu halten. Das Erste, was man jetzt drucken läßt, wenn man sein Debüt als Poet macht, ist eine Novelle. Die Empfindungslosigkeit, die Gedankenarmuth, die stylistische Unbildung sind zur Novelle, wie

sie nämlich in unseren Journalen, in unserer Leihbibliotheken-
literatur existirt, noch immer zeugungskräftig genug. Wenn nur
etwas erzählt wird! Bitte, bitte, lieber Autor, erzählen Sie doch!
Eine Novelle! Ach, das ist schön! Dabei läßt sich der Thee ser-
viren, das Gemüth geräth nicht in Affect, die Nerven werden
nicht angestrengt, nichts Erschütterndes, weder Herzzerreißen-
des, noch Zwerchfellzertrommelndes kommt darin vor, nur
einige Anspielungen, die schon als solche für piquant gelten,
weil die Beziehung Allen bekannt ist. Man kann unterdessen
flüstern, coquettiren. Man kann auch in der Lecture dieser wunderbaren Poesie überall anfangen, überall aufhören. Der später
zum Thee Gekommene ist doch sogleich orientirt, und soll der
Thee ein Thée dansant werden, so ist das Büchlein schnell bei
Seite geworfen, denn die Trennung von dem indifferenten Wesen kostet nichts. Genug, diese Sorte Poesie wetteifert mit unserem Machinenpapiere an schlechter Unendlichkeit. Sie ist die
Form- und Charakterlosigkeit selbst. Nachdem Tausende von
Novellen in den letzten zwanzig Jahren geschrieben sind, frage
ich, wie viel denn von ihnen auf die Nachwelt zu kommen und
mit den Cervantes'schen, mit den Fabliaux, mit der *Novelle
antiche* zu fraternisiren werth sind? Unsere Belletristik ist in
diesem elenden Getreibe verrottet und verdummt. [...]

48 *Die Poesie und ihre Geschichte. Eine Entwicklung der poetischen
    Ideale der Völker.* Königsberg: Bornträger 1855, S. 14.

[...] Die Epik kann das Geschehene 1) unmittelbar als eine Begebenheit überhaupt, als eine zufällige Thatsache darstellen;
2) als ein nothwendiges, das, in seiner Vereinzelung als ein zu-
fälliges erscheinend, doch im Wesentlichen durch die Nothwendigkeit der allgemeinen göttlich-menschlichen Mächte bestimmt
ist; 3) als ein freies, aus dem eigenen Gemüth der Handelnden
entspringendes und sich selbst das seiner Eigenthümlichkeit ge-
mäße Schicksal erzeugendes, so daß hier die Nothwendigkeit
des Schicksals zu einem Werke der Freiheit wird. Aus dem
erstern Standpunct resultirt die einfache Erzählung, die wir
jetzt schlechtweg Novelle zu nennen pflegen, die wir aber in
den Anfängen des Völkerlebens als Sage bezeichnen; aus dem
zweiten Standpunct ergibt sich das eigentliche Epos, welches
den Kampf des Helden in der Breite seiner totalen Erscheinung

schildert; aus dem dritten endlich der Roman, der uns auch in das Innere des Helden einführt und uns aus demselben das, was ihm äußerlich widerfährt, als eine Consequenz seiner Individualität erkennen läßt. [...]

Wilhelm Hauff

49 *Wilhelm Müller und Wilhelm Hauff* [von A. Böttiger, der in diesem Artikel vermutlich eine nicht benutzte Einleitung zu Hauffs *Über die Taschenbücher auf 1828* mitteilt]. In: Stuttgarter Morgenblatt. 1827. Nr. 292 (6. Dezember); Nr. 293 (7. Dezember). Zitiert nach: H. Hofmann, Wilhelm Hauff. Frankfurt a. M.: Diesterweg 1902, S. 249f.

[...] „Diese [die Hauptbeschäftigung der Almanachsliteraten] besteht jezt in einer sonderbaren Erzählungsweise, die sie Novelle nennen, und doch wollte ich wetten, von allen jenen, die in dieser Form sich versuchen, sind nur Wenige, die über die innere Natur dieser Erzählungsart und über die Gesetze ihrer Form nachzudenken sich die Mühe nehmen. In unserer Jugend, wo wir so gerne Erzählungen von Huber, Lafontaine und anderen lasen, bestand die Hauptaufgabe und der mächtigste Reiz der Erzählung in einer guterfundenen, interessanten Geschichte; die inneren Verhältnisse mußten gut geordnet, der Faden gleichmäßig und zart gesponnen seyn, und es kam darauf an, die Verirrungen oder die Höhen des menschlichen Herzens nachzuweisen, weniger wie es sich in Empfindungen und Worten, als wie es sich in überraschenden und anziehenden Verhältnissen zeigt und ausspricht. Jene Art von Erzählungen hatten noch das Angenehme, Bequeme, ich möchte sagen Kindliche des Vortrags an sich. Es wurde in der Erzählung selten gesprochen, desto mehr gedacht und gehandelt. Daher konntest du auch mit ein wenig Aufmerksamkeit und Gedächtniß eine solche Erzählung in jeder Gesellschaft in derselben Ordnung wieder vortragen, wie du sie gelesen hattest, denn sie war schon ursprünglich so geordnet und eingerichtet, wie etwa ein Reisender eine Geschichte, die sich da oder dort zugetragen, erzählen würde. Eine der trefflichsten Dichtungen dieser Art ist das *Fräulein von Scuderi* von Hoffmann, und die Theilnahme, womit man dergleichen Erzählungen noch immer liest, beweist mir, daß der jetzt herrschende Geschmack vorübergehend seyn werde. – Hast du Tiecks Novellen gelesen?"

„Einige, z. B. die *Gemälde, musikalische Leiden und Freuden, Dichterleben.*"

„Gut; könntest du sie etwa wieder erzählen, in derselben Ordnung, wie der Verfasser sie zuerst erzählte?"

„Unmöglich; zwar steht das Bild, das sie in mir zurückgelassen, hell und klar vor meiner Seele, die einzelnen Figuren, die er so scharf und bestimmt zu zeichnen wußte, leben in mir als Bekannte, die Sätze, welche durchgesprochen wurden, stehen fest in meinem Gedächtniß und sogar von der eigenthümlichen Melodie der Gespräche ist etwas in meinem Ohr geblieben, aber – dennoch wäre ich nicht im Stand, einem Dritten eine Tiecksche Novelle wieder zu erzählen, denn das Gerippe nur, nicht den seelenvollen Körper, nicht das Gemälde mit seiner Farbenpracht, sondern nur den schmalen Rahmen, der es einfaßt, könnte ich beschreiben." „Und wohl aus demselben Grunde, weil du kein Schauspiel erzählen kannst. Jene Novellen haben das einfache Gebiet der Erzählung verlassen und sich dem Drama genähert, oder um es anders zu sagen, im Gespräch entwickeln sich jezt die Charaktere von selbst, deren Entwicklungsgang uns sonst nur angedeutet oder beschrieben, erzählt wurde. Diese Manier, in welcher sich jener Meister, der sie für sich erschaffen, mit großer Umsicht und Sicherheit bewegt, haben nun alle unsere Almanachsdichter mehr oder minder angenommen; sie ist Mode geworden. Du kannst Dir aber kaum denken, wie linkisch sie sich dabey benehmen. Der kleine Raum solcher Büchlein, die oft vier bis fünf Novellen enthalten sollen, gestattet jedem Einzelnen nur enge Gränzen. Nun soll die bequeme Sprachweise des größern Romans in diesen Novellen mit kurzer, scharfer Zeichnung der Charaktere verbunden werden; auf achtzig Seiten soll nicht nur viel geschehen, sondern auch vieles wörtlich verhandelt werden, man will nicht von dem Autor sich erzählen lassen, Hans und Kunz haben dieß oder jenes gedacht, sondern Hans soll es Kunzen aussprechen, was er gedacht, und Kunz soll diesen Ausspruch anfechten, fortsetzen und also seinen Charakter zeigen. Bey diesem allem soll die Novelle noch die innere Einheit der Theile, die Rundung und den gleichmäßigen, sichern Gang der früheren Erzählung haben."

„Und dieß verstehen alle jene zweyhundert Novellisten?"

„Ach, das gerade ist ja der Jammer, daß sie sich nicht darauf verstehen, jene Forderungen zu befriedigen, und dennoch Novellen schreiben!"

An allen angeführten Schwierigkeiten, worunter selbst die Besseren erliegen, haben unsere Novellenschreiber nicht genug. Seit Sir Walter auf dem Dudelsack historische Romane vorspielte, zwitschern auch die Deutschen diese Melodien, und die Mode will, daß auch die Novellen historisch-romantisch seyn sollen. So muß nun in dem engen Raum einer solchen Novelle auch ein Stück der Welthistorie oder der Chronik aufgespielt werden, und die redenden Figuren, die den armen Novellisten ohnedieß Mühe genug machen, müssen auch noch historische Leute seyn und in dem gehörigen Kostüme auftreten. [...]

50 *Vertrauliches Schreiben an Herrn W. A. Spöttlich, Vizebataillonschirurgen a. D. und Mautbeamten in Tempelhof bei Berlin* [ED in: W. H., Novellen. 1828]. In: W. H.s Werke. III. Teil, 2. Abt.: Novellen. Hg. von F. Bobertag. Stuttgart: Union o. J. (= Kürschners Deutsche National-Litteratur. 158. Bd, 2. Abt.), S. 5–8.

Sie werden mich verbinden, verehrter Herr, wenn Sie diese Vorrede lesen, welche ich einer kleinen Sammlung von Novellen vordrucken lasse. Ich ergreife nämlich diesen Weg, einiges mit Ihnen zu besprechen, teils weil mir nach sechs unbeantwortet gebliebenen Briefen das Porto bis Tempelhof zu teuer deuchte, teils aber auch, weil Sie vielleicht nicht begreifen, warum ich diese Novellen gerade so geschrieben habe und nicht anders.

Sie werden nämlich nach Ihrer bekannten Weise, wenn Sie „Novellen" auf dem Titel lesen, die kleinen Augen noch ein wenig zudrücken, auf geheimnisvolle Weise lächeln und, sollte er gerade zugegen sein, Herrn Amtmann Kohlhaupt versichern: „Ich kenne den Mann, es ist alles erlogen, was er schreibt"; und doch würden Sie sich gerade bei diesen Novellen sehr irren. Die besten und berühmtesten Novellendichter, Lopez de Vega, Boccaz, Goethe, Calderon, Tieck, Scott, Cervantes und auch ein

Tempelhofer haben freilich aus einem unerschöpflichen Schatz der Phantasie ihre Dichtungen hervorgebracht, und die unverwelklichen Blumensträuße, die sie gebunden, waren nicht in Nachbars Garten gepflückt, sondern sie stammten aus dem ewig grünenden Paradies der Poesie, wozu nach der Sage Feen ihren Lieblingen den unsichtbaren Schlüssel in die Wiege legen. Daher kommt es auch, daß durch eine geheimnisvolle Kraft alles, was sie gelogen haben, zur schönsten Wahrheit geworden ist.

Geringere Sterbliche, welchen jene magnetische Springwurzel, die nicht nur die unsichtbaren Wege der Phantasie erschließt, sondern auch die festen und undurchdringlichen Pforten der menschlichen Brust aufreißt, nicht zu teil wurde, müssen zu allerlei Notbehelf ihre Zuflucht nehmen, wenn sie Novellen schreiben wollen. Denn das eben ist das Ärgerliche an der Sache, daß oft ihre Wahrheit als schlecht erfundene Lüge erscheint; während die Dichtung jener Feenkinder für treue, unverfälschte Wahrheit gilt.

So bleibt oft uns geringen Burschen nichts übrig, als nach einer Novelle zu spionieren. Kaffeehäuser, Restaurationen, italienische Keller und dergleichen sind für diesen Zweck nicht sehr zu empfehlen. Gewöhnlich trifft man dort nur Männer, und Sie wissen selbst, wie schlecht die Restaurationsmenschen erzählen. Da wird nur dieses oder jenes Faktum schnell und flüchtig hingeworfen; reine Nebenbemerkungen, nichts Malerisches; ich möchte sagen, sie geben ihren Geschichten kein Fleisch, und wie oft habe ich mich geärgert, wenn man von einer Hinrichtung sprach und dieser oder jener nur hinwarf „geköpft", „hingerichtet", statt daß man, wie bei ordentlichen Erzählungen gebräuchlich, den armen Sünder, seinen Beichtvater, den roten Mantel des Scharfrichters, sein blinkendes Schwert sieht, ja selbst die Luft pfeifen hört, wenn sein nerviger Arm den Streich führt.

Es giebt gewisse Weinstuben, wo sich ältere Herren versammeln und nicht gerne einen „Jungen", einen „Fremden" unter sich sehen. Diese pflegen schon besser zu erzählen; dadurch, daß sie diesen oder jenen Straßenraub, die geheimnisvolle, unerklärliche Flucht eines vornehmen Herrn, einen plötzlichen Sterbefall, wobei man „allerlei gemunkelt" habe, schon fünfzigmal erzählten, haben ihre Geschichten einen Schmuck, ein stattliches Kleid bekommen und schreiten ehrbar fürder, während die Geschichten der Restaurationsmenschen wie Schatten hingleiten. Solche Herren haben auch eine Art von historischer Gründlichkeit, und es gereicht mir immer zu hoher Freude, wenn einer spricht: „Da bringen Sie mich auf einen sonderbaren Vorfall," sich noch eine halbe Flasche geben läßt und dann anhebt: „In den siebziger Jahrgängen lebte in meiner Vaterstadt ein Kavalier von geheimnisvollem Wesen." – Solche Herren trifft man allenthalben, und sie werden von mehreren unserer neueren Novellisten stark benützt. Der bekannte ** versicherte mich, daß er einen ganzen Band seiner Novellen solchen alten Nachtfaltern verdanke, und erst aus diesem Geständnis konnte ich mir erklären, warum seine Novellen so steif und trocken waren; sie kamen mir nachher allesamt vor wie alte, verwelkte Junggesellen, die sich ihre Liebesabenteuer erzählen, welche sämtlich anfangen: „Zu meiner Zeit."

Die ergiebigste Quelle aber für Novellisten unserer Art sind Frauen, die das fünfundsechzigste hinter sich haben. Die Welt nennt Medisance, was eigentlich nur eine treffliche Weise zu erzählen ist; junge Mädchen von sechzehn, achtzehn pflegen mit solchen Frauen gut zu stehen und sich wohl in acht zu nehmen, daß sie ihnen keine Blöße geben, die sie in den Mund der alten Novellistinnen bringen könnte; Frauen von dreißig und ihre Hausfreunde gehen lieber eine Ecke weiter, um nicht ihren Gesichtskreis zu passieren, oder wenn sie der Zufall mit der Jugendfreundin ihrer seligen Großmutter zusammenführt, pflegen sie das gute Aussehen der Alten zu preisen und hören geduldig ein beißendes Lob der alten Zeiten an, das regelmäßig ein sanftes Exordium, drei Teile über Hauswesen, Kleidung und Kinderzucht, eine Nutzanwendung nebst einem frommen Amen enthält. Solche ältere Frauen pflegen gegen jüngere Männer, die ihnen einige Aufmerksamkeit schenken, einen gewissen geheimnisvoll zutraulichen Ton anzunehmen. Sie haben für junge Mädchen und schöne Frauen, die jetzt dieselbe Stufe in der Gesellschaft bekleiden, welche sie einst selbst behauptet hatten, feine und bezeichnende Spitznamen und erzählen den Herren, die ihnen ein Ohr leihen, allerlei „kuriose" Sachen von dem „Eichhörnlein und seiner Mutter", auch „wie es in diesem oder jenem

Hause zugeht", „galante Abenteuer von jenem ältlichen gesetzten Herrn, der nicht immer so gewesen", und sind sie nur erst in dem abenteuerlichen Gebiet geheimer Hofgeschichten und schlechter Ehen, so spinnen sie mit zitternder Stimme, feinem Lächeln und den teuersten Versicherungen Geschichten aus, die man (natürlich mit verändertem Namen) sogleich in jeden Almanach könnte drucken lassen.

Niemand weiß so trefflich wie sie das Kostüm, das Gespräch, die Sitten „vor fünfzig Jahren" wieder zu geben; ich glaubte einst bei einer solchen Unterhaltung die Reifröcke rauschen, die hohen Stelzschuhe klappern, die französischen Brocken schnurren zu hören, die ganze Erzählung roch nach Ambra und Puder wie die alten Damen selbst. Und so frisch und lebhaft ist ihr Gedächtnis und Mienenspiel, daß ich einmal, als mir eine dieser Damen von einer längst verstorbenen Frau Ministerin erzählte und ihren Gang und ihren schnarrenden Ton nachahmte, unwillkürlich mich erinnerte, daß ich diese Frau als Kind gekannt, daß sie mir mit derselben schnarrenden Stimme ein Zuckerbrot geschenkt habe. Mehrere Novellen, die ich aufgeschrieben, beziehen sich auf geheime Familiengeschichten oder sonderbare, abenteuerliche Vorfälle, deren wahre Ursachen wenig ins Publikum kamen, und ich kann versichern, daß ich sie alle teils in Berlin, teils in Hannover, Kassel, Karlsruhe, selbst in Dresden eben von solchen alten Frauen, den Chroniken ihrer Umgebung, gehört und oft wörtlich wieder erzählt habe.

Nur so ist es möglich, daß wir, auch ohne jenen Schlüssel zum Feenreich, gegenwärtig in Deutschland eine so bedeutende Menge Novellen zu Tage fördern. Die wundervolle Märchenwelt findet kein empfängliches Publikum mehr, die lyrische Poesie scheint nur noch von wenigen geheiligten Lippen tönen zu wollen, und vom alten Drama sind uns, sagt man, nur die Dramaturgen geblieben. In einer solchen miserablen Zeit, Verehrter, ist die Novelle ein ganz bequemes Ding. Den Titel haben wir wie eine Maske von den großen Novellisten entlehnt, und Gott und seine lieben Kritiker mögen wissen, ob die nachstehenden Geschichten wirkliche und gerechte Novellen sind.

Ich habe, mein werter Herr, dies alles gesagt, um Ihnen darzuthun, wie ich eigentlich dazu kam, Novellen zu schreiben, wie man beim Novellenschreiben zu Werke gehe, und – daß alles getreue Wahrheit sei, wenn auch keine poetische, was ich niedergeschrieben. [...]

Theodor Mundt

51 *Zur Geschichte und Kritik der Novellen-Poesie.* In: Berliner Conversations-Blatt für Poesie, Literatur und Kritik. Redigiert von F. Förster und W. Häring (W. Alexis). II. Jg. Nr. 101–104. 24., 27., 29., 30. Mai 1828. Berlin: Schlesinger, S. 395f., 401.

[...] Das Drama [...] ist in vieler Hinsicht zurückgeblieben vor der sich in den letzten Jahrzehnten entwikelnden Novellen-Poesie, einer in Deutschland neuen und frischen Form, die sich als ein eben so eigenthümliches Kunstwerk dem Roman zur Seite und gegenüber stellt. Zu einem solchen aber erscheint sie vornehmlich zuerst von Ludwig Tieck ausgebildet, und wird von hier aus zum Mittelpunkt der poetischen Bestrebungen, wie alles Originelle und Bedeutende an der Zeit seines Entstehens nicht spurlos vorübergeht.

[...] Tieck ist somit als der neue Urheber dieser Gattung anzusehen, über die es ihm auch gewiß nicht an kritischem Bewußtsein gebrechen wird, was die mit Consequenz durchgeführte Art seiner Darstellung denjenigen beweisen kann, welche aus irgend einem Grunde daran zweifeln, daß sich die Form der Novelle überhaupt kritisch begründen und nach einem allgemeinen Urtheil bestimmen lasse. Dazu gehören auch solche, die selbst täglich Novellen schreiben, oder vielmehr ihre formlosen Machwerke, um die Mode mit zu machen, Novellen taufen. [...]

———

[...] Die Novelle aber ist gleichsam nur eine Episode aus dem Roman des Lebens, ein in sich abgeschlossener Mikrokosmos gegen den Makrokosmos eines ganzen, in allen seinen Theilen, auch dem Verlaufe der Zeit nach, erschöpften Lebens. Wenn man den Roman mit seinen sich im Fortschritt der Zeit aneinanderreihenden Begebenheiten einer Linie vergleicht, die sich in einer geraden Richtung und allmähligen Verlängerung fortbewegt, so ist die Novelle dagegen eine Zirkellinie, die in sich selbst zusammengeht, und die bestimmteste Beziehung auf ein gewisses Centrum hat, um dessentwillen sie da ist und ihren

Lauf vollführt, d. h. die Novelle behandelt ein, von einer gesammten Lebenstendenz abgesondertes, einzeln für sich beste-
hendes Lebensverhältniß, auf dessen Verlauf und Entwickelung
es zunächst abgesehen, und strebt von ihrem Anfange an zu
einem nothwendigen Schlusse hin, der aus dem Mittelpunkte
des Stoffes organisch hervorgeht.

52 *Brief an Brockhaus vom 21. April 1830.* In: O. Draeger, Theodor
    Mundt und seine Beziehungen zum Jungen Deutschland. Mar-
    burg: Elwert 1909 (= Beiträge zur dt. Literaturwissenschaft.
    Nr 10), S. 13.

Ich hoffe durch diese Novelle besonders deshalb Eingang beim
Publikum zu finden, weil das Thema derselben, welches das
Verhältniß der Musik zur Zeit behandelt, sich so enge an die
Interessen der Gegenwart und beliebte Tagesbeziehungen anschließt. Ein solches Thema mußte ebensosehr einen bunten und
piquanten Novellenstoff hergeben (Schicksale berühmter Sän-
gerinnen, satirisch aufgefaßt, Portraits und Modewelt u. dgl.),
als es von der andern Seite durch seine Bezüge auf Kunst und
Leben in das Gebiet einer zeitgemäßen Reflexion führte, die,
wie es scheint, heut zu Tage von der Novelle nicht mehr ausgeschlossen werden darf. [...]

53 *Über Novellenpoesie.* In: Th. M., Kritische Wälder. Blätter zur
    Beurtheilung der Literatur, Kunst und Wissenschaft unserer Zeit.
    Leipzig: Wolbrecht 1833, S. 132f., 140–146.

[...] Wirklich ist auch der Novelle, als Gattung selbst, nach
ihrem ersten Ursprunge bei den Italienern als Anecdote, der bestimmteste Schluß, der aus dem Mittelpunkt der Verhältnisse
nothwendig hervorgeht, eigenthümlich. Die Anecdote an sich
wird einer gewissen Pointe willen erzählt, die sie in sich schließt,
die das Interesse ausmacht, um derenwillen man sich freut oder
verwundert, lacht oder nachdenklich wird. Aus der Anecdote
hat sich die Novelle zu einer poetischen Production erhoben,
sie hat sich durch Cervantes zuerst zu einem eigenthümlichen
und vielseitiger gestalteten Kunstwerk ausgebildet, aber ihr ist
immer der Unterschied vom Roman geblieben, daß sie mehr
den Verlauf eines bestimmt gegebenen, in sich concentrirten
Verhältnisses, das sie bis zu seiner Auflösung und Entscheidung

bringt, darstellt, während dieser an einer Reihe von Verhältnissen die Bewegung des Lebens in die Ferne ausdehnt. [...]

———

[Es folgt eine fast wörtliche Wiederholung des oben
Nr 51 (S. 64, Z. 26 – S. 65, Z. 6) abgedruckten Absatzes:
„Die Novelle aber... zu einem nothwendigen Schlusse hin, der
aus dem Mittelpunkte des Stoffes organisch hervorgeht."] Im
Verhältniß zu einem solchen Schluß der Novelle ist der Schluß
des Romans gewissermaßen mehr willkührlich, indem er sich
gleichsam nur als letzte Begebenheit an eine Reihe von Begebenheiten, freilich zur vernunftgemäßen Befriedigung, anschließt,
das Leben der Novellen aber, als ein in sich gedrungenes und
concentrirtes, keine große Bewegungen in die Länge der Zeit
hinaus unternehmend, sich, wie schon bemerkt worden, in seinem
Innern organisch zusammenschließt, somit ihr Schluß oder die
Pointe, worauf die Begebenheiten hinstreben, und aus dem sich
der Ausgang entwickelt, als das entschiedenste und ihrem Interesse wesentlichste Moment anzusehen ist; das Interesse des Romans hingegen nicht sowohl in dem Resultat des Ausganges, als
in der fortlaufenden, manigfach wechselnden Richtung des Lebens selbst im beweglichen Fortschritt der Zeit beruht. Der Roman beginnt gemeiniglich vom Ursprung der Dinge, von wo
aus er seine langfüßige Wanderung bedächtig antritt; die Novelle dagegen fängt zumeist mit solchen Verhältnissen an, die
sich schon auf einer gewissen Bildungsstufe, oder in einem ge-
spannten, leidenschaftlichen und erregten Zustande befinden,
und sich aus dieser bestimmten Sphäre herausentfaltend, durch
eine gleichsam dialectische Bewegung nach allen möglichen Aus-
wegen und Richtungen hin, zur Ruhe gebracht, vermittelt, ausge-
söhnt oder vernichtet werden sollen. Dies ist wohl im Allgemeinen der Grundton jeder kunstgebildeten Novelle, und wie sehr
sie sich auch in einem productiven Geiste umbilden und neuge-
stalten möge, so wird sie doch von diesem Urtypus als ein in sich
concentrirtes Einzelleben, gegen das Gesammtleben des Romans,
nicht bedeutend abgehn dürfen, sei es nun dem Stoffe oder der
Behandlung nach, ohne dadurch den Novellencharakter zu verlieren, ohne in das Gebiet des Romans überzugehn, oder einer
rein ausgeprägten symmetrischen Construction des Ganzen zu
ermangeln. [...]

Novellen und Roman, die sich uns als zwei verschiedenartige Constructionen des modernen Epos ergeben haben, können wohl eigentlich nicht, wenn sie auch zusammengeworfen würden, zu einer bedeutenden Verwirrung der Kunstformen Anlaß geben, sie könnten meist nur dem Namen nach mit einander verwechselt werden. Göthes *Wahlverwandtschaften* tragen offenbar ihrem Stoffe nach mehr die Eigenthümlichkeit der Novelle als des Romans in sich. Es stellen sich hier einzelne Verhältnisse des geselligen Lebens dar, die bestimmt sind, durch andere feindlich in ihre Ruhe eindringende umgebildet, zerstört und aufgelößt zu werden. Im Conflict dieser beiden Gegensätze bewegen sich alle Richtungen des Stoffes, und keine liegt außerhalb des peinvollen Kampfes zwischen Pflicht und Neigung, von welchem unheimlich anziehenden Mittelpunkt nicht abweichen zu können, alle Personen wie durch einen finstern Eigensinn des Schicksals gezwungen werden. Doch ist das Complizirte dieser Verhältnisse durch die Darstellungen in eine epische Breite auseinandergezogen, und die endliche Entwickelung durch weite Ausführung episodischer Verhältnisse auseinandergehalten, wie es der Novelle in ihrem gedrängten Bau nicht eigenthümlich zu sein pflegt. Demungeachtet bleibt aber die Anlage der *Wahlverwandtschaften* dennoch novellenartig, wenn man die Behauptung will gelten lassen, daß Novelle und Roman zwei verschiedene Gestaltungen des Epos, zwei verschiedene künstlerische Constructionen sind, und zwar so verschieden, daß die Novelle die Dialectik nur eines einzelnen Verhältnisses und Lebensmomentes ist, das nicht weiter als nach den ihm inwohnenden, möglichen Richtungen entwickelt und fortgesetzt wird; der Roman aber ein Cyklus von Verhältnissen und Momenten ist, die sich allmählig in der Zeit aneinanderreihen, die sich in keinem zirkelförmigen Verlauf entwickeln und in sich zurückgehn können, die in die ferne Zukunft des Lebens zu einem noch ungewissen Ziel hinaussteuern, weshalb denn auch der Roman oft gewissermaßen als ein Novellen-Cyklus erscheint. In den *Wahlverwandtschaften* aber ist es der bestimmte Kreis eines Verhältnisses, dessen dialectische Bewegungen innerhalb seiner selbst das Interesse ausmachen. Göthe nennt sie einen Roman; der Name thut's freilich nicht, und man kann über die Pedanterie einer Nomenclatur vornehm lächeln, aber auch ein Name muß sein Recht behalten, er muß nicht zufällig gewählt erscheinen. Sagt doch Göthe selbst einmal in seiner Biographie auf gut Göthisch, daß der Name mit dem Menschen, der ihn führt, gewissermaßen verwachsen sei, also für mehr, als etwas Unwesentliches an ihm gelte.

Im Gegenfalle hat man es bei der Novelle Tiecks *der Aufruhr in den Cevennen* befremdlich gefunden, daß dieselbe auch für eine Novelle gelten wolle, da man sich nach ihrem äußern Umfang berechtigt glaubte, ihr den Titel eines Romans auszuwirken. Wenn einige Recensenten ihr ihren Taufnahmen Novelle dadurch haben erhalten wollen, weil es ihr an einem dem Roman eigenthümlichen Haupthelden gebreche, so läßt sich zwar nicht gerade eingestehn, daß ein solcher Unterschied für den Charakter der Novelle wesentlich sei, dennoch ist es äußerlicher Weise für übereinstimmend mit dem zu halten, was aus unserer allgemeinen Ansicht der Dichtungsart hervorgehn würde: *Der Aufruhr in den Cevennen* behandelt die Verhältnisse eines Menschenlebens nicht in seiner Entwickelung an und durch sich und um seiner selbst willen, sondern in Rücksicht auf ein einzelnes, weltgeschichtliches Moment, das, in seiner großen, religiösen Bedeutsamkeit sich erhebend, zum Mittelpunkt wird, durch den das sich daneben herumziehende Leben der Individuen, das sonst in sich ruhen würde, bewegt wird und seine Richtung erhält, auch nur in Beziehung auf dieses Centrum sein Interesse hat. Dies ist die zirkelartige Construction der Novelle, die wahrscheinlich durch den Abschluß des Ganzen noch deutlicher hervortreten wird, wenn wir dies in seiner Darstellung eben so meisterhafte, als seinem innern Gehalt nach tiefsinnige Gedichte erst vollendet besitzen.

In wiefern Novelle und Roman verschiedenartige Gestaltungen und Constructionen sind, zeigt sich besonders deutlich an Tiecks *Dichterleben*, das seinem biographischen Stoffe nach eine unverkennbare Anlage zum Roman in sich trägt, durch Darstellung und Behandlung aber in einer entschiedenen Form zur Novelle geworden ist. Das Leben der beiden Dichter Marlow und Green, dessen ursprünglich verschiedenste Tendenz, in denselben Verhältnissen des Zeitalters, auf entgegengesetztem Wege zu einem gleichen Ziel der Vernichtung sich entfalten soll, erscheint, statt sich der Länge nach im allmähligen Fortgang der Zeit zu entwickeln, mit seinen Strahlen zusammengedrängt in den Crystallspiegel der Novelle. Der Charakter Marlow's und Green's ist schon in einer dem Anfang der Dichtung vorhergehenden Vergangenheit ausgebildet und angelegt, und wird bei ihrem Auftreten in jenen bewunderungswürdigen Reden und Gesprächen, die mit einer Fülle der Poesie, wie es selten geschehen, den Ausdruck eines ganzen Gemüthes durch und durch erschöpfen, nachgeholt. Sie tragen beide schon bei ihrem anfänglichen Erscheinen den Keim des Todes in sich, welcher in der ihm möglichen Richtung in seiner Blüthe aufsteigt, und in schnellem Wachsthum die Frucht der Vernichtung reift; für Marlow mehr auf eine innerliche und geistige Weise, denn sein irdisches Dasein leuchtet ihm nur im Glanz seiner Dichterhoheit, und ist auch mit dem Untergang derselben zerschmettert; für Green aber von der Eitelkeit des Lebens her, dessen Sirenenstimme sein allbewegliches Herz bald nach der ernsten Stunde der Reue und Buße von neuem bethört. So erscheint die Dichtung in sich abgerundet und concentrirt, und ist durch die Zusammengedrängtheit ihres Stoffes um so ergreifender in ihrer tragischen Wirkung, mit dem gleich daneben stehenden Gegensatze in dem hellen, freundlichen Bilde Shakspeare's. Dies ist eine ächt novellenartige Darstellung. Als Roman würde das Gedicht sich ganz anders gestalten müssen. Das Leben der beiden Dichter, das die Novelle als ein schon angelegtes und ihrem innern Charakter nach völlig entschiedenes aufnimmt, und nur nach der ihm noch möglichen Entwickelung zu seinem Untergange, entfaltet, würde der Roman erst in den Anfängen seiner Bildung aufsuchen, er würde uns die Bildungsgeschichte dieser Charaktere nach äußern und innern Verhältnissen erst entwikkeln und motiviren müssen, er würde mehr biographisch erzählen, während die Novelle mehr in pittoresken Bildern darstellt. [...]

54 *Moderne Lebenswirren. Briefe und Zeitabenteuer eines Salzschreibers.* Leipzig: Reichenbach 1834, S. 155–157.

[...] Ich für mein Theil wende daher die Frage wieder auf das Zeitgemäße hin, und frage, welche poetische Kunstform am meisten in der Richtung der Zeit begründet liege? Es ist die

Novelle. Das Drama ist einer kunstgerechteren Form fähig, es ist vielleicht der schönste Gipfel eines künstlerisch gefügten Organismus, der Triumph einer vollendeten Architektonik der Poesie. Aber darauf kommt es in diesem Augenblick nicht an, es kommt auf die Lebensperspectiven an, welche die Poesie vor den Augen der Zeit aufthun soll. Und dafür ist die Novelle biegsamer, weil sie unbegränzter ist, und mit einer großen Keckheit der Darstellung in alle Gebiete des innern und äußern Lebens übergreifen kann. Das Drama ist zu feierlich gemessen, zu thatenmuthig und unmittelbar heraustretend für den heutigen Tag; man muß die Deutschen mit der Novelle fangen. Die Novelle nistet sich noch am meisten in Stuben und Familien ein, sitzt mit zu Tische und belauscht das Abendgespräch, und man kann da dem Herrn Papa zur guten Stunde etwas unter die Nachtmütze schieben oder dem Herrn Sohn bei gemächlicher Pfeife eine Richtung einflüstern, die vielleicht einmal für die ganze Nation Folgen haben mag. Die Novelle ist ein herrliches Ährenfeld für die politische Allegorie, wozu sie noch viel zu wenig angebaut ist. Man muß große Lebensgebilde erträumen und sie in Novellenform den Deutschen auf's Zimmer schicken. Sie sind zu faul, sich anzuziehn, und selbst hinauszugehn zum Drama; sie können im Drama nur Kotzebue vertragen, der ihnen ihre eigene Deutsche Misère jeden Abend lustig einrührte. Man kann auch auf die Deutschen nicht wirken, wenn sie in Schauspielhäusern sitzen. Sie sind da entweder nur modisch aufgelegt, denn sie fühlen sich im Zusammensein nie als eine Nation, oder es graut sie heimlich untereinander vor der Öffentlichkeit, in der sie sich da gegenübersehen, und man darf ihnen in diesem Zustande kein erregendes Wort sagen, weil sie es gleich von wegen der offenbaren Öffentlichkeit als gefahrbringend einsehn. Draußen vor dem Schauspielhause ist auch Gensdarmerie und Polizei aufgestellt, und behüten das Drama. Die Novelle steht sich mit der Polizei besser, und sie flüchtet sich auf die Stube, wo es keine Gensdarmerie gibt. In seiner Stube ist der Deutsche auch ein ganz anderer Mensch, da kann man mit ihm reden. Hier sitzt er still und läßt sich gern für Alles begeistern, er glaubt an die Freiheit, und schwört auf ein höheres Nationalleben. Er sieht ein, wo ihm Unrecht geschieht und Recht widerfahren muß. Er ist ein vorzüglicher Mensch. Er schaut fast so aus, als könnte ihn die Weltgeschichte noch einmal brauchen. Er nimmt sich wirklich wie ein Mann aus, der Augen, Ohren, Mund und Nase hat. In dieser seiner glücklichen Stimmung muß ihn die Novelle zu Hause zu treffen suchen, sie muß sich in diese einschleichen oder sie aufrufen in ihm. Mitten in der Trägheit der Novellenleserei, wo er recht zu faullenzen glaubt, muß sie ihm einen Floh in's Ohr setzen, und muß ihn allmählig durch Gebilde eines glückseeligeren, kräftigeren, hochherzigeren Lebens überraschen, daß er vor Ungeduld und Sehnsucht ganz unbändig wird. So fasse ich die Novelle als Deutsches Hausthier auf, und als solches ist sie mir jetzt die berufenste Kunstform, das Höchste darzustellen. Ich säe und ärnte auf ihrem Acker meine schönsten Hoffnungen. [...]

55 *Die Kunst der deutschen Prosa. Aesthetisch, literaturgeschichtlich, gesellschaftlich.* [ED: 1837]. 2., umgearbeitete Auflage. Berlin: Simion 1843, S. 325–329.

[...] Dem Roman mit seiner Ausdehnung in die Breite und Ferne des Lebens steht die Novelle mikrokosmisch gegenüber. Die *Wahlverwandtschaften* mit ihren sittlichen Conflicten, die sich in die Gruppirung der Verhältnisse verstecken, tragen dem Stoffe nach mehr einen novellistischen Charakter an sich, aber die epische Behandlung läßt das Gepräge des Romans hervortreten. Die Novelle, die wesentlich aus den Verhältnissen sich erzeugt, wie der Roman aus dem Charakter des Individuums, ist eine prismatische Zusammendrängung der Wirklichkeit, mit Absicht eines bestimmten und schlagartig hervorzubringenden Effects. Die Lebensanschauung der Novelle ist nicht so universal und allseitig, wie im Roman, der deshalb einer gemessenen und ausführlichen Auseinanderlegung seiner Formen bedarf; die Novelle fängt ihre Verhältnisse in dem Brennspiegel einer charakteristischen Absicht, einer Zeittendenz, einer auf die Tagesbewegung berechneten Reflexion auf, und ist nach ihren Gegenständen der verschiedenartigsten Behandlung, der Vermischung des entgegengesetztesten Stils fähig. Diese Gattung kann alle Töne von Poesie und Prosa mit genialer Willkür vereinigen, und ist deshalb in neuester Zeit der eigentliche Mittelpunkt für die productive Literatur der Prosa, oder für die Poesie überhaupt, welche sich mit der Prosa identisch gemacht hat, geworden. [...]

Tieck, der die romantische Diction seiner ersten Periode in die Novelle übertrug und mit rhetorischer Reflexion versetzte, gab den Ausschlag, die Novellengattung als eine Concentration aller poetischen Formen in der Prosa bestimmt zu gestalten. Das gesellschaftliche Leben der Zeit wurde darin nach allen Seiten hin aufgegriffen, nicht sowohl wie es war in seiner unmittelbaren und realen Erscheinung, als vielmehr wie es schien, unter dem Reflex individueller Meinungen und Combinationen. Das Unbefriedigende der Tieck'schen Novelle beruht aber darin, daß seine Lebensanschauung auf kein bestimmtes Ziel hinweist, sondern beständig in illusorischen und sophistischen Bewegungen schweben bleibt. Das Wesentliche in der Entscheidung seiner Novellen liegt entweder in der Beleuchtung, die ein grelles, wunderliches Licht erzweckt, oder im Zufall, in dessen Launen Tieck den eigenthümlichsten Abschluß für die Novellendarstellung sieht.

Diese Grundansicht, die Wirklichkeit in der Novelle zu behandeln, erstreckt sich bei Tieck bis auf die sittlichen Verwickelungen, die er jedem poetischen Ungefähr preis giebt, und worin, seinem eigenen Geständniß zufolge, das besonders Charakteristische der Novellenform beruht. In der Einleitung zum elften Bande seiner gesammelten Schriften hat sich Tieck umständlicher über das Wesen der Novelle erklärt, und dabei besonders Folgendes bemerkt: [Es folgt ein Zitat von Tieck, hier als Schluß von Nr 58 („Strebt die Tragödie...") abgedruckt. In einer Anm. ferner ein Tieck-Zitat aus unserer Nr 59 und ein Hinweis auf Rosenkranz, hier Nr 46].

Dies Verhältniß der Novelle zur ethischen Weltordnung bleibt auf der einen Seite problematisch genug, um so mehr da Tieck selbst in seinen neuesten Erzeugnissen bewiesen hat, daß er Moralprobleme der Gegenwart keineswegs ohne Bitterkeit und Parteilichkeit in dem Novellenspiegel aufzufassen versteht; anderntheils legt die Novelle allerdings da, wo ihr diese Aufgabe zulässig ist, das Poetische ihrer Natur dadurch an den Tag.

56 *Geschichte der Literatur der Gegenwart. Vorlesungen.* Berlin: Simion 1842 (= Friedrich von Schlegels Geschichte der alten und neuen Literatur. Bis auf die neueste Zeit fortgeführt von Theodor Mundt. II. Theil: Die Literatur der Gegenwart, von Th. M.), S. 228–230.

[Sinngleiche und teilweise wörtliche Wiederholung der oben Nr 53 (S. 66, Z. 3–20; also einschließlich der dortigen Wiederholung von Nr 51) und der oben Nr 55 (S. 71, Z. 17f., Z. 23– Z. 4 v. u.) abgedruckten Abschnitte. Nach „... des entgegengesetztesten Stils fähig." folgt:] Die Novellenpoesie trägt somit ein Reflexionselement in sich, das ihrer plastischen Gestaltungskraft nicht förderlich zu sein scheint. So sehen wir sie denn auch in Deutschland zur schläferigen Zeit der Restaurationsepoche so blühend und überwuchernd hervortreten, zu einer Zeit, wo die Thatkraft wieder den Rückweg antreten mußte in die Betrachtung, und man, statt im Handeln lebensfrisch weiter vorzuschreiten, mit sich zu Rathe zu gehn, und dem Geiste der Geschichte den kaum eröffneten Raum wieder abzumarkten begann. [...]*

57 *Geschichte der Literatur der Gegenwart. Vorlesungen [...] Von dem Jahr 1789 bis zur neuesten Zeit.* 2., neu bearbeitete Auflage. Leipzig: Simion 1853, S. 580f.

[...] Die Novelle hatte zugleich den Höhepunct des Tieck'schen Einflusses auf seine Zeit bezeichnet. Diese Gattung war unter seinen Händen zu der allerbequemsten Kunstform geworden, in der sich die geistig erregbare und äußerlich wie innerlich unbefriedigte Welt der Modernen Abdruck und Genugthuung verschaffen konnte. Über das Wesen dieser Kunstform war dabei nicht viel zu rechten, da sie die gesellschaftlichen und tendenziösen Bedingungen, unter denen sie schon durch Boccaccio und Cervantes sich gebildet hatte, auch in dem äußeren Zuschnitt ihrer Composition, und in dem ganzen Verlauf der Darstellung, nothwendig an sich tragen mußte. Es handelte sich dabei um die möglichst rasche Erzielung der Pointe, von der das Ganze seine

---

* Alles dies wird seinerseits wiederholt in Mundts *Aesthetik. Die Idee der Schönheit und des Kunstwerks im Lichte unserer Zeit.* Berlin: Simion 1845, S. 341–344.

eigentliche Bestimmung und Beleuchtung zu empfangen hatte, und dieser Krystallisationspunct, in dem sich die Darstellung mit allen ihren Gestalten und Motiven zusammendrängte, spiegelte zugleich den Geist einer ganzen Epoche zurück. Die Novelle war in ihrem äußeren künstlerischen Complex allerdings nur eine Episode im Verhältniß zu dem gesammten Lebens- und Zeit- Roman zu nennen, aber mit dem Unterschied, daß sie nach dem kleinen Raum, den sie verhältnißmäßig beschrieb, geistigen und tendenziösen Wirkungen von universalistischer Bedeutung nachging. In dieser geistigen Zugespitztheit konnte sich die Gattung freilich nur zeitweise und in einem gewissen Kreise von Autoren halten. Auf der andern Seite mußte die Novelle auch wieder leicht in den rohen Naturalismus der Production zurückfallen, dem diese Gattung überall gern sich hingiebt, und auf welcher Stufe namentlich von den subtilen Unterschieden zwischen Roman und Novelle nicht mehr wohl die Rede sein kann. [...]

LUDWIG TIECK

58 *Vorbericht.* In: L. T.s Schriften. XI. Bd: Schauspiele. Berlin: Reimer 1829, S. LXXXIV–XC.

[...] Wir brauchen jetzt das Wort Novelle für alle, besonders kleineren Erzählungen; manche Schriftsteller scheinen sogar in diese Benennung eine Entschuldigung legen zu wollen, wenn ihnen selbst die Geschichte, die sie vortragen wollen, nicht bedeutend genug erscheint. Was wir mit dem Roman bezeichnen wollen, wissen wir jetzt so ziemlich; aber der Engländer nennt schon seit lange alle seine Romane Novellen. Als das Wort zuerst unter den Italiänern aufkam, sollte es wohl jede Erzählung, jeden Vorfall bezeichnen, die neu noch nicht bekannt waren. So wurde der Name fortgebraucht, und die Italiäner zeichneten sich dadurch aus, daß ihre meisten Geschichten, die sie gaben, anstößig, obscön oder lüstern waren. Unzucht, Ehebruch, Verführung, mit lustigem Geist, sehr oft ohne alles moralisches Gefühl vorgetragen, nicht selten bittre Satyre und Verhöhnung der Geistlichen, die seit Boccaz, um so mehr sie regieren wollten, um so mehr von den Witzigen verspottet wurden, ist der Inhalt der meisten dieser Novellen. Als Cervantes seinem züchtigern Volke, das unter einer strengen geistlichen Polizei stand, Novellen geben wollte, mußte er diesem ärgerlichen Titel das Beiwort moralisch hinzufügen, um anzuzeigen, daß sie nicht im Tone jener italiänischen seyn sollten.

Boccaz, Cervantes und Göthe sind die Muster in dieser Gattung geblieben, und wir sollten billig nach den Vorbildern, die in dieser Art für vollendet gelten können, das Wort Novelle nicht mit Begebenheit, Geschichte, Erzählung, Vorfall, oder gar Anecdote als gleichbedeutend brauchen. Das Wort Humor entstand gegen 1600 bei den Engländern zufällig, und jetzt können wir es in unsern Kunstlehren nicht mehr entbehren, um Productionen und eine Eigenschaft des Geistes zu bezeichnen, die weder mit Laune, Geist noch Witz charakterisirt sind. Eine Begebenheit sollte anders vorgetragen werden, als eine Erzählung; diese sich von Geschichte unterscheiden, und die Novelle nach jenen Mustern sich dadurch aus allen andern Aufgaben hervorheben, daß sie einen großen oder kleinern Vorfall in's hellste Licht stelle, der, so leicht er sich ereignen kann, doch wunderbar, vielleicht einzig ist. Diese Wendung der Geschichte, dieser Punkt, von welchem aus sie sich unerwartet völlig umkehrt, und doch natürlich, dem Charakter und den Umständen angemessen, die Folge entwickelt, wird sich der Phantasie des Lesers um so fester einprägen, als die Sache, selbst im Wunderbaren, unter andern Umständen wieder alltäglich sein könnte. So erfahren wir es im Leben selbst, so sind die Begebenheiten, die uns von Bekannten aus ihrer Erfahrung mitgetheilt, den tiefsten und bleibendsten Eindruck machen.

Um uns an ein Beispiel zu erinnern. So ist in jener Göthischen Novelle in den *Ausgewanderten*, der sich aufhebende Ladentisch, der das Schloß überflüssig macht, welches der junge Mann eine Zeitlang benutzt, um sich mit Geld zu versehen, ein solcher alltäglicher und doch wunderbarer Vorfall, eben so wie die Reue und Besserung des Jünglings, die in eine Zeit fällt, daß sie fast unnütz wird. Das sonderbare Verhältniß der Sperata im *Meister*, ist wunderbar und doch natürlich, wie dessen Folgen; in jeder Novelle des Cervantes ist ein solcher Mittelpunkt.

Bizarr, eigensinnig, phantastisch, leicht witzig, geschwätzig und sich ganz in Darstellung auch von Nebensachen verlierend, tragisch wie komisch, tiefsinnig und neckisch, alle diese Farben und Charaktere läßt die ächte Novelle zu, nur wird sie immer jenen sonderbaren auffallenden Wendepunkt haben, der sie von allen andern Gattungen der Erzählung unterscheidet. Aber alle Stände, alle Verhältnisse der neuen Zeit, ihre Bedingungen und Eigenthümlichkeiten sind dem klaren dichterischen Auge gewiß nicht minder zur Poesie und edlen Darstellung geeignet, als es dem Cervantes seine Zeit und Umgebung war, und es ist wohl nur Verwöhnung einiger vorzüglichen Critiker, in der Zeit selbst einen unbedingten Gegensatz vom Poetischen und Unpoetischen anzunehmen. Gewinnt jene Vorzeit für uns an romantischem Interesse, so können wir dagegen die Bedingungen unsers Lebens und der Zustände desselben um so klarer erfassen.

Es wird sich auch anbieten, daß Gesinnung, Beruf und Meinung, im Contrast, im Kampf der handelnden Personen sich entwickeln, und dadurch selbst in Handlung übergehen. Dies scheint mir der ächten Novelle vorzüglich geeignet, wodurch sie ein individuelles Leben erhält. Eröffnet sich hier für Räsonnement, Urtheil und verschiedenartige Ansicht eine Bahn, auf welcher durch poetische Bedingungen das klar und heiter in beschränktem Rahmen anregen und überzeugen kann, was so oft unbeschränkt und unbedingt im Leben als Leidenschaft und Einseitigkeit verletzt, weil es durch die Unbestimmtheit nicht überzeugt und dennoch lehren und bekehren will, so kann auch die Form der Novelle jene sonderbare Casuistik in ein eigenes Gebiet spielen, jenen Zwiespalt des Lebens, der schon die frühesten Dichter und die griechische tragische Bühne in ihrem Beginn begeisterte. So hat man wohl dasjenige, was sich vor dem Auge des Geistes und Gewissens, noch weniger vor der Satzung der Moral und des Staates nicht ausgleichen läßt, Schicksal genannt, um die Streitfrage vermittelst der Phantasie und der religiösen Weihe in einen höhern Standpunkt hinaufzurücken; Orest vom Gott der Weissagung begeistert, wird Muttermörder, und als solcher vom ältesten und einfachsten Naturgefühl in der Gestalt der Erynnien verfolgt, bis Gott und Mensch ihn frei sprechen. Und wie der Dichter hier das Geheimnißvolle zwar klar, menschlich und göttlich zugleich, aber doch wieder durch ein Geheimniß ausgleichen will: so ist in allen Richtungen des Lebens und Gefühls ein Unauflösbares, dessen sich immer wieder die Dichtkunst, wie sie sich auch in Nachahmung und Darstellung zu ersättigen scheint, bemächtigt, um den todten Buchstaben der gewöhnlichen Wahrheit neu zu beleben und zu erklären. Strebt die Tragödie durch Mitleid, Furcht, Leidenschaft und Begeistrung uns in himmlischer Trunkenheit auf den Gipfel des Olymp zu heben, um von klarer Höhe das Treiben der Menschen und den Irrgang ihres Schicksals mit erhabenem Mitleid zu sehn und zu verstehn; führt uns der Roman der *Wahlverwandtschaften* in die Labyrinthe des Herzens, als Tragödie des Familienlebens und der neuesten Zeit; so kann die Novelle zuweilen auf ihrem Standpunkt die Widersprüche des Lebens lösen, die Launen des Schicksals erklären, den Wahnsinn der Leidenschaft verspotten, und manche Räthsel des Herzens, der Menschenthorheit in ihre künstlichen Gewebe hinein bilden, daß der lichter gewordene Blick auch hier im Lachen oder in Wehmuth, das Menschliche, und im Verwerflichen eine höhere ausgleichende Wahrheit erkennt. Darum ist es dieser Form der Novelle auch vergönnt, über das gesetzliche Maas hinweg zu schreiten, und Seltsamkeiten unpartheiisch und ohne Bitterkeit darzustellen, die nicht mit dem moralischen Sinn, mit Convenienz oder Sitte unmittelbar in Harmonie stehn. Es läßt sich ohne Zweifel das Meiste und Beste im Boccaz nicht nur entschuldigen, sondern auch rechtfertigen, was niemand wohl mit den spätern italiänischen Novellisten versuchen möchte.

Ich habe hiermit nur andeuten wollen, warum ich im Gegensatz früherer Erzählungen verschiedene meiner neueren Arbeiten Novellen genannt habe.

59 *Vorwort.* In: L. T.s Schriften. XXVIII. Bd = Gesammelte Novellen. Vollständige aufs Neue durchgesehene Ausgabe. XII. Bd: [Der junge Tischlermeister. Novelle in sieben Abschnitten]. Berlin: Reimer 1854, S. 7.

[...] Es ist wohl nicht unbillig, von Rezensirenden, die mich tiefsinnig tadeln wollen, zu erwarten, daß sie meine Schriften gelesen haben. Da ich die Form der Novelle auch dazu geeignet halte, manches in conventioneller oder ächter Sitte und Moral Hergebrachte überschreiten zu dürfen (wodurch sie auch vom Roman und dem Drama sich bestimmt unterscheidet), so mache ich in dieser Beziehung nur auf jene Andeutung aufmerksam, welche die Vorrede zum eilften Bande meiner gesammelten Schriften beschließt.

60 *Unterhaltungen mit Tieck. 1849–1853.* In: R. Köpke, Ludwig Tieck. Erinnerungen aus dem Leben des Dichters nach dessen mündlichen und schriftlichen Mittheilungen. II. Theil. Leipzig: Brockhaus 1855, S. 234.

Es ist nicht leicht zu sagen, was eigentlich die Novelle sei, und wie sie sich von den verwandten Gattungen, Roman und Erzählung, unterscheide. Die Engländer nennen Alles, was der in Prosa erzählenden Dichtung angehört, novel, und ähnlich machen es die Italiener. Man gibt mit dem Namen bald zu viel, bald zu wenig. Es ist zu viel, wenn man geradezu sagt, die Novelle müsse eine ausgesprochene Tendenz haben, aber doch erwartet man in ihr etwas Hervorspringendes, eine Spitze, in der man sich wiederfindet. Wenn ich meine Novellen übersehe, so muß ich sagen, ein großer Theil davon hat eine solche Spitze; aber andere wieder nicht, z. B. *Des Lebens Überfluß* oder *die Klausenburg*. Man wird die scharfe, epigrammatische Pointe auch nicht zu sehr herausheben dürfen; dann würde etwa auch *Wilhelm Meister* eine Novelle sein, und die *Wahlverwandtschaften* gewiß, in denen eine so entschiedene Tendenz liegt. Und wie steht es mit Cervantes? Sind dessen Novellen in diesem Sinne so zu nennen? Auf manche paßt es, wie auf den *Curioso impertinente*, auf andere nicht, die nur einfache Erzählungen sind. Wenn er sie alle zusammen *exemplares* nannte, so liegt darin in gewissem Sinne schon eine Tendenz. Wir würden dafür etwa mustergültig sagen. Er bezeichnete sie so im Gegensatze zu den obscönen Novellen der Italiener. Es ist sehr schwer, hier einen allgemeinen Begriff zu finden, auf den sich alle Erscheinungen dieser Art zurückbringen ließen.

ANONYM

61 *Novellen und Erzählungen von Heinrich Stahl* [Rezension]. In: Berliner Conversations-Blatt für Poesie, Literatur und Kritik. Redigiert von F. Förster und W. Häring (W. Alexis). III. Jg. Nr. 68. 6. April 1829. Berlin: Schlesinger, S. 271.

Novellen sind Erzählungen, Erzählungen sind Novellen, was sind aber Novellen und Erzählungen, wie man häufig auf Ti-

eln, unter andern auf dem der gegenwärtig vorliegenden Novellensammlung liest? Es würde Herrn Stahl gewiß in nicht geringe Verlegenheit setzen, wenn er im Ernste nachweisen sollte,
welche von seinen Darstellungen als Novellen, welche als Erzählungen anzusehen wären, da, wenn nämlich verschiedene
Namen auch auf verschiedene Gattungen oder Formen deuten
sollen, eine etwaige Verschiedenheit weder in der Behandlung
noch im Inhalt dieser Novellen und Erzählungen sichtbar ist,
die alle mehr oder weniger dieselbe Form, denselben Ton haben.
Aber will man bei einem Titel nicht zu scrupulös sein, so ist ein
Titel ein Aushängeschild, das sein Publikum locken will und
Novellen und Erzählungen klingt auf jeden Fall numeröser, als
wenn es bloß Novellen oder bloß Erzählungen hieße; dazu
kommt, daß die Leute von der alten Mode Erzählungen, die
von der neuen, Novellen lesen wollen, und ein kluger Novellist
tauft daher seine Sammlung mit Recht mit beiden Namen, um
Jedem das Seinige zu geben. [...]

WILHELM MEYER

62 *Drei Vorlesungen über das Wesen der epischen Poesie und über
den Roman und die Novelle insbesondere* [Bremen 1829-1830].
In: Bremisches Album. Hg. von H. Hülle. Bremen: Heyse 1839,
S. 111-119.

Ich gestehe, daß es um die Bestimmung der Novelle ein miß-
liches Ding ist. Auf eine, ich möchte sagen, eigensinnige Weise
scheint sie sich jeder begriffsmäßigen Behandlung zu entziehen;
chamäleonartig wechselt sie die Farbe und scheint aller Versuche
zu spotten, sie in die Fesseln der Theorie zu schlagen. Was heißt
gegenwärtig nicht Alles Novelle? Unter dem beliebten und modi-
schen Namen versucht mancher schöngeistige Kärrner seiner
Waare Käufer zu verschaffen. Mag aber auch manche alltägliche Erzählung den Namen der Novelle mit Unrecht an der
Stirne tragen – auf jeden Fall ist es ein gutes Zeichen, daß man
mit dem Begriff derselben noch nicht aufs Reine gekommen
ist: es beweist, daß eine frische und lebendige Productionskraft
gerade auf diesem Felde der Literatur vor Allem thätig ist.
Denn zum Begriff der Sache, wenigstens zur allgemeinen Ver-

79

ständigung darüber pflegt man nur erst dann zu gelangen, wenn die Sache selbst schon eine gewisse Reife erlangt hat, oder auch die Spuren des Alters und der Entkräftung schon an ihr sichtbar werden. Dennoch fühlt unser reflektirendes Zeitalter das Bedürfniß, sich über eine Dichtungsart zu verständigen, die in einem gewissen Sinne als eine neue Erscheinung zu betrachten ist. [...]

Der Name der Novelle ist italienischen Ursprungs, und schon Boccaccio hat bekanntlich in seinem *Decamerone* unter diesem Titel seinem Volke einen lieblichen Kranz von Erzählungen gegeben. Man pflegt gegenwärtig mit dem Namen der Novelle eine ganz besondere Vorstellung zu verbinden und ihr einen eigenthümlichen Charakter beizulegen, durch welchen sie sich von der gewöhnlichen Erzählung unterscheidet; indessen werden wir finden, daß der Grundtypus derselben allerdings schon in jenen Erzählungen von Boccaccio, so wie überhaupt in vielen der älteren, namentlich italienischen und spanischen Novellen vorliegt. In diesem Sinne scheinen mir z. B. die Erzählung von Cervantes *Der bestrafte Vorwitz*, so wie die den *Wahlverwandtschaften* eingeflochtene kleine Erzählung *Die wunderlichen Nachbarskinder* wahre und ächte Novellen zu sein. In beiden höchst einfachen Erzählungen ist es nämlich eine eigensinnige Grille, eine seltsame Verkehrtheit der handelnden Personen, um welche sich das Ganze dreht und die in jener einen unglücklichen, in dieser einen glücklichen Ausgang nimmt. Unterwerfen wir nun die Novellen von Tieck, der doch nicht ohne Grund für den eigentlichen Repräsentanten der neueren Novellenpoesie gehalten wird, einer genauen Musterung, so finden wir zwar auch hier meistens irgend eine auffallende Verirrung oder Verkehrtheit, eine moralische Abnormität, eine hervorstechende Eigenheit, eine krankhafte Richtung, sei es des Einzelnen, oder der Zeit überhaupt, welche den poetischen Gehalt der Erzählung bilden. [...] Wenn wir aber die größeren Tieckschen Novellen, wenn wir namentlich die geistvolle Charakteristik *Dichterleben* mit dem Muster einer ächten Novelle, welche er selbst seiner neuesten Erzählung *Das Zauberschloß* eingeflochten hat – ich meine die kleine Erzählung *Die wilde Engländerin* –; wenn wir seine größeren Novellen, sage ich, mit dieser kleinen Musternovelle vergleichen, so erscheinen sie mir doch zu complicirt, zu mannichfaltig, zu reichhaltig für die Anforderungen, die er selber an eine ächte Novelle zu machen scheint. Will man nun diese größeren Erzählungen nicht von der Gattung der Novellenpoesie ausschließen, so bleibt Nichts übrig, als die Novelle im engeren Sinne von der Novelle in weiterer Bedeutung zu unterscheiden. [...]

Man könnte sagen, es sei charakteristisch für unsre Zeit, daß gerade die Novelle im Gegensatz gegen den gedehnteren Roman für gewisse Kreise und Bildungsstufen Lieblingsdichtung geworden ist. In dem Drange eines so vielfach bewegten Lebens, unter den Ansprüchen, die Beruf und Amt und gesellige Verhältnisse an uns machen, haben wir kaum so viel Zeit, uns in Ruhe dem Genuß eines größeren Dichtwerkes hinzugeben. Nicht den vollen Becher leeren, nur ihn an den Mund setzen, nur nippen wollen wir. Auch ist es weniger dichterischer Kunstgenuß, als geistreiche Unterhaltung, die wir begehren, und diese gewährt uns die Novelle vorzugsweise. Besteht nun gleich der wesentliche Unterschied des Romans und der Novelle nicht darin, daß jener sich durch drei oder mehrere Bände hindurchzieht, während die Novelle höchstens das Maß Eines Bändchens füllt, so deutet doch diese äußere Verschiedenheit schon auf den inneren Unterschied hin, der zwischen beiden Dichtungsarten Statt findet. [...] Die Novelle hebt ein einzelnes Moment hervor, eine interessante Scene gleichsam aus einem größeren Drama, es ist ihr nicht um Vollständigkeit zu thun, sondern um geschickte Gruppirung, geistreiche Skizzirung. Noch mehr als der Roman schließt sie sich der modernen Weltbetrachtung an, sie ist weit weniger romantisch als reflektirend, sucht weniger auf die Einbildungskraft, als auf den Verstand zu wirken; ja das Eigentliche und Wesentliche der Novelle möchte wohl sein, daß sie in geistreicher Weise einen Knoten schürzt, den sie auf geschickte Art zu lösen sucht. Da nun aber Form und Gehalt in der Dichtkunst in so genauer Wechselbeziehung stehen, so leuchtet ein, daß der Gegenstand, der sich zur Behandlung in einer Novelle eignet, entweder von vorne herein ein solcher sein wird, wie er sich zur Ausführung im Roman nicht eignen würde; oder er wird doch durch die Behandlung selbst eine gänzliche Umwandlung und Umgestaltung erfahren. In dem ersteren Falle nun würde ich die Erzählung eine Novelle

im engeren Sinne nennen. Der Stoff einer Novelle im enge‹
ren Sinne muß also, wie ich bereits angedeutet habe, irgen‹
eine räthselhafte Erscheinung in der moralischen Welt, ein‹
Grille, eine Eigenheit des Einzelnen oder der Gesammthei
sein. [...]

Wenn nun, wie ich vorher erwähnte, das herrliche Charakter‹
gemälde von Tieck *Dichterleben* und so viele andere geistvoll‹
und ächtpoetische Erzählungen nicht Novellen im engeren Sin‹
ne genannt werden können, der Name „Novelle" aber von der
Verfassern sowohl als den Kunstfreunden für sie einmal ir
Anspruch genommen ist, so fragt sich, was für Anforderunger
wir an eine Novelle in weiterer Bedeutung zu machen haben
und wodurch sie sich von der bloßen Erzählung unterscheidet?

Es ist dies nach meiner Meinung nichts Anderes, als das, wa‹
überhaupt die Poesie von der Prosa unterscheidet. Auch di‹
Novelle als poetisches Kunstwerk will uns das geheimnißvoll‹
Wesen der Seele enthüllen, sie lehrt uns die Verhältnisse, Hemm‹
nisse und Verwickelungen des gesellschaftlichen Lebens au‹
einem neuen Gesichtspunkte betrachten, sie will durch die Dar‹
stellung selbst erheitern und erfreuen und uns über die Be‹
schränktheit des alltäglichen Lebens emporheben. Im Übriger
wiederholen sich bei der Novelle die Unterschiede, welche be‹
dem Roman Statt finden. Der Tendenz und dem Charakter
nach, wenngleich sie im Allgemeinen noch mehr als der Roman
der modernen Weltbetrachtung zugekehrt ist, kann sie entwe‹
der eine mehr ideale oder reale Gestalt und Färbung haben
sentimental oder humoristisch, historisch oder rein-poetisch
sein. [...]

WILHELM ERNST WEBER

63 *Vorlesungen zur Aesthetik, vornehmlich in Bezug auf Göthe und*
Schiller. Hannover: Hahn 1831, S. 252f.

[...] Stellen wir nun den gemüthlichen Grund, auf welchem
Leopold Schefers Poesie unserer Meinung nach wurzelt und
wächst, als einen großen Vorzug geradezu voran, so wollen wir
dabei auch die Bedenklichkeiten, welche diese Art des Dichtens
hat, nicht übergehen. Es tritt nämlich damit zunächst mehr

eine subjective als objective Seite hervor, d. h. die Individualität des Dichters als Menschen wird uns durch seine Werke zu nahe gehalten; die Selbstständigkeit der Dichtung als eines Kunstwerkes, das sein Leben in sich haben soll, kommt in Gefahr, zu sehr nach dem Hintergrunde zu rücken. So würden zuletzt mehr die geistreichen Ansichten eines erfahrnen und wohlgesinnten Mannes, als Eingebungen der Muse, der künstlerischen Entzückung, übrig bleiben. Im Romane nun und in der Novelle, zweyen Dichtungsarten, die beinahe mehr dem äußeren Umfange als dem eigentlichen Wesen nach verschieden sind, wird diese Gefahr durch den Charakter der Gattungen selbst verringert. Sie wollen das Wesen und Wirken des Individuums, als eines empirisch Gegebenen, nach den Entwickelungen des zufälligen Daseyns zu ruhiger epischen Gestaltung bringen. Hier giebt es Gelegenheit, viel zu reflectiren; denn das Handeln im individuellen Daseyn hat nicht die Bedeutung und Abgeschlossenheit des geschichtlichen, welches durch sich selbst spricht. Nun bleibt aber gleichwohl die Aufgabe für den Romanen- und Novellendichter, die Reflexion lieber möglichst in das Wesen und Weben der Charaktere hinein zu arbeiten, damit diese auf das Beste in plastischer Klarheit hervortreten, und des Commentares nicht bedürfen. [...]

64 *Die Aesthetik aus dem Gesichtspunkte gebildeter Freunde des Schönen.* I. Abth. Leipzig u. Darmstadt: Leske 1835, S. 184f.

[...] Es gebiert sich eine Mischlings- und Übergangsklasse: Mährchen nehmen den kalten und ruhigen Ton der Geschichtserzählung an; Geschichte geht im Lichtschimmer und im Farbenschmucke der Phantasie einher. Auf diesem Boden entsteht die Novelle, welche in ihrer einfachsten Gestalt, wie sie zum Theil noch im *Decamerone* erscheint, nichts weiter ist, als was der Name (Neuigkeit) besagt, eine Anecdote, ein Schwank, eine auffallende kleine Geschichte. Aber aus diesem unscheinbaren Wesen hat sich diese Darstellungsart frühzeitig, ohne Frage durch Boccaccio, zu einer sehr sinnreichen und anmuthigen Form gestaltet, indem es darauf ankommt, einen durch Reiz und Geist erfreulichen Gedanken in einer poetischen Abrundung dermassen durchzuführen, daß, wie in einem Drama, durch bedeutende, anziehende Gestalten von vorn herein ein fruchtbarer Grund gelegt werde, auf dem sich eine ohne Unwahrscheinlichkeit und übertriebenes Wesen effectvolle Verwicklung schürzen, und eine die Spannung des Gemüths in entsprechender Weise tragisch oder heiter lösende Katastrophe hervorführen lasse. Auf diese Weise ist eine gute Novelle ein guter Roman in Miniatur: die Meisterschaft des Dichters wird sich darinne zu bewähren haben, daß er, in räumlicher Enge sich fassend, auf das Ziel mit sichrem, gleichmäsigem, kräftigem, aber keineswegs athemlosem Schritte zustrebe, ohne weder durch anfängliche Breite weiterhin unverhältnißmäsig kurz werden zu müssen, noch den Leser zu übereilen, das Gemüth zu bedrücken, die Effekte über einander herstürzen zu lassen. Das Geheimniß einer in angenehmer Leichtigkeit bedeutenden Unterhaltung, wozu viel Geist, vieles Wissen (das sich aber lieber zurückhält als vordrängt), viele Weltkenntniß, viel gesellschaftlicher Takt, und zugleich ein wohlwollendes Behagen, das auf sittlich klarer Lebensansicht beruht, mit Einem Worte, wozu eine gemüthlich wie erfahrungsmäßig vollkommene Bildung gehört, das ist auch das Geheimniß eines guten Novellentons. Dazu kommt aber, weil die Unterhaltung sich künstlerisch erzeigen soll, Erfindungs- und Gestaltungsgabe, glückliche, wohlgeordnete Phantasie, ein Maaß des Schönen, welches die rechte Mitte zwischen lyrischem Schwunge und prosaischer Kälte zu halten weiß, kurz, wie man wohl merken wird, mehr Tugenden, als die Unzahl der deutschen Poeten, welche uns in jeder Messe mit Dutzenden neuer Novellen beschenkt, in ihrer form- und fessellosen Gemüthlichkeit sich träumen läßt. [...]

KARL IMMERMANN

65 *Reisejournal* [ED: 1833]. In: K. I.s Schriften. II. Bd. Düsseldorf: Schaub 1835, S. 416–419.

Bei Tische wurde noch Manches über die Novelle verhandelt, obgleich Adele bescheiden das Gespräch auf andre Dinge zu lenken versuchte. Sie haben in einen engen Rahmen ein Thema gepreßt, woraus Madame Schopenhauer einen Roman von wenigstens zwei Bänden gemacht haben würde, sagte Eduard.

Und doch, versetzte sie, war ich selbst in dieser Beschränkung mit meiner Arbeit noch unzufrieden. Ich wollte ganz kurz einen seltsamen Fall erzählen, der mir als wirklich geschehn, mitgetheilt worden ist, fühlte aber bald, daß das nicht so angehe, weil das Ereigniß auf einem weichen, zähen Boden wuchs, auf dem gesellschaftlichen Leben der höheren Stände. So entstand ein Mittelding, dessen Unzulänglichkeit ich bei der heutigen Vorlesung recht lebhaft empfunden habe.

Ich glaubte, sagte Just, Sie würden das Wesen der Sozietät, welche das Fatum ihrer Novelle bildet, noch schärfer in Reden und Gegenreden entwickeln.

Ich habe schon vorhin merken lassen, erwiderte sie, etwas empfindlich über die Kritiken, daß der Stoff einer ist, an dem ich, obgleich ich Frau bin, kein Behagen habe. Die Gesellschaft, welche hier gemeint war, die große, oder sogenannte gute, ist immer ein Nichts, oft ein übles, zuweilen ein fürchterliches. Man kann sich auch gegen Gifte abhärten, wie jener König in Pontus beweist, und meine Novelle soll eben lehren, daß das sogar räthlich sei; aber wohl wird Einem dabei nie werden.

Ich liebe das Genre nicht, auf welches du hindeutest, Just, sagte Eduard. Ein ausgezeichneter Mann, den wir Alle hochschätzen, hat es durch eine Reihe glänzender Productionen eingeführt, und jeder hervorragende Geist verfährt nach eignen Rechten. Nur habe ich, so weit meine kurze Erfahrung reicht, noch nie bemerkt, daß die Ereignisse des Lebens sich durch Meinungsverschiedenheiten, theoretische Discrepanzen, erzeugen. Und eine Darstellung der Ereignisse, unter bestimmtem Gesichtspunkte betrachtet, ist doch, seit Boccaz den Typus der Gattung feststellte, die Novelle; während der Roman das Incommensurable der menschlichen Dinge dichtet.

Du hast eine große Ketzerei ausgesprochen, sagte F. Ist es nicht die allgemein angenommene Meinung, daß nur der Gedanke diese Zeit bewege, und daß aus der Verschiedenheit desselben bei den Verschiednen Jegliches entstehe? Man hat hiervon die Anwendung auch auf die Novelle gemacht, und zur Rechtfertigung jener mehr raisonnirenden als erzählenden Dichtungen behauptet, daß sie so eben recht das Wesen der Jetztlebenden darstellten.

Warum dann nicht lieber die reine Form wählen. Den Platonischen Dialog? fragte Eduard.

Ich muß gestehn, mit diesen Worten mischte sich der Fremde lächelnd ins Gespräch, daß in der Praxis von der Herrschaft des souverainen Gedankens wenig zu verspüren ist. Wahr ist es, daß ein Jeder sich in jeder möglichen Beziehung einzuquartieren bestrebt hat, entweder bei den Absoluten, oder bei den Liberalen, bei den Frommen, oder Denkgläubigen, Philosophen oder Empirikern, und so fort; aber mehr, um ein Wetterdach gegen den Sturm zu suchen, der durch die Welt zieht, als in Kraft apostolischer Begeistrung. Ich habe in meinem Kreise immer nur gesehn, daß die menschlichen Schicksale trotz der Meinungen, nicht aus den Meinungen entspringen, und deßhalb ist mir die Fabel bei einer Novelle die Hauptsache, denn sie soll vor allen Dingen etwas erzählen, und zwar etwas Neues, davon heißt sie. [...]

HEINRICH LAUBE

66 *Wilhelm Marsano, Die unheimlichen Gäste. Marco Doloroso. Die Abenteuer einer Nacht* [Rezension]. In: Zeitung für die elegante Welt. XXXIII. Jg. 1833. Leipzig: Voß, Nr 108 (6. Junius), S. 429f.

Der Begriff „Novelle" ist allmälig ein so weiter und vager geworden, daß es sehr schwer ist, seine vielen Richtungen unter eine gemeinschaftliche Bezeichnung zu bringen. Vielleicht war er Anfangs das Söhnlein der Einfachheit. Unsere Erzählungsliteratur war unter der Firma Romantik in einen beschwerlichen Schwulst krauser, reizloser Erfindungen gerathen, hatte sich so weit von dem einfachen Leben, seinen Anforderungen und Gewährnissen entfernt, daß ihr, wie der Flaschenmedicin, eine Reform dringend Noth that. Es geht dies in allen wissenschaftlichen und künstlerischen Bestrebungen, ja in allen Entwickelungstheilen unserer Welt gleichmäßig: irgend ein eminenter Geist zeigt einen neuen Weg, eine neue Richtung mit lockender Aussicht, und die Masse stürzt blindlings darauf fort, nicht rechts, nicht links sehend, den einzigen Weg bis zur Spitze verfolgend, und alle Seitenrichtungen, Vortheile und Belehrungen des Weges und seines Umkreises verlierend. So ist's in Staat, Religion, Kunst, ja in den kleinen Zweigen jener großen Bäume, in der Mode, immer gegangen. Eine kleine Lehre ziehen wir immer aus solcher Ultrarichtung, und diese drei oder vier kleinen Lehren der Weltgeschichte bilden unsere Weisheit.

Die große Masse hat sich bereits jener Novellenschule bemächtigt und wirft uns von allen Seiten die hohlen Nüsse an den Kopf. Es wird Noth thun, einen neuen Namen zu erfinden.

In dem tiefen Sumpfe unserer frühern Erzählungsliteratur erinnerte man sich jener kleinen verführerischen Geschichten des losen Boccaccio, die da Novellen hießen. Man vereinfachte den schwerfälligen Erzählungskram, man warf die Komödiantengewänder von sich und bemühte sich, einfache Geschichten zu schreiben. Man ging noch weiter und schob die Begebenheit ganz in den Hintergrund, suchte die gewöhnlichen Verhältnisse hervor und stellte die Gedanken der Menschen, ihre Entwickelung und Einwirkung in den Vordergrund. So entstanden die rationellen Erzählungen, der Pendant des Christenthums, wo die Menschen als Körper ganz verschwanden und Systeme mit einander verkehrten, glücklich oder unglücklich wurden, Hochzeit machten oder starben. Man war mit einem Sprunge beim Extreme; es war ewig Winter auf der Erde, und in den Adern floß kein Blut. Tieck, obwohl sehr christlicher Romantiker, und insofern sehr dem fleisch- und beinlosen Märtyrerthum zugethan, hat doch so viel gesunde Sinne, und so viel sinnliche Gesundheit, daß er diesem Casteiungswesen nie ganz verfiel – er schrieb seine schönen Novellen, und sie sind zumeist der Typus der bis jetzt noch herrschenden bessern Erzählungsform geworden.

Novelle und Roman verhalten sich in einer Hinsicht zu einander wie Romanze zu Ballade. In der Ballade und im Romane ist die Begebenheit selbst die Hauptsache, in der Novelle und Romanze die Begebenheit, wie sie empfunden wird. Die Novelle beschäftigt sich mehr mit dem Werden, der Roman mit dem Gewordenen. Die Novelle entwickelt mehr Gegebenes, der Roman schafft mehr. Sie bilden zusammen die Ehe eines heißen, fruchtbaren Weibes des Südens mit einem klaren, geläuterten Nordländer. Das Weib, der Roman, ist die Empfindung, der Mann, die Novelle, ist der Gedanke. Ich halte darum die Roman-Novelle für die vollendetste Form dieser Gattung. Sie kann den größern Reichthum des Romans der größern Klarheit, Einfachheit der Novelle zubringen. –

Die Novelle an sich, wie wir ihren Begriff meisthin annehmen, hat das große Verdienst, einen großen Theil der Menschen für die künstlerische Auffassung emancipirt zu haben. Wer erinnert sich nicht jener Romantiker, die immer ein großes Heer von „prosaischen, unbrauchbaren" Menschen kannten, die für keine Feder was taugten. Dies Heer ist dienstfähig geworden, man hat die „Novellenfiguren" erfunden. Die Novelle bedarf keiner Vorzüglichkeiten, keiner Extreme, keiner Notabilitäten, sie ist ebenfalls ein Ausdruck des Demokratismus in der literarischen Auffassung. Sie ist die Lehre von der Gleichheit vor dem Angesichte der Kunst; denn sie schildert Alles. Eine Figur, die zum Helden zu schlecht, zum Bösewicht zu gut ist, war früher nicht zu brauchen, der Novellist kauft sie, besieht sie genau, beschreibt sie genau, um einen Beitrag zur Lehre vom großen, mannichfaltigen Mechanismus der Gedanken zu geben.

Die Novelle begnügt sich mit den einfachsten Zuständen; sie ist nüchterner, aber reifer. Sie hat etwas Naturphilosophisches an sich und behauptet, daß sich Alles, was ist, schön darstellen lasse. Sie ist vollkommen das Ergebniß unserer Tage, die im kritischen Stadium kreisen, sie ist die kritische Phase der Erzählung.

Im Wesentlichen spaltet sie sich in die kurze, prägnante Erzählung, und dahin gehören die neuerdings aufgekommenen Genrebilder, eine Gattung, die einer flüchtigen Zeit vorzüglich zusagt, weil sie dem rasch Vorüberjagenden schnell und mit scharfen Zügen ein ganzes Bild vor Augen bringt – und in die Tendenzerzählung.

Sobald die letztere nicht zum Rechenexempel, zur pedantischen Schulstube verkehrt wird und somit alles poetischen Blüthenstaubes sich entledigt, kann sie eine außerordentlich wichtige Erfindung neuer Form genannt werden. Man hat meisthin keine Form für vollkommener gehalten als die Tragödie, und es kann die Novelle alle innere Gesetze der Tragödie in sich aufnehmen, und sie kann, im Äußeren weniger beengt, sich viel fesselloser bewegen. Nach Freiheit streben alle Bewegungen des letztverflossenen halben Säculums; auch die künstlerische Form ist darin einbegriffen. Und da wir sehen, wie erfolglos der Widerstand jener sogenannten Classicität gewesen, die nichts ist als das Festhalten an einmal aufgefundener Form, so kommt uns auch leicht der Glaube, es liege nicht außer dem Bereiche unserer Fähigkeit, völlig neue Formen aufzufinden. Es ist auch ein Zeichen von productiver Armuth einer Zeit, wenn sie ihre neuen Verhältnisse in alten Formen wiedergeben läßt. So waren die französischen Classiker, Racine, Corneille etc., in einem unnatürlichen Zustande, daß sie zur Zeit des 14. Ludwig nur alttestamentarische, griechische, römische und dergleichen Stoffe in aristotelischer Form behandeln konnten, es war ein Zeichen von armer Zeit, daß diese selbst gar nichts Großes, der Darstellung Würdiges gewährte. Daß aber jene Leute nichts neu Gestaltetes erfinden konnten, beweist, daß sie selbst nur große Mittelmäßigkeiten ohne productives Genie waren. Jeder große Mann erschafft sich seine Form, denn die Form ist ein äußerer Ausdruck seiner innern Größe. Plato hat sich den Dialog, Gibbon seine Geschichtsdarstellung, Göthe den *Faust*, Heine die Form seiner Lieder und seiner poetischen Historie geschaffen. –

Die Erfindung der schmucklosen, einfachen Novelle fällt in Deutschland mit einer Zeit zusammen, wo die Schriftsteller das höhere gesellschaftliche Leben nicht beachteten und sich nur in dem geselligen bewegten. Dieser Richtung war die friedlich, langsam entwickelnde Novelle mit ihren kleinen Schritten vollkommen angemessen. Unterdessen sind die Literaten Staatsbürger geworden, die Weltgeschichte ist größer geworden, denn sie hat mehr Theilnahme gefunden, alle Verhältnisse haben sich somit erweitert, die Schritte verlängert – die der Novelle sollen sich nun auch ausdehnen, die frühern Vorzüge sollen in weitere Kreise ausgebildet, die Erzählung soll einfach bleiben, aber reicher gemacht werden. [...]

67 *Der Roman.* In: H. L., Moderne Charakteristiken. II. Bd. Mannheim: Löwenthal 1835, S. 406–409.

[...] *Wilhelm Meister* ist auch mehr oder minder Veranlassung geworden zu dem berühmten Schisma zwischen Roman und Novelle, dessen erschöpfende Definition auf ein literarisches Concilium wartet. Es geht diesen Worten wie den Poeten und Dichtern, den Dichtern und Sängern und ähnlichen Verwandtschaften: jedes neue Individuum gebiert eine neue Definition.

Wenn wir historische Rücksichten nehmen, so müssen wir die Novelle eine Gattung des Romans nennen. Sie war ursprünglich eine kleine Erzählung, eine Neuigkeit, und das Thatsächliche, die äußere, wirkliche Welt war ihr Element. So hat Boccaccio und Cervantes Novellen gegeben. Der Gedanke, die Kombination derselben, das Raisonnement lag nicht in ihrer Wesenheit, ein gewisses Einseitiges war ihr natürlich. Der Roman aber, wie er sich in den letzten 40 Jahren bei uns ausbildete, war umfassender, äußeres und inneres Leben in allen Ausdehnungen vindicirte er für sich, das Erschöpfen war seine Bestrebung.

Und mit ihm sind wenige Veränderungen vorgegangen, aber im Begriffe der Novelle ist viel Verwirrniß entstanden. Ludwig Tieck nannte seine Erzählungen Novellen, in denen just das Raisonnement die Hauptsache, die eigentliche Fabel beiläufig war, und am Ende sind die Bezeichnungen so willkührlich durcheinander gebraucht worden, daß es dem Laien fast unmöglich dünkte, sich aus der Verwirrung herauszufinden. Ursprünglich war die Novelle eine kurze, markige Form, und Mancher sieht sie noch dafür an, den Roman in ihr zu einem gedrungenen Körper zusammenzudrängen, eine andere Richtung dagegen hat geradezu mit der Novelle den Versuch gemacht, den Roman geistiger, stoffloser zu machen. Indessen wird der Unsichere immer noch am Besten zurecht kommen, wenn er sich unter der Novelle einen Ausschnitt des großen Lebenskreises denkt, es kann deshalb doch Alles darin zu finden sein, nur schärfer, spitzer, kürzer, wiederum einseitiger, überraschender. Dies ist eine moderne Form der Novelle: das Leben schnell, in einzelnen Äußerungen und darin doch ganz, wenigstens als ein Ganzes zu fassen.

Die Genremalereien sind ihre Domestiken.

Nach dieser Ansicht wären auch die *Wahlverwandtschaften* eine Novelle, und es erklärte sich die Erscheinung, daß ein Theil unserer neueren Leser, welchen der musikalische Sinn für eine große sanft wogende Harmonie des Kunstwerks abgeht, welche reich und stark an Bemerkungen und Aperçüs ist, größeres Gefallen an diesem Buche finden als an dem bedeutenderen *Wilhelm Meister*.

Neben den Goetheschen Leistungen treten in den letzten Decennien die verschiedenartigsten Branchen auf. Es sind zuerst die Künstlerromane zu erwähnen, Ludwig Tieck in Beziehung darauf, und als sonstiger novellistischer Mittelpunkt unsere

historischen Romantiker, Madame Clauren mit ihren Freuden-
mädchen und die neuen Erscheinungen.

Die Künstler- und Kunstgeschichten hängen mit den Ten-
denznovellen zusammen, die vielleicht ursprünglich eine Reaktion gegen unsere fratzenhaft gewordne Erzählung bildeten.
[...]

68 *Geschichte der deutschen Literatur.* III. Bd. Stuttgart: Hallber-
ger 1840, S. 407; IV. Bd. Ebda, S. 167.

[...] Ein langer Aufenthalt [Goethes] in Karlsbad 1807 war
gesegnet durch viele kleine Novellen, um die dann später das
etwas spröde rauschende Band der *Wanderjahre* geschlungen
wird. Dazu drängen sich auch die *Wahlverwandtschaften*, die
zuerst nur in kleinerer Gestalt an's Licht wollten. Davon haben sie auch jetzt noch den Charakter der Novelle, wie ihn die
jetzige Zeit definirt, als einer Begebenheit, eines Ereignisses,
einer Schilderung, die sich um ein hervorstechendes Moment
gruppirt, und wobei nicht wie beim Romane eine weit umgrei-
fende Entwickelung beabsichtigt ist. [...]

[...] Die Novellen Sternbergs sind eben nur darin bedeutend,
daß sie große Themata mit Kunst anschlagen, und eine Zeit
lang mit Virtuosität fortführen. Sie sind eben darin zum Unterschiede vom Romane Novellen, daß ihnen dem Stoffe und
der Idee nach eine volle Erledigung aller Konsequenzen des
Themas versagt ist, und sie sind auch da immer am Gelungensten, wo der Autor sich eines förmlichen Abschlusses begibt,
und damit in jenem Punkte endigt, welcher für eine poetisch
unfertige Zeit der einstweilige wirkliche Endpunkt ist. Wir sehen immer ein trockenes Mißlingen, wo ein dogmatisches Streben darüber hinausgeht in poetischer Form. Was einer ganzen
Geschichtsentwickelung obliegt, kann nicht einer einzelnen
künstlerischen Produktion als unerläßliche Lösung zukommen.
Glücklichen Taktes hat sich auch die neue Zeit darum so vorzugsweise die Novellenform aufgesucht, die, ihrer alten Bedeutung entsprechend, wo sie einen vereinzelten Vorfall darstellte, jetzt eine unausgemachte Situation innerer und äußerer
Ereignisse darstellen soll. Denn wie viel Unterscheidungszeichen
auch aufgesucht worden sind, sie kamen entweder darauf hin-

aus, daß der Roman mehr ein größeres, in sich vollendetes Gemälde, eine vollständige Entwickelung zu geben habe, oder sie verirrten sich in Nebenkennzeichen. Eine durchgreifende Bestimmung ist noch nicht gegeben worden. [...]

EDUARD VON BÜLOW

69 *Vorrede des Verfassers.* In: E. v. B., Das Novellenbuch; oder Hundert Novellen nach alten italienischen, spanischen, französischen, lateinischen, englischen und deutschen bearbeitet. I. Theil. Leipzig: Brockhaus 1834, S. XXV.

[...] Eine angenehme Überraschung würde ich empfinden, wenn diese meine Novellensammlung dazu beitrüge, über das eigentliche Wesen und den Begriff der Novelle klarere und festere Ansichten zu verbreiten, als die seither anscheinend allgemein bestehenden, und unter den beliebten sogenannten Novellisten unserer Tage und Stunden die falschgültige Meinung zu beseitigen, als dürfe man sich für berechtigt halten, jedwede breit vorgetragene Erzählung eine Novelle zu benennen. Von den Urhebern unserer neuen ungleich vollendeter als jene alten Novellen sich erweisenden, wenn auch ursprünglich an ihnen erwachsenen Kunstschöpfung dieses Namens abgesehen, erinnere ich mich keines einzigen Dichters untergeordneterer Größe, außer Heinrichs von Kleist, der Novellen im Geiste der alten mit klarem Bewußtsein geschrieben hätte. Einzelne Producte, die diesen Namen verdienen, finden sich wohl bei Einigen, wie bei Wilhelm Müller, Immermann u. A. vor; geplündert hingegen wurden die alten Novellisten in neuester Zeit mannichfalt und zwar auf eine sehr grobe Art. [...]

KARL GUTZKOW

70 *David Russa, Drillinge* [Rezension]. In: Phönix. Frühlings-Zeitung für Deutschland. Frankfurt/Main: Sauerländer 1835. Nr 54. Literatur-Blatt Nr 9 (4. März), S. 215f.

Sehr wünschenswerth wäre es, wenn unsre Unterhaltungsschriftsteller sich von der Novelle entfernen wollten und Erzählungen, Anekdoten, poetische Kleinigkeiten und ähnliche minder vornehm angekündigte Produkte schrieben. Das novellistische Gewand soll Alles entschuldigen. Es ist wahr, daß die Novelle weit mehr dramatische, als epische Elemente in sich schließt, daß sie skizzirt und den Hintergrund unausgeführt läßt; allein durch diese Eigenheiten der Gattung glauben sich die Autoren berechtigt, ungefähre Erfindungen, einige Charaktere und Situationen zusammenzuwürfeln, wenn sie nur einen Anfang haben und leidlich geschlossen werden können. Da werden denn viel Worte gewechselt, und Unwesentliches wird unnütz in die Länge gezogen, und ein plötzlicher Coup muß zuletzt ein abschüssiges Ende herbeiführen. Das ist sehr arg. Denn die Folge dieser Behandlung ist Erfindungsleere, und große Ähnlichkeit in den behandelten Stoffen. Man lasse den vornehmen Namen Novelle nirgends mehr zu, spreche ihn allen diesen Produkten ab, und dringe darauf, daß der Name: Erzählung wieder zu Ehren kömmt; denn diesen kann man nicht aussprechen, ohne an eine besondere, motivirte, anekdotenartige Geschichte zu denken, an eine Erfindung, welche spannt und von Anfang bis zu Ende Zusammenhang hat. Da setzen die Novellisten immer zusammen; lauter Synthese, lauter Situation, Personen, welche oft sogar typische sind, und will man vom Ganzen einen Rest behalten, so ist keine Handlung und keine Anekdote darin. Es wäre gar nothwendig, daß alle unsre Autoren gehalten würden, nicht mit einer Scene, mit Gespräch oder Malerei ihre sogenannten Novellen zu beginnen, sondern einfach: Es war einmal – dann wüßte man doch, daß etwas Reelles, eine Combination, ein wirkliches Erzeugniß folgen muß. So aber, wie z. B. auch Herr Russa verfährt, resultirt nur Langeweile und Einförmigkeit. Er nennt seine drei hier gelieferten (Bildung des Styls, Klarheit der Anschauung und Rundung in dem, was objektiv sein muß, verrathenden) Produkte zwar Erzählungen, aber das sind sie nicht, sondern Novellen in dem hergebrachten Sinn unserer Tagesliteratur, wo man nichts für leichter hält, als eine sogenannte Novelle zusammenzustellen. Die Erfindung ist ganz arm und ähnelt sich auffallend in allen drei Novellen. Weitläuftige Gespräche vertreten die Stelle der Motive. Wenn Thüren aufgehen, wenn plötzlich dieser oder jener Major, Geheimerath, oder eine sonstige Comödienpuppe hereintritt, so soll das Handlung sein. O nein; beginnt künftig alle und Alles mit: Es war einmal – und augenblicklich werdet Ihr fühlen, daß zu einer anziehenden Erfindung mehr gehört, als Gespräche, Situationen und Thüraufgehen. [...]

71 *Vom Baum der Erkenntniß. Denksprüche* [ED: 1868]. 2. Auflage. Stuttgart: Cotta 1869, S. 209–211.

Roman nennt man die Entwicklung von Menschenschicksalen durch Bedingungen universeller Natur. Solche Bedingungen sind die Geschichte, die Sitten eines Landes, die Sitten einer Zeit, die Stimmungen einer Zeit, die Voraussetzungen der Religion, der Philosophie, der Kunst oder eines ganzen Standes, einer Familie. Die Novelle ist die Entwicklung von Menschenschicksalen durch Bedingungen partikulärer Natur. Hier steht der Geschichte die Chronik gegenüber, den Sitten des Landes die Sitten eines Orts, den Sitten einer Zeit einzelne Moden, den Stimmungen einer Zeit eine akute Krankheit derselben, den Voraussetzungen der allgemeinen Wissenschaft irgend etwas Besonderes an ihnen, z. B. aus dem Gelehrten- oder Künstlerleben. Die Novelle beruht, was das Schicksal und die Führung unseres Erdenlebens anlangt, auf dem Zufall. Die Laune des Zufalls ist ihre wesentliche Triebfeder und, mechanisch gesprochen, ihre Unruhe. Es kann nur Kunstromane geben, es gibt Künstlernovellen. Es gibt Sittenromane, aber es gibt nur Dorfnovellen. Die einfache „Erzählung", um auch diese dritte Gattung zu erwähnen, ist die Entwicklung von Menschenschicksalen durch die Bedingungen ihrer selbst. Sie schließt die Nebenbedingung, irgend etwas Universelles oder noch etwas Particuläres besonders zur Anschauung zu bringen, aus. Sie beruht auf ihren eigenen Voraussetzungen und nähert sich deßhalb am meisten dem Drama. Aus Romanen und Novellen ein Drama zu schaffen, ist gefährlich und beinahe unmöglich. Die Erzählung aber ist schon an und für sich selbst ein objektiv berichtetes Drama. Der Roman und die Novelle stehen höher als die Erzählung, denn sie lassen keine andere als eine künstlerische Leistung zu, während die Erzählung nur die Merkmale der Glaubwürdigkeit und Folgerichtigkeit an sich zu tragen hat. Vorzugsweise die schwierigste Form ist die Novelle. Da in ihr der Zufall nicht blind walten darf, sondern nur das als Zufall den betheiligten handelnden Personen zu erscheinen hat, was im höheren Sinne doch Verhängniß ist, so kann ihre Aufgabe nur durch Humor gelöst werden, diese höchste Gabe des dichterischen Schaffens, die selbst bedeutenden Dichtern nur spärlich verliehen war.

Wer Novellen schreiben will, muß zuvörderst die Anschauung irgend einer anekdotisch auffallenden Widersinnigkeit haben, einer erschütternden Zufallsbegegnung im ernsten Genre, einer anmuthig-komischen im heitern. Um dies Faktum herum ist dann der Faden der Entwicklung anzulegen und das im Zusammenhang Sinnige aus dem vereinzelt Widersinnigen einschmeichelnd und überzeugend darzustellen. Ohne Zweifel hat Tieck seine Novellen so gearbeitet.

EDUARD DULLER

72 *Ludwig Tiecks gesammelte Novellen* [Rezension]. In: Phönix. Frühlings-Zeitung für Deutschland. 1835. Nr 246. Literatur-Blatt Nr 41 (17. October), S. 983.

Die Novelle ist das Territorium, auf welchem Tieck, nach so vielen Abentheuern im Reiche der Romantik, sich häuslich niedergelassen hat. Was ein Novellendichter braucht, steht ihm, wie wenigen, zu Gebote, nur besitzt er etwas obendrein, was ein Novellendichter nicht haben sollte, – die Gabe der Salbaderei. So oft er sich dieser entäußert, so oft er in der Novelle erstens die Fiérté: „Er verstehe, wie man Novellen macht, und zeige es den Leuten,“ niederdrückt, so oft er sich zweitens von den materiellen Interessen und Kämpfen der Gegenwart nicht verleiten läßt, die Schiedsrichterstimme in den Sturm hineintönen zu lassen, liefert er vortreffliche Novellen und beweist, wie hoch die ächte, wahre Novellenpoesie über allem Plunder der Tagesmode steht. Aber Tieck hat an der reinen Freude des Schaffens kein Genüge, er gibt sich das Ansehen eines Mannes, der alles weiß und über alles mitzusprechen befugt ist. Man begreift in der That nicht, wie es möglich ist, daß sich die Vorstellungen eines Mannes, wie Tieck, der so viel erfahren, so viele verschiedenartige Stadien der Völker- und der Culturgeschichte erlebt hat, so arg verwirren können, daß er alles, was aus neuen Zuständen und Ideen gerade auf ihn nicht behaglich einwirkt, wie Hexen-Ragout in einen Topf zusammenwirft, Literatur und Politik, Menschheit und Persönlichkeiten. [...]

Franz Grillparzer

73 [*Tagebuchnotizen*]. In: F. G., Sämtliche Werke. Hg. von P. Frank
u. K. Pörnbacher. III. Bd: Satiren [...] Studien und Aufsätze.
München: Hanser 1964, S. 291f.

[1837. *Tagebuch* 3281] Die Novelle ist das Herabneigen der Poesie zur Prosa, der Roman das Hinaufstreben der Prosa zur Poesie. Weiter zu entwickeln.

[1839. *Tagebuch* 3476] Unterschied von Roman und Novelle. Die Novelle ist das erste Herabneigen der Poesie zur Prosa; der Roman das Hinaufsteigen der Prosa zur Poesie. Jede gute Novelle kann man in Verse bringen, sie ist eigentlich ein unausgeführtes poetisches Sujet; ein versifizierter Roman wäre ein Unding. Daher im Roman die Begebenheiten vielfach vermittelt, in der Novelle positiv auftretend, so daß in ersterm die Ursachen vorherrschen, im zweiten die Wirkungen. Der Roman psychologisch, die Novelle psychopathisch; der Roman, wie schon Goethe bemerkt hat, retardierend, die Novelle fortschreitend.

[1855. *Tagebuch* 4119] Der wesentliche Unterschied der Novelle vom Drama besteht darin, daß die Novelle eine gedachte Möglichkeit, das Drama aber eine gedachte Wirklichkeit ist. (für Bauernfeld)

Friedrich Hebbel

74 *Tagebuch vom 10. Februar 1838*. In: F. H., Sämtliche Werke. Historisch-kritische Ausgabe besorgt von R. M. Werner [Abgek.: HSW]. II. Abt.: Tagebücher. I. Bd: 1835–1839. Berlin: Behr 1903, Nr 982, S. 212.

Die einzige Spannung, die Tieck in seinen Novellen zu erregen sucht, wurzelt darin, daß man fühlt: die Menschen können nicht so bleiben, wie sie sind, deswegen betrachtet man auch alle Situationen, die anderswo die ganze Aufmerksamkeit in Anspruch nehmen, nur als Hebel und Schrauben, welche die innere Catastrophe herbei führen sollen. Ich glaube, Tieck theilt dem Roman die gewordenen, der Novelle die werdenden Charactere zu.

75 *Brief an E. Rousseau vom 3. April 1838.* In: Ebda, Nr 1057, S. 230.

Tiecks Novellen sind eigentlich durchaus didactischer Art, aber es ist bewunderungswürdig, wie sehr bei ihm Alles, was Anderen unter den Händen zu frostigem Räsonnement gefriert, in den farbigsten Lebens-Kristallen aufschießt. Auch das ist ihm ganz eigenthümlich, daß er Nichts zusammen bringt, was nicht unbedingt zusammen gehört, was nicht zusammen kommen müßte, wenn es sich in seiner echten Wesenheit, in seiner Bedeutung für die Menschenwelt, entwickeln soll. Und diese Prädestination, wie ich's nennen mögte, die man bei so äußerst Wenigen findet und die sich auch so leicht mit dem facit verwechseln läßt, das immer entsteht, wenn gut ersonnene Situationen und wohl gezeichnete Charactere sich an einander reiben, ist nur bei einer gränzenlos freien Übersicht, bei dem reinsten und ruhigsten Walten möglich. Dennoch mögte ich (wenn ich mich selbst verstehe) dieser Art der Novelle nicht den Preis zuerkennen, obwohl ich sie, was einem Widerspruch ähnlich sieht, für die schwierigere halte. Sie commentirt die Natur eigentlich mehr, als sie meines Erachtens soll und darf. Die höchste Wirkung der Kunst tritt nur dann ein, wenn sie nicht fertig wird; ein Geheimniß muß immer übrig bleiben und läge das Geheimniß auch nur in der dunkeln Kraft des entziffernden Worts. Im Lyrischen ist das offenbar; was ist eine Romanze, ein Gedicht, wenn es nicht unermeßlich ist, wenn nicht aus jeder Auflösung des Räthsels ein neues Räthsel hervor geht? Eben deshalb gehört ja das Didactische, das „beschränkte Sittliche" nicht hinein, weil es in der Idee den Widerstreit ausschließt, weil es Nichts gebären kann, als sich selbst. Aber auch in der Novelle und Erzählung finde ich zu viel Licht bedenklich und gebe darum Kleists Arbeiten und Tiecks eigenen früheren den Vorzug.

76 *Vorwort.* Hamburg, Ostern 1841 [Erster Entwurf für eine geplante Sammlung der – schließlich im ED 1855 genannten – *Erzählungen und Novellen.* Hier führt sie den Titel: *Niederländische Gemälde*]. In: HSW. I. Abt. 2. Aufl. VIII. Bd: Novellen und Erzählungen [...] Pläne und Stoffe. 1904, S. 417–419.

Man erlaube mir bei Gelegenheit der wenigen Novellen, Erzählungen u. s. w., die ich jetzt der Öffentlichkeit übergebe, meine

Confession über die Gattung. Ich habe ihnen den Titel: *niederländische Gemälde!* vorgesetzt. Dadurch wollte ich andeuten, daß sie aus dem Leben, und zwar großentheils aus dem Leben der niederen Stände geschöpft sind. Nicht so, als ob ich wirkliche Vorgänge copirt, oder auch nur zu Grunde gelegt hätte, aber doch so, daß ich mich nach dem Vorbild der alten, stylkeuschen Meister alles dessen streng enthielt, was man in neuerer Zeit unter Dialectik verstehen gelernt hat, daß ich also den Gehalt ausschließlich in die Erfindung und Charakterzeichnung, nicht aber in das Raisonnement, oder gar in die Beschreibung zu legen mich bestrebte.

Ich bin der unerschütterlichen Überzeugung, daß die wahren Kunstformen eben so nothwendig, eben so heilig und unveränderlich sind, wie die Naturformen. Sie können, wie in der physischen Welt mit der Umbildung des Erdkörpers ganze Geschlechter der Lebendigen ausstarben, allerdings aufhören, dem Schöpfungs- und Schönheitsbedürfniß der Zeiten zu entsprechen, aber sie können nicht ohne Lebensgefahr aus einander gezerrt, nicht verengert und erweitert werden. Wie wäre es auch möglich, daß in einer Form das Vollkommene erreicht, und daß dennoch diese Form selbst eine noch unvollkommene, eine nicht abgeschlossene, wäre! Den elementarischen Unterschied der bei den verschiedenen Völkern in den verschiedenen Jahrhunderten und Individuen aufschießenden Kunstkristalle, aus dem, wie aus der Wellenbrechung des Oceans, eben die unerschöpfliche Mannigfaltigkeit der Einheit hervor geht, werde ich nie in Abrede stellen, aber ich werde eben so wenig zugeben, daß das Blut auch außerhalb der Adern circuliren könne, daß ein Kreis, den man so weit aufsprengt, daß er bequem das Universum umschließt, noch ein Kreis bleibt. Die Welt ist eine Zwiebel, die nur aus Häuten besteht, und die Kunst soll ihr gleichen.

Das Christenthum war die Wiedergeburt der Individualität. Die Individualität macht sich seitdem aller Orten etwas breit; wie sollte sie sich in der Kunst anders geberden? Das Drama, selbst das Shakespearsche, gehört ihr fast ganz. Die Lyrik ist uns ohne sie kaum noch denkbar. Das Epos ist verkümmert und mußte verkümmern; wenn ein zweiter Homer geboren würde, so trüge die Erde einen Unglücklichen mehr, aber wir würden keine zweite Iliade bekommen. Doch, das Epos hinterließ Söhne und Töchter: Roman, Ballade, Novelle. Auch dieser Formen, der einzigen, welche noch zur Erschöpfung und Darstellung ihres großen Gegensatzes übrig blieben, droht die Individualität, sich zu bemächtigen; man sollte sie daraus entfernt halten! Der Roman sollte, wie einst das Epos, obwohl ziemlich ungeschickt durch die Göttermaschinerie, statt des Geleiteten das höchste Leitende veranschaulichen. Die Ballade sollte immer von dem geheimnißvollen Hauch erfüllt seyn, der die echte Tragödie durchweht. Die Novelle namentlich sollte, statt der Herzens- und Geisteszerfaserungen, worin sie sich mehr und mehr zu gefallen anfängt, die Begebenheit, die neue, unerhörte, bringen und das aus dieser entspringende neue, unerhörte Verhältniß. Natürlich wird hier unter Roman nicht jenes Ding verstanden, das ich nur als das Ding von drei Bänden zu definiren wüßte; unter Ballade kein Drehorgelstück, unter Novelle nicht das entsetzliche Jelängerjelieber der Taschenbücher.

Es wird bei den Neueren mehr gezeichnet, als gemalt. Gilt dieß im Allgemeinen, so gilt es, wie ich wohl weiß, ganz vorzüglich von den Productionen, die ich jetzt dem Publicum vorlege. Sie sind mir seit der Zeit, daß sie entstanden, fremd genug geworden, um mir selbst ein objectives Urtheil zuzulassen. Schärfe der Umrisse und Treue des Colorits war mir die Hauptsache; ich berücksichtigte es noch zu wenig, daß, wenn die Kunst auch allerdings auf der Wahrheit ruht, die Wahrheit doch keineswegs ihr letztes Ziel ist, sondern nur der durch den ersten Proceß gewonnene edlere Stoff, der sie in seiner Herbheit und Derbheit vernichten, und zur Schönheit, zum harmonischen Ineinanderaufgehen der sich gegenseitig bekämpfenden spröden Elemente klären und läutern soll. Wenn ich daher im Vorstehenden die Grundbedingung aller Novellen-Dichtung in Erinnerung brachte, so wollte ich nicht etwa indirect andeuten, daß ich ihr genügt zu haben glaubte. Wer den Boccaccio so hoch verehrt, wie ich, der ist gegen Gedanken so vermessener Art geschützt. [...]

77 *Vorwort.* Paris, 14. Juli 1844 [Zweiter Entwurf (wie oben). Hier der Titel: *Erzählungen*]. In: Ebda, S. 420f.

Die erzählenden Dichtungen, die hier erscheinen, sind sämmtlich vor längerer Zeit, zum Theil vor acht bis neun Jahren, geschrieben worden. Ich bemerke dieß, nicht, um die Kritik nachsichtig gegen sie zu stimmen, denn künstlerische Productionen können der Nachsicht nie zugleich würdig und bedürftig seyn, und wer wird veröffentlichen, was er nicht vertreten zu können glaubt. Ich bemerke es nur, damit ein zurückgelegtes Stadium meiner schriftstellerischen Entwickelung nicht für ein erst zurück zu legendes gehalten werden möge. Wenn ich übrigens Novellen im alten Styl bringe, solche, die durchaus nur auf die neue, unerhörte Begebenheit und das aus dieser entspringende neue, unerhörte Verhältniß des Menschen zu Leben und Welt gebaut sind, statt auf Herzens- und Geistes-Zerfaserungen, so sehe man hierin die thatsächliche Darlegung meiner Überzeugung, daß die Novelle keinen Fortschritt machte, als sie, sich scheinbar erweiternd, den geschlossenen Ring ihrer Form durchbrach und sich wieder in ihre Elemente auflöste. Die Kunstformen sind Organismen, wie die Lebensformen, sie können, wie in der physischen Welt mit der Umbildung des Erdkörpers ganze Geschlechter der Lebendigen ausstarben, allerdings aufhören, dem Schöpfungs- und Schönheits-Bedürfniß der Zeiten zu entsprechen, aber sie können nicht ohne Lebensgefahr verengert und aus einander gezerrt werden, denn in keinem Organismus tritt, dem ihn ablösenden Höheren gegenüber, in dem der Lebens- und Werde-Proceß fortgesetzt und gesteigert werden soll, der Sättigungs- und Indifferenz-Punct ohne innere Nothwendigkeit ein, wenn man freilich auch in jedem noch eine Seite aufzeigen kann, die, den Thier-Ansätzen in der Pflanze ähnlich, weiter zu deuten scheint. Diese Erklärung entschuldige die principielle Verworrenheit der Zeit, die es zuläßt, daß ein und derselbe Kopf wegen einer und derselben Hervorbringung hier gekrönt und dort abgeschlagen wird. Sie will Niemand in seiner Methode stören, sie will nur die eigene motiviren.

78 *Tieck* [ED in: F. H., Neue Gedichte. 1848]. In: HSW. I. Abt.
2. Aufl. VII. Bd: Gedichte III. Nachlese. 1904, S. 228.

[...] In der Novelle dagegen vermag ich Dich nicht zu bewundern, / Diese reizende Form hast Du erweiternd zerstört.

79 *Brief an Saint René Taillandier vom 9. August 1852.* In: HSW.
III. Abt.: Briefe. VIII. Bd: Nachträge [...]. 1907, Nr 922, S. 37.

[...] Seit meinem ersten Auftreten bis auf den gegenwärtigen
Tag habe ich hin und wieder auch eine Novelle geschrieben, jedoch ganz im Style der alten Meister, die nicht in weitläuftige
Herzens- und Geistes-Zerfaserungen ihr Verdienst setzten, sondern in die neue, unerhörte Begebenheit und den dadurch bedingten Character. [...]

80 *Brief an Arnold Schloenbach vom 10. März 1855.* In: HSW. III.
Abt.: Briefe. V. Bd: 1852–1856. 1906, Nr 490, S. 216.

[...] Ihre Novellen haben schönes Detail in der Ausführung,
aber sie sind schwach in der Erfindung, und die Erfindung, die
neue, unerhörte Begebenheit, welche dem Character plötzlich
eine eben so neue und unerhörte Seite entlockt, ist und bleibt in
der Novelle die Hauptsache. [...]

81 *Brief an Friedrich Uechtritz vom 25. Juli 1855.* In: Ebda, Nr
509, S. 253.

[...] Nächstens werden meine Erzählungen und Novellen, um
deren Sammlung ich längst ersucht wurde, die Presse verlassen;
ich erwarte sie hier jeden Tag. Es sind das äußerst knappe,
concise Productionen, die aus sehr verschiedenen Zeiten stam-
men, aber darin übereinstimmen, daß der Accent ausschließlich
auf Character und Situation gelegt ist, denn die Mischlinge, die
zwischen Roman und Novelle hin und her schwanken und in
denen Tiecks Alter sich so gefiel, habe ich nie gebilligt und es
in meinen Epigrammen auch ausgesprochen. [...]

82 *Brief an Adolph Pichler vom 30. Dezember 1855.* In: Ebda, Nr
530, S. 291.

[...] Von mir sind zwei Bücher erschienen: Novellen und eine
Tragödie. Die Novellen werden schwerlich gefallen, können es
auch nicht wohl in einer Zeit, die sogar den Begriff der Gattung
verloren hat. [...]

83 *Brief an Friedrich Uechtritz vom 12. April 1856.* In: Ebda, Nr
534, S. 302–304.

[...] Für die Novellen nehme ich keine weitere Anerkennung
in Anspruch, als daß es lebendige Organismen sind. In dieser

Beziehung stehen sie vielleicht hinter meinen übrigen Arbeiten nicht zurück; in jeder anderen kommen sie nicht in Betracht, denn sie gingen meinen Haupt-Aufgaben entweder voraus, wie z. B. die *Anna*, oder sie liefen nur so nebenher. Der Sammlung als Sammlung dürfte es vornämlich schaden, daß sie nicht auch eine Novelle aus meiner letzten Zeit enthält. Außerordentlich gern hätte ich eine hinzu gefügt, auch hatte ich seit Jahren einen, wenn ich nicht irre, reizenden und tiefsinnigen Gedanken, aber er wollte nicht zum Ausdruck kommen und ich mußte das Buch, an welchem aus diesem Grunde sehr langsam gedruckt wurde, am Ende schließen lassen. Ich schob das auf Mangel an Stimmung und auf äußere Umstände; es lag aber viel tiefer. Wenn ich jemals das Mysterium der Form kennen gelernt und erfahren habe, daß sie das Element in demselben Maaße verwandelt, wie sie es bindet, so war es bei dieser Gelegenheit. Ich hatte es nämlich, ohne es zu ahnen, mit dem Keim einer meiner umfassendsten Productionen zu thun gehabt und einen Eichbaum für ein Topf-Gewächs gehalten. Das ist nun die, welche mich seither in Athem gehalten und beschäftigt hat. Sie hat mich in einen mir bis dahin völlig fremden Kreis hinein gezogen und mir fast alle Probleme der modernen Welt, an denen ich mich schon früher abquälte, wieder vorgelegt. Aber mir ist dabei zu Muth, als ob ich inzwischen gestorben und von einem lichteren Stern zurück gekehrt wäre, um sie etwas besser zu lösen. Ich zweifle freilich nicht, daß ich mein Werk, welches jetzt in's Stocken geräth, nächstens mit nüchterneren Augen betrachten werde; dennoch hoffe ich, es Ihnen bei'm Abschluß mit einigem Vertrauen übersenden zu können.

Jetzt habe ich auch Tiecks Leben von Köpke gelesen [...] Ich habe mir in Folge seines Buchs die neue Ausgabe von Tiecks Novellen angeschafft, und obgleich ich die alte Form der Novelle noch immer vorziehe, und die Tieckschen Arbeiten noch obendrein gar oft ein gewisses dilettantisches Drüberhinfahren characterisirt, so kann doch Einiges davon den Kampf mit den Jahrhunderten ruhig aufnehmen! [...]

84 *Deutschlands jüngste Literatur- und Culturepoche. Charakteristi-*
ken. Leipzig: Engelmann 1839, S. 182f., 373–377.

[...] Alles nahm eine Taschenbuchnatur an und die Form der
Novelle wurde übermächtig. Tieck erweiterte ihren Wirkungs-
kreis und gab ihr die Anwartschaft auf das Amt, Kunst- und
Literaturfragen abzuhandeln. Seine Novellen sind kleine Meisterstücke in ihrer Art, aber so wenig wie Miniatur-Statuen dazu geeignet, zu imponiren und im Pantheon unserer Literatur
eine maßgebende, überragende Rolle zu spielen. Sie verhalten
sich zum Romane wie das Lied zum Epos und Drama, nur mit
dem Unterschiede, daß das Lied viel selbstständiger dasteht,
als die Novelle, die mehr eine erweiterte Anekdote, die Erzählung einer einzelnen Begebenheit ist, oder ein auf seine einfachsten Ein- und Ausgänge reducirter Roman. Dies fühlte Cervantes wohl, der seine Novellen, ihres geringen Umfanges wegen,
als Episoden in seinen *Don Quixote* eingeflochten hat, obgleich
man freilich zugeben muß, daß die Tieck'sche Novelle an gei-
stigem Inhalt zu hoch angewachsen, ja fast eine ganz andere
Gattung ist, als daß sie nicht eine Vergleichung mit den in ihrer
Art wieder viel liebenswürdigeren und poetischeren Novellen
des Cervantes übel nehmen sollte. Jedenfalls spiegelt sich in
dieser Gattung der Novelle die Schwächlichkeit einer Literaturperiode ab, welche darüber ganz außer sich gerieth, daß sie es,
ohne ein Epos, ein Drama, ja nur einen Roman von mustergül-
tigem Werth und eine Lücke in der Nationalliteratur ausfüllen-
dem Inhalte erzeugt zu haben, bis zu dieser kleinen Hügelfor-
mation von meisterlich geschriebenen Dichter- und Künstlernovellen gebracht hatte. [...]

————

[...] Über diesen Tendenzromanen und Zwecknovellen liegt
immerdar eine gewisse Trübe und Unbehaglichkeit, welche den
freien und frohen Genuß stören. Das jetzt allgemein gewordene
bloße Kritteln und Mäkeln, das Hin- und Wiederreden, das
Ironisiren, Persiffliren und sich gegenseitig lächerlich Machen,
findet zum Theil seine erste und letzte Ursach in dieser Gattung
des Romans und der Novelle, die unschuldiger aussieht als sie
ist. Welche erstaunenswürdigen Phasen und Stufen mußte die

Novelle der alten Spanier und Italiener überwunden haben, um sich in diese breite und trefflich angelegte Muster-Landstraße der modernen Novelle auszuweiten, wo die Gestalten der neuen europäischen Welt mit Regenschirm und Spazierstock hin und wieder gehen, sich höflichst grüßen, belügen, afterreden, ennuyiren, ironisiren, satyrisiren und über Tod und Leben, Lüge und Wahrheit, Staat und Kirche, Geselligkeit und Ungeselligkeit, Selbstmord und natürliches Absterben die geistreichsten, blitzendsten und treffendsten Gespräche führen! In der Urnovelle laufen die muntern Subjecte leichten Herzens und unbepackten Buckels; in der modernen schleppen sie sich mühsam fort durch die Langweile der Gesellschaft, den Staub der Geschichte, das Kreuzfeuer der Intriguen, die Winkelwirthschaften halb verhehlter, halb kundgegebener Gesinnungen, die Müh- und Armseligkeiten des häuslich bürgerlichen oder adeligen Lebens, bepackt mit einem ganzen Bündel von Raisonnement, Reflexion, Ärger und Unlust, an dem Krückstock der Kritik oder an den Rädern des schleichenden Lebens-, Staats- und Trauerwagens hinschlotternd, ohne rechten Genuß und ohne rechte Herzensfreude. Es ist ein Jammer, wie sich diese männlichen und weiblichen Raisonneurs in unsern Novellen herumzerren, obgleich es gewiß ist, daß sie alle sehr gelehrt, gebildet, philosophisch, elegant, ungemein anständig, zierlich, geist- und bilderreich, parabolisch, symbolisch und hyperbolisch zu raisonniren wissen. Wenn unsere Nachkommen einmal diese modernen Novellen zur Hand nehmen, so werden sie auf der einen Seite glauben müssen: wir, ihre Vorfahren, seien von Tieck's jungem Tischlermeister bis zu desselben Hund Muntsche herab ein Volk gewesen, welches aus lauter Professoren, Pädagogen, Poeten, Kunstkritikern und Musikern bestanden habe, auf der andern Seite werden sie sich nicht verbergen können, daß es kein anderes Volk gegeben habe, welches so, wie das deutsche, von allen bösen Geistern und fixen Ideen menschlicher Unnatur besessen gewesen sei. [...]

So hat sich die Novelle – der raisonnirende und reflectirende Roman ist nur eine Verlängerung von ihr – eine große Peripherie gebildet, von der ihr gedrungener Kern verdeckt wird; sie schwimmt wie ein kleines Dotter in dem breiten Eiweiß des Raisonnements und der Philosophie; sie hat sich ausgeweitet zu einer Fächerpalme mit ausgedehnt hängenden Blättern, die aber zugleich viel von der Stechpalmennatur hat, denn eine Unterlage von feinen ironischen Spitzen, auf denen sie, ein neuer Montezuma, nicht wie auf Rosen, sondern wie auf Kohlen liegt, darf ihr, wenn sie eine echte moderne Novelle sein will, nicht fehlen. Führt man uns auf das Gebiet einer solchen Novelle, so suchen wir nach ihr häufig vergebens; wir fragen uns: wo ist hier die Novelle? – Hier ist Raisonnement, Philosophie, Lebensverzweiflung, Hypochondrie, Kunst, Religion, hegel'sche Weltanschauung, nur nicht die Novelle. Man hat sie dazu umschaffen und ausdehnen wollen, daß sie ein in den kleinsten Raum zusammengezogenes Spiegelbild der formlosen Gegenwart darstelle, und von einer innerlichen Ausdehnung in die Unendlichkeit nicht der Thatsache und des Raumes, sondern des Gedankens und der Zeittiefe selbst sei. Der ganze subjective Leib des Verfassers darf sich darin abdrücken und die gesammte raisonnirfertige Zeit mit ihren Schwächlichkeiten, Unerheblichkeiten und Lächerlichkeiten darin verarbeitet werden als rechtmäßiger Nachdruck, so daß die Tagesgeschichte vor der Weltgeschichte einschrumpft, die einzelnen Menschenleben gesammte Geschlechtslebenheiten repräsentiren sollen, das einzelne Geschlecht wiederum von der gesammten Gattung und das Spezielle von der Spezies verdrängt wird. Daß sich auf diese Weise in einem so kleinen Raum nur eine unbehagliche und unerfreuliche Mißform, keine Kunstform erzeugen kann, scheint mir außer Zweifel zu sein. Ein reines Kunstwerk darf nichts weiter beabsichtigen, als sich selbst; es ist sein eigener Endzweck; wer eine Statue bildet, darf nur an diese denken und daß sich ihre Theile mit dem Ganzen harmonisch verbinden und vollenden. Man kann der modernen Novelle, wie sie sich jetzt herausgebildet, nur einen ihr eigenthümlichen Werth zugestehen, sonst aber sagen, daß sie mehr eine Abart als eine Art der Kunst darstelle. Auf das Strenge, Edle, Erhabene und Ideale muß sie von vornherein Verzicht leisten.

Es ist wahr, Tieck hat in dieser von ihm mit Vorliebe angebauten und von einer Unzahl Schriftsteller nachgeahmten raisonnirenden Erzählungsform wirkliche Musterbilder geliefert, aber am wenigsten da, wo er es mit der Gegenwart zu thun hat. [...]

Ich tadle hier jedoch nicht die Tieck'sche Art der Novelle an sich, sondern den Mißbrauch, den man mit ihr getrieben hat. Die kleine niedliche Form der Novelle war doch gar zu leicht zu handhaben und so bequem und die Einbildung so stark, daß sie das allein zeitgemäße Genre sei. Was mußte sich nicht der papierne Packesel der Novelle Alles aufbürden lassen, was man zu Markte führen wollte! – Die Schwächlichkeit unsrer Literaturperiode, wenn man nur nach Kunstwerken und selbstständigen Produkzionen fragt, hat mit ihr angefangen und sich bis zu uns fortgesetzt.

Wohin Tieck durch seine eigene Erfindung gerathen ist, sehen wir; er verdarb in der von ihm erfundenen Novelle, wie Phalaris in seinem ehernen Stier. [...]

ERNST FRHR VON FEUCHTERSLEBEN

85 *Die Novelle. Didaskalie* [ED in: E. F. v. F., Beiträge zur Literatur, Kunst- und Lebenstheorie. II. Bd (Lebensblätter). 1841]. In: E. F. v. F.s sämmtliche Werke. Hg. von F. Hebbel. III. Bd. Wien: Gerold 1851, S. 44–56.

„Nur Novellen! Nur Novellen!" Das ist das „panem et circenses" des modernen Publikums; und warum nicht auch der Redaktionen? – Zeitschriften sollen die Zeit aussprechen; und worin spricht sich eine Zeit vornehmlicher aus, als in dem, was sie begehrt? Wenn sich daher Zeitschriften zur Aufgabe setzen, den Wunsch des Publikums nach Novellen zu befriedigen, und bei dieser Gelegenheit die Dichter in dieser Gattung zu üben, so bleibt nichts übrig, als ihnen ein segnendes Glückauf! zuzurufen.

Nun ist es aber uns Deutschen eigen, nichts genießen zu können, was wir nicht, wenigstens nebenher, bedenken; ja, das Bedenken der Genüsse ist uns eigentlich der Genuß der Genüsse. So haben wir mit einer Metaphysik der Sitten begonnen, haben es bis zu einer Metaphysik der Posten (1800) und der Speisen (Rumohr) gebracht, und was wäre nun an einer Metaphysik der Novelle Gewagtes? Aber nein, nicht der Republik des Plato sollen diese Zeilen ähnlich werden, sie sollen kein Ideal, zur Verzweiflung der Redakteure und der Mitarbeiter, hinstellen; sie sollen nur wie Aristoteles, dem vortrefflichsten Vorhandenen etwas praktisch Förderliches abzugewinnen suchen. Leicht ist es, Gesetze zu geben, Systeme zu bauen; Gesetze aus dem Wirklichen herauszulesen ist schwer.

Möchten wir – sage ich mit unserm Ältesten – auf dem empirischen Standpunkte beharren! Möchte dieser Tadel immer über uns auszusprechen sein! denn die Empirie ist das Alpha, – sie ist aber auch das Omega. Von der Anschauung beginnt das Kind, im Labirinth der Begriffe irrt der Jüngling herum, und zur Anschauung kehrt der gewitzigte Mann zurück.

„Die Novelle", sagte Göthe zu Eckermann, „ist eine unerhörte, sich ereignete Begebenheit." – Warum denn unerhört? das liegt weder in der Etymologie des Namens, noch in den ursprünglichen Beispielen. In jener liegt kein anderer Begriff, als der einer Neuigkeit; und mit dieser Vorstellung kommen die ältesten Beispiele, der Italiäner, auf welche wir doch zurückgehen müssen, überein. Eine Neuigkeit muß anziehend sein, sonst lohnt es nicht der Mühe, sie zu erzählen; aber sie darf nicht mährchenhaft sein, sonst glaubt Niemand, daß sie sich ereignet hat. Und in diesem Kreise halten sich in der That die besten der älteren Novellen, die des Bocaccio. Sie sind meist nichts anders, als interessante Combinationen seltener Lebensverhältnisse; gewöhnlich heiterer Art, so daß sie als ausgeführtere oder in einander verschlungene Anekdoten erscheinen. Umfaßt nun diese Art Alles, was wir Modernen, was wir Deutsche, von einer Novelle wünschen, – was wir von ihr fordern? Wir verlangen mehr; wir verlangen, was wir von aller Poesie verlangen, ja von allen menschlichen Werken: Gehalt. Jedes Ereigniß des wirklichen Lebens selbst soll uns nur dann etwas gelten, wenn es uns etwas bedeutet; und das Ereigniß, das der Dichter bringt, sollte nichts bedeuten dürfen? Gewiß, wir haben Recht mit dem Wesen unserer Forderung; sehn wir nur zu, daß wir uns mit ihrer Form nicht täuschen! Wir brüsten uns, über den ehrlichen Bocaccio hinaus zu sein; daß uns der Alte nur nicht zuletzt doch ein Schnippchen schlägt! „Jede Geschichte, jede Dichtung", schrieb die ödipische Rahel, „trägt einen Text in sich; einen Kern, um den sie herumwächst." Wohl! ohne diesen Kern ist sie eine hohle Nuß; aber daß der Kern in ihr verhüllt stecke, nicht nackt und den Bissen der Würmer Preis gegeben, – darin liegt das Wesen der Poesie. Der Philosoph sucht den Sinn des Lebens zu enträthseln, – der Dichter strebt ihn zu verhüllen. Klinge das immerhin paradox! alle Darstellung ist Verhüllung des Geistes in einen Körper; und alle Poesie ist Darstellung, von der Tragödie bis zur Novelle. Eine Erzählung, deren Inhalt man in einen moralischen, psychologischen, politischen, oder was immer für einen Satz concentriren kann, der etwa als Schlußsegen ausgesprochen wird, ja, deren Werth darin besteht, daß man dieß kann, mag vortrefflich gemeint sein, aber poetisch ist sie nicht. Die deutschen Kunstrichter nennen einen solchen Satz: eine Idee, – und wissen sich viel damit. Die wahre Idee einer Geschichte aber ist: Die Geschichte.

Tieck war es vorzüglich, der die Novelle in neuesten Tagen in Deutschland besonders in Aufnahme brachte. Der Ruhm ihres deutschen Nährvaters mag ihm bleiben; *der Geheimniß-volle, die Verlobung, die Gemälde, Dichterleben,* sind Muster der Gattung und werden es immer sein. Indem der ächt deut-sche, geistesdurchdrungene Dichter die eingreifendsten Interes-sen des Lebens der Zeit, des Glaubens, ja des Wissens und der Poesie selbst, in lebendig sich entwickelnden Charakteren und Begebenheiten, symbolisch zu behandeln wußte, erhob er die Novelle auf den Standpunkt, den wir oben bezeichneten; ob er nicht auch zuerst den Abweg, den wir daneben gewahrten, be-trat – ob seine Novellen nicht manchmal nur ein in sich ver-knüpfter, auf einen Mittelpunkt bezogener Dialog mannigfach abgestufter Paare sind?

Göthe hat wohl seine erwähnte, übertriebene Definition nur zu Gunsten jenes seltsamen, vielfach und bedeutend ausge-schmückten, aber seelenlosen Geschöpfes ausgesprochen, das er seine *Novelle* nennt. Es läßt sich von ihr eben nichts anders sa-gen, als daß die Begebenheit, die sie berichtet, unerhört ist. Die Dito-Novelle in den *Wahlverwandtschaften* ist mehr als Spie-gelbild in Bezug zum Ganzen, als für sich bedeutend. Zum Glücke finden sich in den *Unterhaltungen deutscher Ausge-wanderten* und in den *Wanderjahren* Novellen genug, die so anziehend niedlich sind, als es Boccaccio's Zeit, und so bedeu-tend, als es die unsere verlangen mochte; so daß, wenn die Phre-nologen, wie für Alles, auch für die Novelle ein eigenes Organ statuiren sollten, dem umfangreichsten Kopfe auch dieses nicht abzusprechen sein wird.

Um so mehr ist es zu bedauern, daß er seinerseits das außerordentliche Talent Heinrich Kleist's, wie es mir scheint, nicht genug würdigte, von dem es mich drängt, hier einige Worte zu sagen. Abgestoßen, wahrscheinlich von dieses Dichters unglücklicher Richtung, bemerkte Göthe nicht deutlich, daß kein Mensch zu erzählen verstand wie dieser. Ruhig, ja kalt, wie Actenstücke eines Processes kunstreich aneinander gereiht, sich auseinander entfaltend und erklärend, spinnen sich Kleist's Erzählungen vor unseren Augen ab; kurz, bestimmt, unabänderlich, mit eiserner Folgerichtigkeit, wie das Schicksal, schreitet er von tausend Ahnungen umgeben, vorwärts; keine Reflexion unterbricht seine nüchternen Silben, und doch fühlen wir, daß zentnerschwere Betrachtungen in jeder liegen; mit keinem Laute menschlicher Empfindung verräth er ein Herz, das an dem, was er berichtet, theilnimmt, und doch macht er, daß unser Haar sich sträubt, daß unsere Eingeweide sich in uns zu wenden scheinen; alles lebt in seinen Bildern bis auf den kleinsten Zug herab; nirgends Mangel, nirgends Überfluß; das ungeheure Räthsel des Lebens rollt sich, Schlag auf Schlag wie ein unendliches Gewitter vor uns ab, – Licht und Nacht wechseln und verschlingen sich, bis mit dem letzten ferne verhallenden Donner der Tag zurückkehrt, und uns der Rührung, dem Staunen, dem Entzücken überläßt. Noch hat Niemand eine Geschichte so erzählt, wie der *Kohlhaas* erzählt ist, – und wer das Wunder dieses Erzählens nur empfindet, dem ist der Geist der Novelle aufgegangen.

Wenn dieser merkwürdige Dichter sich titanisch schmerzlich darin gefällt, den Bau der Welt bei seinen Spitzen anzufassen, und daran zu rütteln, bis selbst der Grundstein wankt, wenn das Hochtragische, das den Einzelnen, wie ganze Völker, ja das menschliche Geschlecht überwältigt und zu vernichten scheint, aus seinen kühnen, kargen Umrissen, wie eine große Ahnung uns furchtbar anschaut: so weiß der männliche verständige Kruse, indem er das Nächste mit freundlicher Klarheit beleuchtet, uns aufmerksam zu machen, welche Probleme auch in den Zuständen und Verhältnissen liegen, die uns täglich umgeben, die wir, weil sie gewissermaßen zu uns selbst gehören, meist so wenig bemerken als uns selbst. Er versteht uns gelind zu interessiren, indem er uns praktisch fördert.

Wie Kleist das Große, das Ungeheure nackt hinstellt, so über-
kleidet Kruse das Kleine; und was jener durch Umrisse bewirkt,
erreicht dieser durch Farben; so daß dort die dramatische und
hier die epische Manier durchwaltet. Ich weiß nicht, ob man
Novellen, wie *die nordische Freundschaft, das gesetzwidrige
Geheimniß*, gehörig und allgemein genug zu schätzen gewußt
hat.

Mehr oder weniger den von Tieck gebahnten Pfad einschla-
gend, mit mehr oder weniger Innerlichkeit oder Objectivität,
haben Immermann, Posgaru, L. Robert, L. Schefer, die geheim-
nißreichen Tiefen des Gemüthes in Körper und Flächen zu bannen versucht; sie haben bei der Geschichte des innern Menschen
angefragt, und ihre Orakel in Geschichten verkündet. Jede
solche Bestrebung unserer reichen, deutschen Dichterwelt ihrem
Werthe nach zu bezeichnen, wäre die Aufgabe eines Geschicht-
schreibers der Novellistik, was ich hier nicht sein will. Ich habe
auch durch die Erwähnung einiger deutschen Schriftsteller
nicht kritisch über ihr Verdienst, über ihren Rang entscheiden
wollen; ich habe vielmehr nur deßhalb diese Wenigen gewählt,
nur deßhalb diese Wenigen weil sie mir hinzureichen scheinen,
um diese Dichtart zu repräsentiren, – um als Folie zu dienen,
auf welcher eine theoretische Skizze kein Nebelbild mehr
scheint. In die Mitte deutender Betrachtungen sollte ein Lebendiges, ein Körperliches gesetzt werden, das keinem von uns
fremd, manchem lieb, wie ein wahres Eigenthum des Herzens,
ist. So stellt sich der ächte Kunstfreund an den Marmor, an die
Leinwand hin, um Leben am Leben zu entzünden, und mag kein
Wort verlieren, wo der Gegenstand fehlt. Denn alles Reden ist
eitel, das um sich selber schwankt, und die Betrachtung ist ein
Antäus, der stirbt, sobald man ihn vom mütterlichen Boden der
Wirklichkeit losreißt.

Überblicken wir nun prüfend das Vorzügliche, was in diesem
Bezirke geleistet worden ist, so finden wir, daß das Wesen der
Novelle Eins mit dem des modernen Epos: des Romanes, ist,
und daß nichts als die Kürze sie von diesem unterscheidet. So
ganz äußerlich diese Bestimmung auf den ersten Blick auch
scheine, so wird der praktische Kenner doch bald einsehen, wie
viel darin enthalten ist, wenn wir die Novelle als einen kurzen
Roman definiren. Denn, wie die Form überhaupt das Bedin-

gende in allen poetischen Gattungen ist, so liegt auch hier in der Beschränkung des Umfanges mehr als Ein Gesetz.

Es wird sogleich deutlich, daß die Wahl einen Stoff treffen muß, der seiner Natur nach keine Breite verlangt, sonst wird die Novelle ein verkürzter, d. i. ein nicht hinlänglich ausgeführter Roman, welches ganz etwas andres ist, als ein kurzer. Der Roman hat immer etwas Biographisches; er entwickelt, er erzieht den Charakter eines Menschen durch eine Reihe von Begebenheiten; die Novelle entfaltet ihn durch eine Katastrophe; die Katastrophe des Dramas ist gewaltsam, die des Romanes fortlaufend, oder wenigstens erst nach wiederholten Schlägen entscheidend; die der Novelle hält die Mitte, und löst allmählig den einfachen Knoten. Hieraus ergibt sich wohl auch, daß die Novelle nicht gut Episoden leidet, damit das Interesse für die Haupthandlung gespart werden kann. Ein einziges retardirendes Moment bei Einer That reicht in den meisten Fällen hin. Kriminalgeschichten eignen sich deßhalb so besonders für diese Behandlung, und sind von den angeführten Meistern zu den gelungensten ihrer Arbeiten benützt worden. Die angegebenen Eigenschaften sind freilich alle negativ, allein negativ sind alle Gesetze, – positiv ist nur der schaffende Geist, und diesem muß freilich in allen Dingen, also auch in den Künsten des Dichters, das Beste überlassen bleiben. Daß im Kleinen immer schwerer zu wirken ist, als im Großen, daß das Begränzte die Meisterschaft bewährt, und das Unbegränzte nur die Sehnsucht verlockt, zeigt sich auch hier wieder. Bulwer hat Fülle genug, um bändereiche Romane mit dem Reichthume seiner Hoffnungen für die Menschheit auszuschmücken: aber nicht Künstlerschaft genug, um mit concentrirter Kraft im Raume einer kleinen Erzählung siegreich zu bestehen. Selbst der reelle, lebenstüchtige Scott leistet hier nicht, was ihm mit verschwenderisch gegebenen Mitteln des historischen Romanes so leicht wird.

Schon die Wahl oder Erfindung der Fabel erfordert einen mehr als technischen Blick. Es müssen Verhältnisse aufgegriffen werden, die in einem kleinen Umfange ihre Wichtigkeit offenbaren. Dazu muß man Sinn für den Sinn des Lebens haben, und es nicht nach der Elle messen. [...]

Die neueste Schule – wenn man ein frisches, keckes, sich seines Wollens nur im Verneinen bewußtes Streben Schule nennen soll – scheint ähnliche Forderungen an Realität, wie wir sie eben stellten, im Herzen zu tragen: Börne, Heine, Wienbarg, Laube, versuchten es in diesem Sinne sogar mit kühnen, skizzirten Lebensbildern, die sie Novellen nannten. Nur, wie es in unserm lieben Vaterlande nun einmal geht, muß man, wie man die Hand umdreht, vor Extremen warnen. Singen und sagen, was und wie es uns in den Mund kommt, – und das „individuelle Poesie" nennen, damit ist es auch noch nicht gethan; nicht einmal in der Lyrik, viel weniger in der ruhigen, nüchternen Novelle. „Charakter! Leben! Individuum!" Gut! das war auch im Jahre 1776 das Feldgeschrei; das haben wir nie verläugnen wollen; aber ist ein gebildeter Charakter kein Charakter? das Individuelle ist das Lebenselement der Poesie. Aber das Ideale ist ihre Religion. Es muß das Individuelle heiligen. Jenes ist Leib, dieses Seele. Göthe war es, der jenes Feldgeschrei erhob; darin lallen wir ihn nach, – aber daß er, bei reiferer Bildung, zum Begriffe des Stiles gelangte, davon wissen wir nichts; darin ahmen wir ihm nicht nach. Stilisiren aber heißt: den Charakter zur Schönheit, das Individuum zum Gattungssymbole erheben. Fragt den bildenden Künstler, ob er ohne Stil leben will? In aller Kunst aber gilt nur ein Gesetz. Und soll ich nun das Letzte, das Höchste aussprechen, das sich der Novellist bedenken und bewahren mag, so sage ich, daß mir die Aufgabe für ihn wie für jeden Dichter, insofern er Idealität anstreben soll, scheint: „einen an sich möglichen, aber den Bedingungen des jetzigen Weltlebens nach, unmöglichen Zustand, als vorhanden darzustellen." [...]

OSKAR LUDWIG BERNHARD WOLFF

86 *Allgemeine Geschichte des Romans, von dessen Ursprung bis zur neuesten Zeit* [ED: 1841]. 2. vermehrte Ausgabe. Jena: Mauke 1850, S. 19f.

[...] Die Novelle leitet bekanntlich ihren Namen aus dem Italienischen her und bedeutet ursprünglich Nichts als eine gut erzählte Neuigkeit von allgemeinem Interesse, daher eine einzelne in sich abgeschlossene Begebenheit bestimmt und kurz, aber kräftig und lebendig vorgetragen, irgend eine Lehre des Lebens versinnlichend, ohne sie mit klaren Worten auszusprechen, oder wie bei der Fabel sie am Schlusse nachdrücklich mit wenigen Worten hervorhebend. So faßten Boccaz und seine Nachfolger sie auf, die Spanier dehnten sie aber zur Erzählung aus und die Franzosen folgten ihrem Beispiele. In Deutschland hat man nie das ursprüngliche Wesen derselben festgehalten; was wir so nennen, ist ein Zwitter von Erzählung, Novelle und Roman, oft dies Alles zusammen. Ein guter Roman ist Nichts, als eine Reihe geschickt mit einander verknüpfter Novellen, aber eine Reihe zusammenhängender Novellen noch kein guter, wenigstens kein kunstgerechter Roman, wie dies z. B. Steffens *Walseth und Leith* beweist, so viel Vortreffliches dies geistreiche und wirklich durch und durch poetische Buch sonst auch enthalten möge. [...]

GEORG GOTTFRIED GERVINUS

87 *Geschichte der Deutschen Dichtung.* V. Bd [ED: 1842]. 5. Aufl. Hg. von K. Bartsch. Leipzig: Engelmann 1874, S. 774–776.

[...] Ganz entschieden war auch der Rückgang Tieck's von jenen Ausschweifungen, als er nach jahrelangem Schweigen mit seinen Novellen in den 20er Jahren auftrat. Tieck machte mit dieser neuen Gattung ebensowohl Epoche, als er früher mit dem Märchen, in jenem weiten Sinne, gemacht hatte. Beide Gattungen berührten sich ganz eng in jenen romantischen Novellen des Mittelalters, den Legenden, Sagen, Erzählungen, Wundernovellen, die in der Verehrung der Romantiker so hoch standen, die Tieck selbst unter dem Titel von Märchen oder Novellen wiedererzählt hatte. Der charakteristische Unterschied seiner Novellen neuer Periode ist der, daß sie sich in ihren Gegenständen zu der modernen Gesellschaft und Menschheit zurückwenden, daß sie an die Stelle des äußerlichen Wunderbaren die innern Wunder und Räthsel des Seelenlebens und ihre genaue Entwickelung setzen. Nichts könnte besser die Rückkehr von den früheren überschwenglichen Poesien der Romantiker bezeichnen. Cervantes, der sich im Großen gegen die ritterliche romantische Epik setzte, griff zu dieser Gattung und ist das große Beispiel darin auch für Tieck gewesen, und Goethe durfte sich fühlen, mit ihm, ohne ihn zu kennen, hier auf gleichem Wege gewandelt zu sein. Die Novelle in diesem Sinne ward nun die große Gattung des Tages und vertrat die poetische Prosa. Wie vag der Begriff ist, wie verschieden sie sich in den Händen von Goethe und Tieck, von Kleist und Hoffmann, von Tromlitz und Fischer, von Schefer und Hauff ausnimmt, so ist doch eine gemeinsame Beziehung nicht zu verkennen. Die Novelle verhält sich zum Roman wie die poetische Erzählung zum Epos, wie eine vereinzelte Begebenheit zu einer zusammenhängenden Handlung; sie ist wesentlich, wie sie ganz kürzlich Reinbeck noch genannt hat, eine Situation. Insofern ist sie geeignet, der großen Gattung untergeordneter Unterhaltungsdichtung, dem Roman, der sich im Gleise des neueren gesellschaftlichen Lebens bewegt, eine poetische Seite abzugewinnen durch Beschränkung und Absonderung auf einzelne Momente von poetischem Interesse, die sich auch in dem dürftigsten Alltagsleben finden. So verstanden, durfte der einstige Vertreter der romantischen Poesie seinen Rückzug in diese Gattung nehmen, die allerdings der gewöhnlichen Kurrentpoesie der Romanschreiber und Journalisten gefährlich nahe liegt, der Tieck früh und spät feind gewesen ist. Unsere ganze Literatur wandte sich von dem Übermaße der poetischen Ausschweifung zu jener ledernen Alltagsdichtung zurück, welche zwar immer und ununterbrochen neben der höhern Poesie herläuft, aber doch jene Zeit der Clauren, Hell und Kind, der Abend- und Mitternachtblätter besonders reichlich ausfüllt; die Heilung der phantastischen Ophelia in einer der tieck'schen Novellen von der Shakespearomanie und ihre Vermählung mit dem personificirten Ledernen verspottet diesen Abfall; und es ist doppelt bedeutsam, daß der Dichter romantischer Schule der alten Richtung insofern selbst abtrünnig wird, als er in die neue Welt herüberrückt, insofern treu bleibt, als er sich ihr in jener Gattung nähert, in der ein poetisches Element zu behaupten ist. Allerdings ist auch so die Novelle immer ein untergeordneter Dichtungszweig, und Tieck selbst hat im *Phantasus* ganz recht gesagt, er möchte lieber eine Scene in *Wie es euch gefällt* geschrieben haben, als die Novelle erfunden, aus welcher das Lustspiel entsprungen ist. Er scheint selbst das Bedürfniß gefühlt zu haben, ihr mit außerhalb gelegenen Dingen mehr Gewicht zu geben, denn es ist durchgehend, daß sich der Kritiker und Literat in diesen Novellen verräth, daß er halblehrhafte Zugaben über Schauspiel oder Literatur, über Malerei oder Musik u. A. der Erzählung hinzuthut. Dazu verführte Goethe's Beispiel mit, der für Tieck das näherliegende Muster in der Novelle war; er erzählte jetzt in dessen Behaglichkeit und einfachem Humor. [...]

OTTO LANGE

88 *Deutsche Poetik.* Berlin: Plahn 1844, S. 173f.

[...] Die Novelle ist erst in neuerer Zeit zu ihrer gegenwärtigen Gestalt ausgebildet worden. Ursprünglich ist sie eine kleine Erzählung von erotischem Charakter, die in Form eines Bildes und mit sehr lebendiger Darstellung auftritt. Als solche hat sie in Italien, ihrem Geburtslande, vollendete Gestalt erhalten. Mit dem in neuerer Zeit allgemein gewordenen Geschmack für das Lesen der Novellen, nimmt dieses Gedicht ein ausgedehnteres Gebiet ein und tritt dem Roman so nahe, daß zwischen beiden kein eigentlicher Unterschied Statt zu finden scheint. Hohe Begeisterung für Ehre, Glauben, Liebe, Verherrlichung des Leidens ziehen sich durch diese ausgearbeiteten Novellen hindurch, und zuweilen erscheint es, als ob der Romantismus in ihnen gerade seine höchste Höhe erreichen wolle. Wir besitzen von Goethe eine Novelle, die sich von der ausschweifenden Empfindsamkeit und der Übertreibung des Wunderbaren fern hält, ein Gedicht, das in seiner einfachen Form als Maaßstab für das gelten kann, was eine eigentliche Novelle genannt zu werden verdient. Ausgeführtere Gedichte dieser Gattung werden zuweilen mit eigenthümlichen Kunstrichtungen verwebt, so daß diese (Verherrlichung der Musik, der Malerei u. s. w.) die Grundlage für den Verlauf der epischen Erzählung abgeben. In der Weise haben Tieck, Novalis und andere gedichtet. Jedoch entfernen sich diese Darstellungen von dem Begriffe der Novelle. [...]

89 *Die romantische Schule in ihrem inneren Zusammenhange mit Göthe und Schiller*. Braunschweig: Vieweg 1850, S. 196f.

[...] Das Wesen der Novelle besteht darin, daß, während der Roman die Totalität eines ganzen Welt- und Zeitbildes vor uns aufrollt, die Novelle ihrerseits sich auf einen einzelnen, großen oder kleinen, Vorfall beschränkt und diesen nach allen Seiten hin in's hellste Licht setzt. Im Leben des Einzelnen gewinnt aber oft die scheinbare Macht des Zufalls, ein plötzlich und unerwartet eintretendes Ereigniß, mit seinen tief greifenden Folgen eine wahrhaft dämonische Bedeutung. Es verursacht neue überraschende Wendungen und Verknüpfungen von Persönlichkeiten und Verhältnissen, bringt neue Bezüge und Gesichtspunkte, drängt schwankende Richtungen und Stimmungen zu klarer Entscheidung und löst dadurch Irrungen und Verwicklungen nicht selten in einer Weise, die man früher für unmöglich gehalten und hinterdrein doch als die einzig mögliche und vernünftige Lösung anerkennen muß. Die Novelle liebt es vorzugsweise, solche auffallende Wendungen und Umkehrungen, die man mit der Aristotelischen Peripetie vergleichen kann, zum Vorwurf zu nehmen, ja sie unterscheidet sich, wie Tieck im dritten Vorbericht zu seinen Schriften, Band 11, hervorhebt, einzig hiedurch spezifisch von allen anderen Gattungen der Erzählung. In der Tieck'schen Novelle handelt es sich jederzeit, in den mannichfachsten und eigenthümlichsten Wandlungen, um dieses, wenn ich so sagen darf, moderne Schicksal, das in der Form eines zufälligen unerwarteten Ereignisses auftritt. Der Werth jeder einzelnen Novelle hängt zum großen Theil davon ab, ob dieses Wunderbare, dieser Vorfall, dieser Punkt, von welchem aus sich die ganze Geschichte unerwartet und völlig umkehrt, sich natürlich, dem Charakter der Personen und den Umständen und Situationen angemessen und folgerichtig entwickelt oder ob es unmotivirt bleibt und damit als Wunder im schlechten Sinne des Wortes auftritt. Wer wüßte es nicht, daß Tieck hier oft die schwersten und herbsten Rückfälle in seine alte romantische Krankheit erleidet? In einigen Novellen, wie z.B. im *Mondsüchtigen*, im *Alten vom Berge*, im *Hexensabbath* und anderen steigert sich diese dämonische Macht des Zufalls geradezu wieder zu dem fatalistischen Gespensterwesen seiner Mährchen und Jugenddichtungen. Aber im Großen und Ganzen betrachtet, bleibt der Fortschritt Tieck's unermeßlich und in seiner durchgreifenden Wichtigkeit für alle spätere Dichtung unangefochten. [...]

JOSEPH FRHR VON EICHENDORFF

90 *Der deutsche Roman des achtzehnten Jahrhunderts in seinem Verhältniß zum Christentum* [ED: 1851]. In: Sämtliche Werke des Frhrn J. v. E. Historisch-kritische Ausgabe. Begr. von W. Kosch und A. Sauer, fortgef. und hg. von H. Kunisch. Bd VIII: Literarhistorische Schriften. II: Abhandlungen zur Literatur. Hg. von W. Mauser. Regensburg: Habbel 1965, S. 212f.

[...] Es wurde daher aus dem Gesammtleben irgend eine einzelne pikante Scene ausgeschnitten und als Novelle sauber eingerahmt, die sich zum Romane etwa verhält wie das Conversationsstück zur Tragödie, oder das Genrebild zur Historienmalerei. Die Brücke von der Poesie herüber, um mit dieser doch einigermaßen im Zusammenhange zu bleiben, wurde zunächst durch eingeflochtene Kunstraisonnements geschlagen in den zahllosen Maler- und Reisenovellen; jetzt hat auch hier Alles die politische Uniform angelegt. In der Novelle ist der Rückzug vom Romantischen noch augenfälliger als bei dem Geschichtsromane; hier wird die Darstellung schon ganz entschieden aus der Vergangenheit in die allerneueste Gegenwart übersiedelt. Das hat Cervantes, das große Vorbild dieser kleinen Literatur, allerdings auch gethan. Dabei darf indeß nicht übersehen werden, daß die Zeit dieses Dichters eine völlig andere, ein noch sehr starker Nachklang des allmälig versinkenden Ritterthums war; daß man z. B. seine Preciosa heutzutage unfehlbar zu heilsamer Correction in ein Arbeitshaus verweisen würde; und daß Cervantes dennoch mit großem poetischen Verstande hier stets am liebsten, anstatt in die Salons, in das Bettler- und Vagabondenleben hinabgriff, das zu allen Zeiten einen wunderbaren Freistaat bildet. Tieck – denn wir können uns hier überall nur auf die Hervorragendsten einlassen – gilt bei uns mit Recht als der eigentliche Meister dieses Fachs, in den Novellen vornehmlich, die er seit seinem Abfalle von der Romantik, also etwa seit 1823 geschrieben. Allein auch diese Novellen sind fast ohne Ausnahme Zwecknovellen. Irgend ein Einfall, ein Urtheil, eine Kunstansicht, oder auch Grille des Autors soll durch einige Figuren, die untereinander geistreich darüber debattiren, verkörpert und ins rechte Licht gesetzt werden. So ist die Bekehrung der phantastischen *Ophelia* speciell gegen die moderne Shakspearomanie, *Eigensinn und Laune* gegen den Sansculottismus der neuesten Poeten gerichtet; in der *Vittoria Accorombona,* einer anomalen Concession an den momentanen Zeitgeist, ist es auf Verherrlichung des emancipirten Weibes abgesehen, während die meisten andern seiner Novellen eigentlich nur mehr oder minder glücklich dialogisirte Kunstkritiken sind. Das ist aber gerade der umgekehrte Weg der gesunden Dichtung. So unverständig wird freilich wol Niemand sein, die Poesie für ein zweckloses bloßes Spiel der Phantasie zu erklären, das aller beseelenden Grundgedanken entbehren könne. Aber die rechte Poesie fängt niemals damit an, für einen im voraus normirten und zu gelegentlichem Gebrauche in Bereitschaft gehaltenen Gedanken willkürlich erst den passenden Stoff zu suchen; [...] Kein Wunder daher, daß auf dieser abschüssigen Bahn endlich der Poesie, wie es scheint, der Athem ganz ausgegangen, und auch die Novelle zur Novellette eingeschrumpft ist: dem vereinzelten Triller aus dem großen Weltchor. [...]

THEODOR STORM

91 *Brief an Hartmuth Brinkmann vom 22. November 1851.* In: G. Storm, Theodor Storm. Ein Bild seines Lebens. Jugendzeit. 2. Auflage. Berlin: Curtius 1912, S. 199f.

[...] Bei dem Ausdruck „Situation", habe ich an eine Stelle in Gervinus Literaturgeschichte [hier Nr 87] gedacht, wo er sagt, die Novelle sei wesentlich Situation und als solche geeignet, der großen Gattung subordinierter Konversationspoesie, dem Roman, der sich im Geleise des modernen sozialen Lebens bewege, eine große, poetische Seite abzugewinnen durch Beschränkung und Isolierung auf einzelne Momente von poetischem Interesse, die sich auch im dürftigsten Alltagsleben finden. In dem Sinne, glaube ich, daß meine prosaischen Stücke recht eigentlich Novellen sind, denn eben dem Bedürfnis, nur das wirklich Poetische darzustellen, haben sie ihre knappe Form zu verdanken.

92 *Eine zurückgezogene Vorrede aus dem Jahre 1881.* In: Th. St.s Sämtliche Werke. Hg. von A. Köster. VIII. Bd. Leipzig: Insel 1921, S. 122f.

Nach einer Zeitungsnotiz hat neuerdings einer unserer gelesensten Romanschriftsteller bei Gelegenheit einer kürzeren, von ihm als „Novelle" bezeichneten Prosadichtung die Novelle als ein Ding bezeichnet, welches ein Verfasser dreibändiger Romane sich wohl einmal am Feierabend und gleichsam zur Erholung erlauben könne, an das man aber ernstere Ansprüche eigentlich nicht stellen dürfe.

Ob die so eingeleitete Arbeit einer solchen Herabsetzung ihrer Gattung bedurfte, vermag ich nicht zu sagen. Indessen sei es mir gestattet, wie vordem bei Gelegenheit meines *Hausbuches aus deutschen Dichtern* zur Lyrik, so hier zur Novellistik, als der Dichtungsart, welche die spätere Hälfte meines Lebens begleitet hat, auch meinerseits ein Wort zu sagen.

Die Novelle, wie sie sich in neuerer Zeit, besonders in den letzten Jahrzehnten, ausgebildet hat und jetzt in einzelnen Dichtungen in mehr oder minder vollendeter Durchführung vorliegt, eignet sich zur Aufnahme auch des bedeutendsten Inhalts, und es wird nur auf den Dichter ankommen, auch in dieser Form das Höchste der Poesie zu leisten. Sie ist nicht mehr, wie einst, „die kurzgehaltene Darstellung einer durch ihre Ungewöhnlichkeit fesselnden und einen überraschenden Wendepunkt darbietenden Begebenheit"; die heutige Novelle ist die Schwester des Dramas und die strengste Form der Prosadichtung. Gleich dem Drama behandelt sie die tiefsten Probleme des Menschenlebens; gleich diesem verlangt sie zu ihrer Vollendung einen im Mittelpunkte stehenden Konflikt, von welchem aus das Ganze sich organisiert, und demzufolge die geschlossenste Form und die Ausscheidung alles Unwesentlichen; sie duldet nicht nur, sie stellt auch die höchsten Forderungen der Kunst.

Daß die epische Prosadichtung sich in dieser Weise gegipfelt und gleichsam die Aufgabe des Dramas übernommen hat, ist nicht eben schwer erklärlich. Der Bruchteil der Nation, welchem die Darstellung der Bühne zugute kommt, wird mit jedem Tage kleiner, hinter dem wachsenden Bedürfnis bleibt die Befriedigung immer mehr zurück; dazu kommt, daß gerade die poetisch wertvollen neueren Dramen nur selten die Bühne erreichen oder nach dem ersten Versuche wieder davon verschwinden, sei es wegen der Unzulänglichkeit unserer deutschen Schauspieler oder weil, vielleicht im Zusammenhange mit dem ersterwähnten Umstande, den Dichtern ein gewisses praktisches Verständnis für die Darstellbarkeit abging. So haben sich denn andere Leute der Bühne bemächtigt, und man begnügt sich dort lieber mit Sachen, welche den besten der Iffland-Kotzebue-Periode nicht einmal das Wasser reichen; aber was solcherweise der dramatischen Schwester entzogen wurde, ist der epischen zugute gekommen.

Im übrigen geht es mit der Novellistik wie mit der Lyrik; alle meinen es zu können, und nur bei wenigen ist das Gelingen, und auch dort nur in glücklicher Stunde. [...]

93 *Brief an Gottfried Keller vom 14. August 1881.* In: Der Briefwechsel zwischen Theodor Storm und Gottfried Keller. Hg. von A. Köster. 3. Auflage. Berlin: Paetel 1909, S. 114.

[...] Beunruhigend besuchen mich mitunter theoretische Gedanken über das Wesen der Novelle, wie sie jetzt sich ausgebildet, über das Tragische in Dramen und Epik und den etwaigen Unterschied zwischen beiden; ich schrieb auch eine neue Vorrede zu den zwei neuen Doppelbänden meiner Gesamtausgabe, die zu Weihnachten kommen sollen, in dieser Richtung und dergleichen dummes Zeug, was keinen andern Grund hat, als daß man selbst nichts machen kann. Zu dem Vorwort ward ich durch Ebers aufgereizt, der (laut Zeitungsbericht) eine „Novelle" herausgegeben und sie (die Gattung der Novelle) in einem Vorwort als ein Ding bezeichnet, das ein Dichter sich nach dem eigentlichen Kunstwerk, dem dreibändigen Roman, wohl einmal zur Erholung erlauben dürfe. Die „Novelle" ist die strengste und geschlossenste Form der Prosadichtung, die Schwester des Dramas; und es kommt nur auf den Autor an, darin das Höchste der Poesie zu leisten. Ob die Eberssche Novelle eine solche Herabsetzung der eigenen Gattung bedurfte,

weiß ich nicht. Haben Sie sie gelesen? Ich glaube, sie heißt
„eine Frage". [...] [Die Antwort vgl. Nr 109].

MORIZ CARRIERE

94 *Die Poesie. Ihr Wesen und ihre Formen mit Grundzügen der*
    vergleichenden Literaturgeschichte [ED u. d. T.: Das Wesen und
    die Formen der Poesie. 1854]. 2. umgearbeitete Auflage. Leipzig:
    Brockhaus 1884, S. 319.

[...] Die Novelle verhält sich zum Roman wie die poetische
Erzählung zum Epos; sie stellt einzelne Züge des menschlichen
Herzens, einzelne Gedanken des menschlichen Lebens dar, bald
in freierer Erfindung, bald mehr im Anschluß an die thatsächlichen Zustande. [Im ED wird hier, nach Semikolon, die Äußerung über die Novelle mit folgendem Satz abgeschlossen: „im
mer aber muß sie eine Idee enthalten und zugleich mit Realität
gesättigt sein, sodaß eben die Idee nicht in Reflexionen, sondern
in der Entfaltung von Begebenheiten ausgesprochen wird."] Sie
kann dabei im Salon oder auf dem Dorfe spielen, einen historischen Hintergrund haben oder ohne eine bestimmte Cultur zu
spiegeln das Seelenleben oder ein allgemein menschlich interessantes Ereigniß schildern. Der Name weist auf Tagesneuigkeit
hin, auf merkwürdige Vorgänge die unsere Theilnahme erregen,
und daraus folgt schon daß hier das Eigenartige zu seinem
Rechte kommt, daß wenn der Roman ein Welt- und Culturbild
gibt und ein allgemeines Grundgesetz des Lebens, eine Gewissensfrage der Menschheit im Ineinanderwirken verschiedener
Charaktere und Lebenskreise erschöpfend darlegt, die Novelle
ein besonderes psychologisches Problem oder einen ungewöhnlichen Verlauf der Dinge für sich abgrenzt, und dadurch so anziehend macht daß in den Wendungen des Gemüths und
Schicksals das ursprünglich Angelegte, von welchem die Verwickelung der Verhältnisse abzulenken schien, doch als das innerlich Motivirte überraschend hervorbricht. [...]

95 *Aesthetik oder Wissenschaft des Schönen.* III. Theil: Die Kunstlehre. II. Abschnitt: Die Künste. V. Heft: Die Dichtkunst. Stuttgart: Mäcken 1857, § 883, S. 1317–1319.

Dem Romane stellt sich als das kleinere Bild einer Situation aus
dem größern Ganzen des Weltzustands und der persönlichen
Entwicklung die Novelle zur Seite. Das Volksthümliche hat sich
vorzüglich in diese Form gelegt und als realistische Idylle die
Dorfgeschichte eingeführt. [...]

Die Novelle verhält sich zum Romane wie ein Strahl zu einer
Lichtmasse. Sie gibt nicht das umfassende Bild der Weltzu-
stände, aber einen Ausschnitt daraus, der mit intensiver, mo-
mentaner Stärke auf das größere Ganze als Perspective hinaus-
weist, nicht die vollständige Entwicklung einer Persönlichkeit,
aber ein Stück aus einem Menschenleben, das eine Spannung,
eine Krise hat und uns durch eine Gemüths- und Schicksalswen-
dung mit scharfem Accente zeigt, was Menschenleben überhaupt
ist. Man hat sie einfach und richtig als eine Situation im Unterschied von der Entwicklung durch eine Reihe von Situationen
im Romane bezeichnet. Die Novelle hat dem Romane den Boden bereitet, das Erfahrungsbild der Welt erobert; das Mittelalter kannte Mensch und Welt nicht, träumte überall von Exem-
tionen, Bocaccio plauderte das Geheimniß aus, daß Menschen Menschen, „sterbliche Menschen" sind. Dieselbe Bedeutung
hat die große Beliebtheit des Schwankes, wie er im sechszehn-
ten Jahrhundert in Deutschland herrscht. Diese kleinen Formen
sind zum Theil bloße Anekdoten. Die Anekdote ist mit kurzer
Spannung und Lösung zufrieden ohne das Resultat eines fruchtbaren, inhaltvollen Blickes in die Wahrheit des Menschenlebens,
daher meist komisch; die Novelle dagegen bewegt sich auch im
tragischen Gebiet, und zwar mehr, als der Roman. Es liegt dieß
in ihrer strafferen Natur; wer Interessantes kurz erzählen will,
muß das Retardirende schneller niederwerfen und auf die Katastrophe zueilen, wo sich aber diese acuter hervordrängt, da ist
auch die schärfere Schneide des Schicksals, wie die Pritsche des
lächerlichen Zufalls, im Zuge des Ausholens. Es lag der modernen Zeit sehr nahe, den Inhalt der Novelle als Thema zu behandeln, d. h. unsere Conversation und Debatte so in sie zu ver-

legen, daß eine Lebensfrage, ein Kampf geistiger Richtungen, dunkle Erscheinungen des Seelenlebens und dergl. vorherrschend gesprächsweise erörtert werden, während in den persönlichen Schicksalen zugleich die factische Antwort erfolgt. Die Form ist bedenklich, denn es liegt nur zu nahe, die zweite Seite, welche natürlich den wesentlichen Körper des Ganzen bilden müßte, zur Nebensache zu machen und so die Idee didaktisch, statt poetisch und zwar mit dem besondern Geruche des Salons, der Theegesellschaft herauszustellen, wie wir in den meisten Novellen Tieck's sehen. Ein Anderes ist es, wenn eine harmlose Gesellschaft sich Novellen erzählt, wie bei Bocaccio, wo denn schließlich allerdings auch die Erzählenden selbst eine Novelle spielen mögen; ohne Bocaccio's Naivetät ist auch dieß von Tieck (im *Phantasus*), Göthe und And. nachgeahmt. – Eine gegen den Roman hin erweiterte Novelle sind Göthe's *Wahlverwandtschaften*, sie bleiben aber in ihrer Grundlage fest auf dem Boden der Dichtart, denn sie schildern nicht einen ganzen Entwicklungsgang einer Persönlichkeit, die Hauptpersonen sind beziehungsweise reif; eine einzelne, verfängliche Lebensfrage, die Frage über das Verhältniß zwischen Freiheit, Pflicht, Selbstbeherrschung und dunkeln physiologisch-psychischen Gewalten, die Individuum an Individuum bannen, bildet den wesentlichen, ächt novellenhaft spannenden Inhalt und nur die breite Fülle der Darstellung bringt den Romancharakter hinzu. –

Wir hätten nun hier mancherlei schwer zu bestimmende Nebenformen zu besprechen, sagen aber nur ein Wort von der sog. poetischen Erzählung. Sie hätte schon neben dem classischen Epos erwähnt werden können, sie läuft aber ebenso neben dem Roman und auch der Novelle her. Dort erscheint sie, wie z. B. die Erzählungen einzelner Thaten des Herkules bei Theokrit, als eine epische Studie, ein Eidyllion, aber im hohen Style, nur ohne die Weihe, welche die Einreihung in den Zusammenhang des großen Weltbildes gibt. Soll zwischen der poetischen Erzählung der neueren Zeit und der Novelle ein fester Unterschied angegeben werden, so kann er nur darin liegen, daß jene entweder im Sinne des Hinneigens zum Historischen, oder zum Didaktischen mehr stoffartig ist, wiewohl sie im Übrigen ihre Materie mit mehr oder weniger Selbstthätigkeit der Kunst umbilden mag. Hoch stehen in der ersteren Gattung trotz der Bit-

terkeit, die sie verdüstert, an Kunsttalent die Erzählungen Heinrich's von Kleist. Die zweite Gattung war in der Periode, die
der Revolution in der neueren Poesie vorangieng, sehr beliebt;
man trug in anekdotenhaftem Gewande gern schalkhafte oder
rührende Pointen, Sätze der Lebenserfahrung, Menschenkennt-
niß vor, wie Gellert, Lichtwehr, Pfeffel. Diese Sachen waren,
um ihnen etwas mehr Schein zu geben, versificirt; sie blühten
gleichzeitig mit der Fabel und sind ihr verwandt. [...]

96   *Mein Lebensgang* [ED in: Die Gegenwart. 1874]. In: F. Th. V.,
     Altes und Neues. III. Heft. Stuttgart: Bonz 1882, S. 356f.

[...] So war nun der Entwurf [zu *Auch Einer*] fertig und
konnte an die Ausarbeitung gegangen werden. Ich wollte eigentlich einen Scherz machen, ein Humoreske schreiben, es sollte
weiter nichts werden, als ein Capriccio. Das Ding wuchs mir
aber unter den Händen, vor Allem dadurch, daß die Nothwendigkeit sich aufdrängte, dem A. E. mehr und mehr Züge zu leihen, so daß er eine ganze, runde Persönlichkeit werde. [...]
So gab es denn mehr und mehr hinzuzuthun, die Glieder des
Capriccio streckten sich und nahmen endlich einen Umfang an,
der dem fertigen opus den Namen Roman zugezogen hat – sehr
zu seinem Unglück! Am Maßstab des Romans gemessen, muß es
ja dem Armensündergericht verfallen! Meint man denn, der
Autor wisse nicht, daß dieser Stiefbruder des Epos ein breiteres
Weltbild, eine reiche Vielheit von Charakteren, Zuständen,
Schicksalen verlangt? – Soll das Ding rubricirt sein, warum
nicht: Novelle? Weil die Novelle nicht so lang zu sein pflegt?
Man mißt aber Poesien doch nicht mit dem Zollstab. Die Novelle gibt einen schmäleren Ausschnitt aus dem Leben, prägnant
durch Charakterbild, Schicksals-Wendung oder beides; aber
dies „schmal" ist ein relativer Begriff: was schmal ist gegenüber
der Fülle, dem figurenreichen Gesellschaftsgemälde des Romans,
muß nicht an sich so oder so schmal sein. Die Novelle hat der
gezogenen Linie des Romans gegenüber etwas Punktuelles, aber
ihr Punkt kann auch ein Kreis mit mehr oder weniger Radien
sein, je nachdem sein Centrum beschaffen ist: Centrum von
mehr oder weniger Inhaltstiefe. Die Novelle ist ein Accent, geworfen auf ein Stück Leben: der Accent kann zugleich Länge
sein. – Mag man dennoch nicht taufen: Novelle, so sage man in

Gottes Namen: Capriccio! Nur hoffe ich, daß der Name dann
als Vexirname wird befunden werden, da man denn doch mehr
Entwicklung und Ordnung finden wird, als ein Capriccio in
Aussicht stellt. [...]

RUDOLPH GOTTSCHALL

97 *Poetik. Die Dichtkunst und ihre Technik. Vom Standpunkte der*
    Neuzeit. Breslau: Trewendt 1858, S. 396f.

[...] Die Novelle, die das Wunderbare des Märchens ausstößt,
ist die kleine prosaische Erzählung einer Begebenheit, in welcher der rasche und spannende Fortgang der Situationen zu
einer entscheidenden Krisis die epische Breite des Romans, seine
tiefere Charakteristik und ausgeführte Seelenmalerei vertritt.
Die Novelle verhält sich zum Roman, wie die poetische Erzählung zum Epos. Sie ist leichter, frischer, energischer und erinnert mehr an den rascheren Fortschritt, Scenen- und Situations-
wechsel und innern Zusammenhalt des Drama. Die Novelle
darf nur einen Knoten schürzen und lösen; sie erfordert deshalb
Erfindungsreichthum und Gewandtheit, glücklichen Griff, kühnen Wurf, ineinandergreifende Komposition. Sie soll unterhalten – es kommt nur darauf an, ob die Unterhaltung mehr oder
minder geistreich ist. Gerade durch ihre größere Kürze kann
die Novelle pikant und drastisch wirken, sie kann ein sinnrei-
ches Zeit- und Lebensbild geben; sie kann aber auch blos durch
abenteuerliche Schürzungen des Zufalls fesseln. Aus den romanischen Literaturen, in denen der Italiener Boccaccio und der
Spanier Cervantes als novellistische Muster hervorragen, wurde
sie besonders durch die romantische Schule nach Deutschland
verpflanzt, welche sie, wie das Märchen, anfangs zum Vehikel
ihrer abenteuerlichen Erfindungen machte. Später hat besonders Ludwig Tieck die sociale Zeitnovelle geschaffen, in welcher er, oft mit ironischer Meisterschaft, oft mit doktrinairer
Schwatzhaftigkeit, vielen Richtungen der Zeit den Spiegel vor-
hält. Die geistvolle Freiheit der Darstellung räumt diesen „Novellen" einen hohen Rang ein; nicht blos Anhänger und Gei-
stesverwandte Tieck's, Steffens, Bülow u. A. bildeten diese Richtung weiter aus, sondern auch die jungdeutsche Schule benutzte

nach Tieck's Vorgang die novellistische Form für ihre gährenden Reformtendenzen. Eine einsame Stellung unter den Novellisten der Gegenwart behauptet Leopold Schefer, der die Tiefe seiner „magischen" Weltanschauung in jede seiner farbenreichen, aber traumhaft motivirten Novellen hineingeheimnißt. Das Überwuchern der Novelle, die aus allen Journal- und Zeitungsspalten hervorkeimt, als beliebige Erzählung zufälliger, oft sinn- und bedeutungsloser Begebnisse in einer meist styllosen Prosa, deutet auf eine belletristische Verflachung, welche den Dilettantismus allzusehr in den Vordergrund treten läßt.

FRIEDRICH BECK

98 *Lehrbuch der Poetik* [ED: 1862]. 4. verbesserte und vermehrte Auflage. München: Merhoff 1876 (= F. B., Theorie der Prosa und Poesie. II. Abth.), S. 25 f.

Die Novelle und das novellistische Gedicht. Im Gegensatz vom Roman, welcher ursprünglich seine Stoffe aus der alten Heldenzeit nahm, wählt die Novelle ihre Gegenstände zunächst vielmehr aus den Ereignissen der Gegenwart, worauf auch ihr Name (ital. novella, franz. nouvelle) hindeutet. Jedenfalls muß aber ihren Stoff ein an sich selbst oder in seinen Folgen auffallender und bedeutsamer Vorgang – von ernster oder komischer Beschaffenheit – bilden. Sonst unterscheidet sich die Novelle vom Roman nur durch ihre geringere Ausdehnung. Wenn aber ihr Inhalt die Gränzen einer durch Neuheit anziehenden Anekdote nicht zu überschreiten braucht, so verlangt hingegen die Form eine um so sorgfältigere Behandlung. Der Dichter soll die Begebenheit mit wenigen Strichen anschaulich und lebendig zeichnen; die Diction soll zierlich und zugleich kräftig sein. Dabei ist neben der Charakterschilderung die Ausmalung der augenblicklichen Lage der handelnden Personen, ihrer Situation von vorzüglichem Belange. Denn gerade hierin pflegt die Novelle ihren Schwerpunkt und ihren eigenthümlichen Reiz zu finden. [...]

99 [*Vorwort*] [ED in: W. H. R., Geschichten aus alter Zeit. I. Bd
   1863]. In: W. H. R.s Geschichten und Novellen. Gesamtausgabe
   [Abgek.: RGN]. II. Bd: Geschichten aus alter Zeit. I. Bd. Stuttgart: Cotta 1899. Ohne Seitenzahl.

Ich habe dieses Buch „Geschichten" genannt; ich hätte es eben-
sogut mit vornehmerem Wort „Novellen" nennen können.
Denn wenn das Wesen der Novelle darin besteht, ein Seelenge-
heimnis in der Verknüpfung und Lösung erdichteter Thatsachen zu enthüllen, dann sind diese Geschichten Novellen. Das
deutsche Wort aber saß mir besser als das italienische; einmal,
weil mir die gemütliche deutsche Art des Erzählens zunächst in
der Seele klang, dann aber auch, weil es ein heilsames Mahn-
wort ist. Die „Geschichte" mahnt nämlich, daß fort und fort
etwas geschehe, daß nicht die Reflexion, sondern die That den
Knoten schlinge und löse, und daß die Lust am Erzählen nicht
von der verführerischen Lust des Grübelns und Schilderns über-
wuchert werde.

Wer aber wirklich erzählt, der sucht vor allem die feste, reine
Linie der Handlung, deutet Licht und Schatten bloß an, läßt
Schmuck und Beiwerk und die weite Fernsicht des Hintergrundes mehr erraten, als daß er sie ausspräche. Sein höchstes Ziel
steht dahin, außen grob und inwendig fein zu sein, außen sparsam und innen reich. In diesem Urbilde begegnen sich die deutsche „Geschichte" und der echte Holzschnitt. [. . .]

100 *Die Ecke. Als Vorwort* [ED in: W. H. R., Aus der Ecke. Sieben
   Novellen. 1874]. In: RGN. V. Bd: Aus der Ecke. 1900, S. XII,
   XVIIIf.

[. . .] Jetzt war ich unter die Poeten geraten und hatte Novellen
geschrieben und wußte gar nicht, was eigentlich eine Novelle
ist – wobei ich übrigens manchen gefeierten Novellisten zum
Schicksalsgenossen hatte. Ich war im Schildern von Situationen
und im Ausmalen von Charakteren stecken geblieben und hatte
ganz vergessen, daß der Novellist erzählen soll. Die Kritik der
Ecke öffnete mir hier zuerst die Augen, und ich danke es insbesondere meinem Freunde Heyse, daß er mir, wenn auch nur in

flüchtigen Worten, zuerst ein Licht aufsteckte über Wesen und Kunstgeheimnis der Novelle. [...]

Je mehr ich innerlich erlebte Novellen schrieb, um so klarer erkannte ich, daß die Novelle nichts anderes darstellen kann als die Konflikte eines psychologischen Problems, durch eine Geschichte gelöst, in der sparsamen, knappen Kunstform des erzählenden Vortrags. Je mehr und je wahrhaftiger einer zu erzählen hat, um so weniger wird er schildern und reflektieren, um so weniger Worte wird er machen.

Nun will aber niemand bloß sparsam, jeder möchte zugleich auch reich erscheinen, ja zeigen, daß er sogar ein Verschwender sein könnte, wenn er nur wollte. Das haben denn auch gute Novellisten gethan: sie schrieben viele und vielerlei Novellen, da schloß sich ihr Reichtum auf. Hätte uns Boccaccio nur seine fünf besten Novellen hinterlassen, so wäre der arme Mann längst verschollen; allein er schrieb ein Buch von hundert Novellen und das vermag nur ein reicher Mann. Unter jenen Hundert ist freilich gar manche Geschichte, die wir heutzutage nur noch eine Anekdote nennen würden; denn wir fordern auch bei der knappsten Novelle doch mit Recht weit mehr Fülle und Tiefe als die alten Italiener vor fünfhundert Jahren. Allein fünfzig Novellen als Gesammtwerk, das wäre doch auch heute noch ein Wort; und der Verfasser könnte dabei zeigen, daß er nicht aus Armut sparsam im einzelnen war, sondern als ein kluger Haushalter, der seine Kapitalien ausnützt, indem er sie zusammenhält. [...]

101 *Novelle und Sonate.* In: W. H. R., Freie Vorträge. II. Sammlung. Stuttgart: Cotta 1885, S. 441–446, 451–465, 469f.

I. Novelle und Sonate! Man könnte fragen, ob sie überhaupt näher verwandt sind als von Adam und Eva her? Allein prüfen wir einmal ihren irgend denkbaren Familienzusammenhang Schritt für Schritt; vielleicht entdecken wir nicht nur unerwartete äußere Verwandtschaftsgrade, sondern auch tiefere Züge der Seelenverbrüderung.

Beim Stammbaum erfragt man zuerst die Namen.

Novelle und Sonate: Beide Namen sind italienisch, beide nichtssagend; denn der eine bedeutet eine Neuigkeit, der andere etwas Tönendes, Klingendes, wie Sprachreiniger der Zopfzeit übersetzen wollten, ein „Klingstück" im Gegensatz zum „Sing-stück" der Kantate. Folglich sind beide Namen schon zu einer Zeit entstanden, wo diese Kunstformen nur erst im Keime vor-handen waren, wo man sich noch nichts Rechtes dabei zu den-ken wußte. Der Name war früher fertig als die Sache, und er behauptete sich, – obgleich die Sache gar nicht unterscheidend bezeichnend, – als ein herkömmliches Wortbild, wie die meisten Namen.

Die Novelle wie die Sonate stammt aus Italien; allein die Novelle wanderte nach Spanien, Frankreich, Deutschland, Eng-land, Rußland, Dänemark – in alle Welt; die Sonate ward in Frankreich vorherrschend zur Suite, und aus den französischen und italienischen Anfängen wurde bei uns eine höhere Sonaten-form, so daß man Deutschland die zweite Heimat und zuletzt die wahre Heimat der Sonate nennen kann.

Italien gab uns die Novelle, um sie für sich nur sparsam fest-zuhalten; es gab uns die Sonate, um sie selber fast ganz zu ver-lieren.

Nur der Historiker denkt bei der neueren deutschen Novelle und Sonate noch an den italienischen Stammbaum, so gründlich haben wir uns beide verdeutscht. Auch in der äußeren Fülle kann sich der moderne deutsche Novellenschatz gar wohl mit den Schätzen des Auslandes messen; in unserm Sonatenschatze überragen wir aber alle anderen Musikvölker. Die Sonaten-form, welche uns jetzt schlechthin deutsch erscheint, verhalf uns zum unbestrittenen Siege in der instrumentalen Kunst; Ita-liener und Franzosen glauben in der dramatischen und kirchli-chen Gesangmusik mit uns wetteifern zu können, aber vor un-sern Klassikern der Sonate, vor den deutschen Großmeistern des Quartettes und der Symphonie müssen sie sich beugen.

Novelle und Sonate sind moderne Gestalten.

Ich weiß recht wohl, daß die alten Ägypter schon zu Moses Zeit Novellen geschrieben haben, daß es uralte chinesische No-vellen gibt, und daß man den *goldenen Esel* des Apulejus am Ende ebenso gut eine Novelle taufen könnte, wie manche poeti-sche Erzählung des Mittelalters. Allein wir nennen auch die Musik eine moderne Kunst, obgleich doch die alten Griechen sich und uns schon genügend mit einer Musik geplagt haben, die eben keine rechte Musik war, und so dürfen wir aus gleich triftigem Grunde die Novelle auch eine moderne Kunstform nennen. Von der Sonate wird dies vollends Niemand bestreiten.

Sind nun auch beide modern, so sind sie doch nicht gleichalterig. Die poetische Erzählung und Anekdote wird Novelle im vierzehnten Jahrhundert, der reine Instrumentalsatz krystallisiert sich zur Sonate im siebzehnten.

Allein, was ist denn eigentlich eine Novelle? Was ist eine Sonate?

Beide Fragen sind gleicherweise ein Kreuz der Ästhetiker, gar oft beantwortet und doch noch offen. Und die Künstler schaffen, die Kunstfreunde genießen fort und fort Novellen und Sonaten, ohne zu fragen. Statt das Wesen beider lehrhaft zu untersuchen, will ich die Geschichte reden lassen.

[...] Boccaccio in seinem *Decamerone*.

Die Natur der Novelle ist hier durch die Aufgaben der einzelnen Tage und ihre Lösung in naivster Weise dargelegt. Die Königin gibt ein allgemeines Thema; z.B. es soll gezeigt werden, wie man durch ein geschicktes Wort Neckereien auf das Haupt ihres Urhebers zurückwirft, oder wie ein rascher Entschluß Gefahr und Kränkungen abwendet, wie standhafte Liebe trotz aller Hindernisse dennoch endlich siegt, oder auch welche Trauer und Not die Liebe den Liebenden schafft u. s. f. Es ist also eine geläufige Wahrheit, die auf neue Weise erhärtet, ein psychologisches Problem, welches gelöst, ein Paradoxon, das seines scheinbaren Widerspruchs entkleidet werden soll; aber nicht durch eine lehrhafte Beweisführung in Worten, sondern durch die poetische Dialektik der Thatsachen, durch die artig verflochtene Handlung einer Geschichte, die uns unvermerkt zum überraschenden und dennoch überzeugenden Schlusse führt. Dies war und ist das Wesen der Novelle vor fünfhundert Jahren wie in unsern Tagen.

Eben darum sind denn auch jene hundert Urnovellen, welchen das Programm der Novellistik gleichsam auf einem Spruchband aus dem Munde hängt, eine unerschöpfliche Quelle ernsten Studiums für den Ästhetiker. [...]

So erscheint die Novelle im Anfange klein, oft eine bloße Anekdote, mehr der Unterhaltung dienend als künstlerischer Erhebung, dazu leichtfertig, anstößig, frivol, boshaft, und sie hat sich auch späterhin nicht immer von diesen Muttermalen befreien können.

Und doch ahnte man schon frühe, daß die Form dieser mutwilligen kleinen Geschichten zu Größerem berufen sei.

Petrarca soll in seinen alten Tagen die Novelle des Boccaccio von der Griseldis auswendig gelernt haben, so gut gefiel sie ihm, er übersetzte sie ins Lateinische, und die letzten Zeilen seiner Hand sind der Brief, mit welchem er diese Übersetzung an Boccaccio sandte, – der strenge alte Petrarca, der seine eigenen Sonette nicht mehr gelten lassen wollte und nur noch sein lateinisches Epos *Afrika* hochhielt!

Keiner kommt ganz über seine Jugend hinaus, auch wenn er noch so alt wird. Eine Dame war Königin im Kreise der novellistischen Erzähler und Erzählerinnen: so spielen denn auch heute noch die Frauen die Hauptrolle in der Novelle. Viele Leute meinen sogar eine Novelle sei notwendig eine Liebesgeschichte! Ernsthafte Männer lesen oft grundsätzlich keine Novellen, weil sie denken, das sei leichte Ware, für Jünglinge und junge Mädchen eben gut genug, für eine Gesellschaft nach Art jenes Florentiner-Kreises, dessen Genossen Alle jung und schön, aber durchaus nicht besonders ernsthaft waren.

Mit den Anfängen der Sonate steht es freilich anders. [...]

———

Novelle und Sonate wollen einsam genossen sein oder doch nur im engeren geselligen und häuslichen Kreise. Eine Sonate, die von Vielen für Viele gespielt wird, nennen wir darum gar nicht mehr Sonate, sondern Symphonie.

Novellen liest man nicht in großen Sälen vor, sie ertragen kein massenhaftes Auditorium. Der Lesende würde da kein mezza voce des erzählenden Tones anbringen können, kein accelerando und ritardando, er würde die Feinheiten des Aufbaues nicht fein zu markieren vermögen, er dürfte nicht jenes parlando herrschen lassen – ich verfalle ungesucht in musikalische Ausdrücke – jenes parlando, welches die Seele des guten Novellenvortrags ist. Ein Drama, ein Epos mag man vor Tausenden lesen; für eine Novelle sind hundert Hörer schon zu viel.

Ähnlich bei der Sonate; sie gehört nicht in den großen Konzertsaal. [...] Die große Symphonie ist keine Sonate mehr, sie ist über dieselbe hinaus gewachsen, wie Drama und Roman über die Novelle. Nur die Sonatenform liegt der Symphonie noch zu Grunde, wie die Novellenform dem Romane.

Die Novelle ist in erster Linie Familienlektüre, die Sonate Hausmusik. Ergriff doch das musikalische Hausinstrument, das Klavier, welches sich selbst allein genügt und zur einsamen Kunstübung lockt, zuletzt derart breiten Besitz von der Sonate, daß Viele bei diesem Worte jetzt nur noch an Klaviersonaten denken.

Es wäre gut, wenn sich unsere Sonaten- und Novellenschreiber allezeit erinnerten, daß beide Kunstformen im Hause ihre eigenste Heimat gefunden haben. Der Novellist würde dann seine Stoffe nicht mit Vorliebe aus der sozialen und moralischen Krankenstube holen, wie es leider oft geschah und geschieht. Eine Novelle, die uns mit Gott und der Welt entzweit, statt uns im Innersten zu versöhnen, ist darum schon ästhetisch unecht, und nicht minder eine Novelle, die wir hinters Sofakissen verstecken müssen, wenn wir von unserer Frau oder Tochter bei der Lektüre überrascht werden. Der Novellist kann und soll auch in die Abgründe des Menschenherzens steigen, es kommt nur darauf an, zu welchem Zweck und in welcher Weise, und ich möchte keine Novelle schreiben, die ich nicht meinen Kindern vorlesen könnte. [...]

Ein Novellist muß vor allen Dingen zweierlei können: erfinden und erzählen. Wem nicht stets neue Erfindungen und Geschichten von selber zuströmen, wer mühsam nach Stoffen sucht, der ist kein Novellist. Schildern und ausmalen soll man in der Novelle so knapp wie möglich, man soll erzählen. Die vorherrschende Situations- und Stimmungs-Novelle ist der Anfang vom Ende der Novellistik. Lange Gespräche der handelnden Personen stören den novellistischen Grundton; man soll die Leute nur ausnahmsweise selber sprechen lassen, in der Regel aber bündig erzählen, was sie gedacht und gesagt haben. Durch die Dialoge werden die Novellen zu lang, und das ist ein großer Fehler. Die Novelle ist kein Drama; dramatische Novellen und dramatische Sonaten sind immer bedenklich. Beim Erzählen ist der Plan, der Aufbau die Hauptkunst; eine Thatsache, ein Motiv muß notwendig aus dem andern hervorgehn. Zum breiten Schildern hat der gute Erzähler gar keine Zeit. Wer eine eben erlebte spannende Geschichte frischweg berichtet, der wird sich bei Schilderungen gewiß nicht über Not aufhalten, und der Novellist soll erzählen, als berichte er eine „Neuigkeit", die er soeben selbst erlebt habe. Die besten Novellen sind darum relativ kurz. Aber es ist schwer, eine kurze und gute Novelle zu schreiben, weit schwerer als eine ellenlange.

Ähnliche Forderungen stelle ich an die Sonate. [...]

Die Novelle rühmt sich keiner vornehmen Ahnen: die Anekdote, die Sage, das Märchen, dem Volksmunde entsprungen, waren ihre nächsten Vorfahren. Auch die Sonate stammt wenigstens mütterlicherseits aus dem Volke durch das Volkslied und Tanzlied der Suite; väterlicherseits hat sie allerdings einen aristokratischeren Stammbaum, der seine Wurzeln in die gelehrt vielstimmigen Kirchengesänge treibt.

Der volkstümliche Ursprung blieb bedeutsam für Novelle und Sonate in ihrer ganzen Entwicklungsgeschichte.

Die unverwüstliche Jugendfrische der italienischen und spanischen Novellen ist wesentlich bedingt durch ihren volkstümlichen schlichten Erzählerton und die aus dem Anekdoten- und Sagenschatze des Volkes, ja der Völker geschöpften Stoffe. Auch die künstlerisch so viel reicher durchgebildete und in ihren Themen so viel selbständigere moderne Novelle kann und muß sich verjüngen durch die stets erneute Berührung mit der Mutter Erde, mit der volksmäßigen schlicht erzählten Anekdote, Sage und Geschichte.

Wenn mich ein heutiger Novellist fragte, welche Novellen er lesen solle, um sich zur Produktion anzuregen, so würde ich ihm antworten: gar keine. Denn bei einem fertigen Kunstwerke gleicher Gattung soll man sich niemals die Inspiration für ein neues holen. Dagegen würde ich ihm dringend zur Lektüre empfehlen: Grimms *Märchen*buch, Sebastian Franks *Sprichwörter*, Zinkgreffs *Apophtegmata* und ähnliche Bücher, in welchen das eiserne Inventar volkstümlicher Geschichtserfindung und Erzählerkunst der Jahrhunderte niedergelegt ist – nicht damit er das Alte nachahme, sondern um so frischer etwas gutes Neues ersinne. Begehrt der Mann aber moderne Autoren, so nenne ich ihm einen norddeutschen und einen süddeutschen, die beide keine Novellen geschrieben haben und bei denen man doch die feinsten Geheimnisse des novellistischen Vortrags lernen kann: Justus Möser und Johann Peter Hebel.

[...] Mösers *Phantasien* waren ursprünglich Zeitungsartikel und Hebels *Schatzkästlein* besteht aus Kalendergeschichten. Dennoch überdauerten beide wegen ihres volkstümlich novellistischen Gehaltes fast die ganze anspruchsvolle Novellenlitteratur ihrer Zeit. Eine Kalendergeschichte kann der roheste Versuch einer Novelle sein, und doch ist es der höchste Ruhm eines novellistischen Meisters, eine gute Kalendergeschichte zu schreiben. [...]

II. Novelle und Sonate erfüllten eine große kunstgeschichtliche Doppelmission, sie waren weit maßgebender für die Entwicklung der gesamten modernen Poesie und Musik, als man gemeinhin denkt, ja ich möchte sagen, ein Hauptunterschied dieser Künste in unserer Zeit gegenüber früheren Perioden gründet darin, daß das Mittelalter und das klassische Altertum keine Novelle und keine Sonate hatte.

Shakespeares Dramen setzen die Novelle voraus, sie sind, wie sie sind, nicht denkbar ohne die vorangegangene Frühblüte der Novellistik. Daß Shakespeare die äußere Fabel einzelner Dramen aus italienischen Novellenbüchern schöpfte, ist ja allbekannt, doch lege ich hier minderes Gewicht auf diese Thatsache; denn ich behaupte einen anderen weit tiefer greifenden Einfluß der Novelle bei diesem größten Dramatiker, einen Einfluß, der aus seinen psychologischen Problemen und aus dem Gang der Handlung hervorspringt. [...]

[...] Die Farbenfülle der persönlichen Charakteristik, welche uns im Einzelnen fesselt, und doch einem letzten psychologischen Gesamtprobleme dient, der Gang der Handlung, welcher spannt und überrascht – die fast unvermeidliche Liebesgeschichte – vorab jedoch die Ökonomie und Rundung der Komposition – das alles erinnert uns, daß die Novelle damals als eine wahre „Neuigkeit", das heißt als eine neue maßgebende Grundform im ästhetischen Bewußtsein des Zeitalters lebte. Wer diese Thatsache recht überzeugend erkennen will, der vergleiche die Shakespearesche und überhaupt die ganze neuere dramatische Poesie mit der antiken. Was wir im Kolorit unsers Dramas einerseits romantisch, andererseits realistisch, was wir in seinem Aufbau modern nennen, das ist ihm großenteils mit der Novellistik gemeinsam.

Und weil mit diesem historischen Einfluß der Novelle auf

das neuere Schauspiel ein gut Teil von dessen eigenstem Wesen bloßgelegt ist, darum auch nicht minder von dessen ganz besonderem Unwesen. Unsere gröbsten Fehler sind der Exzeß unserer feinsten Tugenden. Sagt man von einer Tragödie, sie sei novellistisch, so ist dies herber Tadel; rühmt man von einem Lustspiel, daß es einen feinen Novellenstoff enthalte, so ist dieses Lob ein verhüllter Vorwurf. Der rechte Dramatiker soll das novellistische Element verwerten, aber er soll sich die Novelle nicht über den Kopf wachsen lassen. Daß ihm diese Gefahr droht, ist eben ein Beweis für die moderne Herrschaft der Novelle.

Nun wiederhole ich meinen Satz: ein Hauptunterschied unserer Poesie und Musik gegen frühere Perioden gründet darin, daß das Mittelalter und die antike Welt keine Novelle und keine Sonate hatte. [...]

Ich schlage folgendes Thema zu einer litterarhistorischen Preisaufgabe vor: Wie hat die Novelle ihre gestaltende und läuternde Kraft seit vier Jarhunderten bei den größeren Kunstformen der epischen und dramatischen Poesie geltend gemacht? Das Thema wäre vielleicht neu, und jedenfalls könnte es zu neuen Gedanken und Gesichtspunkten führen. Denn da die unscheinbare Novelle ihren Einfluß leise und unvermerkt übte und gar mancher Poet unter diesem Einflusse stand, den er nicht ahnte, so wären noch allerlei geheime Fäden zu enthüllen. Vielleicht hält Mancher ein solches Thema bloß für ein Paradoxon; allein Paradoxa leiteten schon oft zu tieferer Erkenntnis. Und da übrigens das Paradoxon ein Lieblingselement der Novelle ist, so darf ein Novellist wohl auch einmal eine paradoxe Preisaufgabe stellen.

Man pflegt bei solchen Aufgaben gewisse Fingerzeige für die Bearbeiter vorauszuschicken. Ich gebe ein paar statt vieler.

Cervantes hat im *Don Quixote* den alten Ritterroman zwiefach aus dem Felde geschlagen durch die Novelle. Denn wenn wir sein epochemachendes Buch auch einen Roman nennen, so ist es doch eigentlich ein großer Novellenkranz, der sich zu einer Gesamtnovelle ineinander schlingt. Mit feiner Satire vernichtet der Dichter den albernen Romanticismus jener Romanwelt; aber mit seiner novellistischen Form vernichtet er zugleich auch die Unform des Romans.

Auch Voltaire schrieb im *Candide* und *Zadig* Romane, welche genau genommen Novellen sind. Der Vergleich mit Cervantes ist lehrreich. Die poetische Kraft des Spaniers wächst und erblüht erst recht mit der novellistischen Form; bei dem französischen Dichter dagegen drückt die Novelle auf den Roman, die poetische Unmittelbarkeit verschwindet durch die allzu scharf präzisierte Novelle. Voltaire bringt uns das novellistische Problem und Programm in jenen großen, wie in den noch reizender epigrammatischen kleinen Erzählungen so klar und deutlich, so bewußt und gewollt auf dem Präsentierteller, daß wir allen Glauben an seine Helden und ihr Schicksal verlieren und nur noch den Scharfsinn des Autors mit Händen greifen. Man kann auch Novellen schreiben, die vor lauter Novelle die Poesie verlieren, wie Dramen, die vor lauter Dramatik aufhören, dramatisch zu sein. Beide sind wie gemacht zu pathologisch-anatomischen Demonstrationen des Ästhetikers.

Wieland wurde seinerzeit der deutsche Voltaire genannt, zumeist aus sehr äußerlichen Gründen. Heutzutage liegen uns die Unterschiede Wielands und Voltaires näher als ihre Verwandtschaft. Ein Hauptunterschied beider wurzelt darin, daß Voltaire, der Erzähler, bis zum Exzeß Novellist war, während wir bei Wielands Romanen und erzählenden Gedichten so oft vergebens nach der knappen Gedrungenheit und der scharfen poetischen Dialektik der Novelle seufzen. Wieland schrieb Novellen, sogar Moralische Novellen und ein *Hexameron von Rosenheim,* welches aber gegen das *Dekameron* von Florenz klaftertief abfällt. Die echte Novelle lag der deutschen Poesie des achtzehnten Jahrhunderts überhaupt fern, sie ersteht erst in der späteren Periode Goethes, und voll und ganz gehört sie der neueren und neuesten Zeit; während die ächte Sonate so recht dem achtzehnten Jahrhundert angehörte bis herüber zur Spätperiode Beethovens. Als wir die moderne Novelle gewannen, verloren wir die klassische Sonate.

Lessing hätte der berufenste Novellist unter seinen Zeitgenossen werden können, das bezeugen seine kleinen Lustspiele, sein *Nathan,* das bezeugen selbst die Novellenkeime in seinen Fabeln; wäre er ein Musiker geworden, so würde er gewiß die sonatenhaftesten Sonaten geschrieben haben und als Novellist vielleicht – gleich Voltaire – allzu novellistische Novellen. Allein der Tag der neuen deutschen Novelle war noch nicht gekommen.

Dieses Tages Anbruch verkündet Goethe, der aber auch zugleich das Musterbild der neuen deutschen Novelle vollendet, im Fortschreiten vom *Werther* zu den *Wahlverwandtschaften*. Und auf der Mitte dieses Weges stellt er klar und bewußt das Programm der Novelle novellistisch dar in den *Unterhaltungen der Ausgewanderten*. Eine reizende Aufgabe wäre es hierbei – für unsere Preisbewerber – den novellistischen Einfluß in Goethes Dramen nachzuweisen, vorab im *Tasso*; dann in *Hermann und Dorothea*, dem epischen Gedicht, welches nur ein großer Novellist so dichten konnte.

Je weiter wir vordringen in der modernen deutschen Litteratur, um so reicher bietet sich der Stoff des Nachdenkens über die gestaltende und läuternde Kraft der Novelle. Jean Paul hat niemals eine echte Novelle geschrieben; sein ganzer Gegensatz zu Goethe ist schon in diesem einzigen Worte vorgedeutet. Walter Scott war zwar schwach in seinen kleinen Novellen, aber die Engländer nennen seine großen Romane nicht ganz unpassend *Waverley-Novellen*, denn der novellistische Geist und Aufbau gab diesen Romanen erst das klassische Gepräge. Die älteren Romantiker – Tieck voran – flüchteten sich vor ihrer eigenen Formlosigkeit in die Novelle. Dem „jungen Deutschland" zerrann die Novelle unter den Händen, aber mit der Rückkehr zu strengeren Kunstformen erstarkte auch die Novelle wieder. Ihre Aufgabe ist ja naturgemäß enger und bescheidener als die der großen lyrischen, epischen und dramatischen Dichtformen; allein wenn die deutsche Poesie der Gegenwart in der Novellistik auch nicht ihr Höchstes geben konnte, so gab sie hier doch ihr Eigenstes und günstigen Falles auch das Reinste und Feinste. In der Lyrik und dem Drama sind wir Epigonen, durch die Novellistik erschloß sich uns mehr und mehr ein neues eigenes Gebiet. Man braucht nur einen Freytagschen Roman mit älteren Romanen, ein Lindausches oder Wilbrandtsches Lustspiel mit älteren deutschen Komödien, eine Reutersche Erzählung mit den humoristischen Prosaschriften früherer Zeit zu vergleichen, um den tiefgreifenden Einfluß der modernen Novelle zu ermessen.

Große Leute herrschen, kleine beeinflussen. Die Novelle gehört zu den kleinen Leuten; sie beeinflußt die moderne Litteratur durch ihr Wesen und Prinzip, aber auch durch die Massenhaftigkeit, in welcher sie einherflutet. Welch ungeheure Masse guter, mittelmäßiger und schlechter Ware wirft unsere Novellistik jetzt tagtäglich auf den Markt, wobei natürlich Stümperarbeit und leichtestes Fabrikat weitaus überwiegen. Ernsthafte Männer stoßen sich daran und versichern, daß sie grundsätzlich gar keine Novelle lesen. Und doch läßt ja selbst unser Herrgott wegen eines Gerechten Gnade ergehen für zehn Ungerechte. Übrigens handelt sich's hier nicht einmal um Gnade, und ich möchte sagen, die Unzahl der elenden Novellen ist sogar ein Stolz der heutigen Novellistik, denn sie wäre gar nicht vorhanden, wenn nicht auch so viele gute Novellen geschrieben würden, wenn das Bedürfnis novellistischer Lektüre nicht so groß, wenn die Kunstform der Novelle nicht ein so ganz besonderes Eigentum unserer Zeit wäre. Es ist eine wunderliche Marotte feinsinniger Leute, denen aber der historische Sinn fehlt, daß sie meinen, in der Kunst solle eigentlich nur wenig aber Vortreffliches produziert werden. Ein Blick in die Geschichte würde sie belehren, daß jeder höchste Aufschwung des künstlerischen Genius sich gleicherweise in der Massenhaftigkeit wie in der Tüchtigkeit darstellt. Ist dann die Periode zu Grabe gegangen, so wird die schlechte Masse vergessen, die Meisterwerke dauern, und so verklärt der Tod nicht bloß die Individuen, sondern auch die Epochen.

Man sieht, das Thema von der Macht der Novelle und von ihrem gestaltenden und läuternden Einfluß auf andere poetische Formen eröffnet eine unabsehbare Perspektive.

Nun könnte man aber auch die gleiche Preisaufgabe stellen betreffs der Sonate. [...]

———

III. Auf zahllosen Punkten berühren sich Novelle und Sonate; und doch hat noch kaum Jemand von ihrer Verwandtschaft gesprochen. Man kann dieselbe ästhetisch und kunsthistorisch nachweisen, man könnte es aber auch in novellistischer Form, und statt zu einem Vortrage hätte ich mein Thema wohl gar zu einer Novelle gestalten können, die den Titel führte: „Novelle und Sonate." Der Redner pflegt seine leitenden Gedanken zum Schluß gerne noch einmal in gesteigerter Form zusammenzufassen. Ich thue dies, indem ich frischweg den Plan einer Novelle skizziere, welche „Novelle und Sonate" heißen soll, und überlasse jedem, der ihn haben mag, den Plan zu beliebiger Ausführung. Denn Novellenstoffe lassen sich leicht verschenken, sie schweben heutzutage überall in der Luft; man muß sie nur haschen. [...]

LUDWIG ECKARDT

102 *Vorschule der Aesthetik. Zwanzig Vorträge.* II. Bd. Karlsruhe: Bielefeld 1865, S. 322f.

Die Novelle, welche der reinen Kunstdichtung angehört und eine Form der höhergebildeten Leserwelt ist, war ursprünglich eine Anekdote, eine noch unbekannte Geschichte (nouvelle), welche ihrer witzigen und überraschenden Spitze (Pointe) wegen erzählt wurde. Ein berühmtes Beispiel dieser ursprünglichen Darstellungsweise ist Boccaccio. Der Zug nach einem bestimmten Schlusse charakterisirt die Novelle noch jetzt. Theodor Storm erzählt in seinem *Grünen Blatte* von einem jungen Krieger, der einstmal ein liebes Mädchen sah und nur einmal; es scheint eine Schleswigerin zu sein; er bewahrt zum Angedenken an sie ein Buchenblatt in seinem Album. Die Novelle schliesst mit den Worten:

„Dann wollen wir die Büchse laden! Der Wald und seine Schöne sind in Feindeshänden."

Sieht er Regine wieder? Vergisst er sie? Fällt er im Kampfe? So schliesst ein Fragment, ein Romanabschnitt, aber nicht eine Novelle, welche zwar kein ganzes Leben wie der Roman, aber doch ein Stück Leben aufrollt und zwar bis zu einem gewissen Wendepunkte, einem inneren oder äusseren fortführt. Weil die Novelle innerhalb eines beschränkten Rahmens auf einen bestimmten Schluss zusteuert, gerade deshalb kann sie, ungesucht, einer Tendenz dienen, eine Idee sinnbildlich veranschaulichen. Wenn ihr Schelling einen lyrischen Charakter zuschreibt, so hängt es mit dem Ebenberührten zusammen; der Romandichter ist von vielen Ideen und Anschauungen erfüllt und begünstigt daher keine vor der anderen, er verhält sich zu ihnen objektiv und lässt alle zum gemessenen Ausdrucke gelangen. Nicht so der Novellist. Ihn erfüllt eine bestimmte Idee, und aus ihr quillt jenes subjektive Pathos, jene lyrische Wärme, die uns den Dichter in seinem Helden wiederfinden lässt. Daher ist der Gang der Novelle auch rascher, ihr Styl dramatischer.

Die Novelle kann reicher an innerer oder äusserer Handlung sein; im ersten Falle fordert sie die sorgfältigste psychologische Ausmalung und liebt die Brief- und Tagebuchform. Heinrich von Kleist ist hierin sehr gedrungen, häuft die Thatsachen fast skizzenartig und lässt die Seelenvorgänge in den Ereignissen und Handlungen zu Tage treten.

Wir haben hier noch des Novellenkranzes zu gedenken. Entweder flicht ihn ein äusserer Umstand, eine Gesellschaft, die sich im Kreise wechselnd Erzählungen mittheilt, (z. B. Boccaccio's *Decamerone*), theils die innere Verwandtschaft der behandelten Stoffe, theils ein gemeinsamer Held, wie in Ludwig Tiek's [sic] Shakspearenovellen. Die letzte Art des Novellenkranzes ist der Übergang zum Roman.

Hermann Oesterley

103 *Die Dichtkunst und ihre Gattungen.* Mit einer Vorrede von K. Goedeke. Breslau: Leuckart 1870, § 80, S. 199.

Neben dem Romane, ja parallel mit ihm, hat sich auch die Novelle erst in der neuesten Zeit zu einer selbstständigen, von den übrigen Arten der Erzählung scharf abgegrenzten Kunstform entwickelt. Ursprünglich war die Novelle nichts Anderes, als eine die Wirklichkeit des Lebens schildernde, freilich auch vielfach mit Wunderbarem und Märchenhaftem durchwebte Erzählung in Prosa, deren Stoff im Gegensatze zu der älteren, noch auf sagenhaftem Grunde erwachsenen Epik, der Gegenwart, mindestens der Neuzeit entnommen oder doch in dieselbe verlegt war, und dieser Übertragung auf die Neuzeit verdankt sie auch den seitdem ihr gebliebenen Namen.

An der allmähligen Erhebung des Romans zu einem Culturgemälde hat nun auch die Novelle Theil nehmen müssen, die fortwährend nur als ein Ausschnitt aus dem Romane, als ein einzelnes Bild aus dem großen Gemälde desselben gegolten hat, und zwar mit vollem Rechte: die Novelle unterliegt allen Bedingungen des Romans mit einziger Ausnahme des allerdings wesentlichen Punktes, daß sie nicht ein umfassendes Bild eines

wenn auch noch so eng begrenzten Culturkreises vorführt, sondern eben nur einen Ausschnitt aus demselben, daß sie nicht den
ganzen Entwickelungsgang eines Menschenlebens zur Darstellung bringt, sondern nur einen einzelnen aber entscheidenden
Abschnitt daraus. Um nun einen solchen Ausschnitt zu einem
selbstständigen, abgerundeten Kunstwerke zu gestalten, ist es
nothwendig, daß die gesammte Darstellung nach einem Schwer-
punkte hinstrebt und in allen ihren Theilen von diesem Mittelpunkte zusammengehalten wird. Deshalb erzählt die Novelle
zunächst nur eine einzelne, wenn auch vielfach gegliederte Begebenheit, und steht damit durchaus auf dem Boden der eigentlichen Erzählung; ferner aber, und darin ist die wesentliche
Verschiedenheit von der Erzählung begründet, bringt sie in der
erzählten Begebenheit eine Verwickelung, einen socialen Conflict zur Darstellung, der allmählich zur Krisis reift und endlich
zur Lösung gelangt. Während der Roman stets eine Reihe von
solchen Collisionen des Culturlebens vorführt und in dem Zu-
sammenfassen derselben sein Gesammtbild gestaltet, enthält die
Novelle nur eine einzige, und findet in deren künstlerischer
Entwickelung ihre eigentliche Aufgabe.

Im Übrigen hat alles über den Roman Gesagte auch für die
Novelle Geltung, selbst die Gliederung des Stoffes ist dieselbe,
und selbst der Mißbrauch zu tendenziöser Abhandlung fehlt
ihr nicht.

PAUL HEYSE

104 *Einleitung.* In: Deutscher Novellenschatz. Hg. von P. Heyse und
    H. Kurz. I. Bd. München: Oldenbourg [1871], S. VII–XX.

[...] Nicht früher nämlich als zu Ende des vorigen Jahrhunderts und durch Goethe wurde dieselbe [die Novelle] in unsere
Dichtung eingeführt. [...]

Goethe's Bahn jedoch ging bald wieder über die Novelle
hinaus, und wenn er auch später zu ihr zurückkehrte, so fügte
er sie fast durchaus in einen größeren Rahmen ein, worin gerade
einige seiner bedeutendsten novellistischen Erzeugnisse sich un-
abgeschlossen verlieren. So bleibt ihm denn vorwiegend das Ver-

dienst, für die Deutschen auch in dieser kleineren Dichtungsform zuerst den rechten Ton angeschlagen zu haben.

Aber – trotz der glänzenden Nachfolge Heinrich's von Kleist – erst seit 1822, in welchem Jahre Tieck mit seiner ersten Novelle hervortrat, datirt der Aufschwung dieser Gattung bei uns. Die große Wirkung, welche Tieck's Novellen auf ihre Mitwelt ausgeübt haben, ist der heutigen Nachwelt kaum noch begreiflich; so viel man aber auch mit allem Recht an ihnen aussetzen mag: zu ihrer Zeit waren sie eine That; ein offener Bruch mit der falschen Kunst, zwei für sich gleichberechtigte Erzählungsgebiete, das Wunderbare und das Natürliche, das Märchen und die Wirklichkeit, zu beiderseitigem Schaden mit einander zu vermengen. Goethe's recht ausdrücklich *Novelle* überschriebene phantastisch-mystische Erzählung von dem Knaben, der den Löwen mit Gesang bezähmt, schien diesen Mißbrauch zu rechtfertigen, und Tieck selbst hatte ihm, besonders in einigen Erzählungen seines *Phantasus*, nur allzu sehr gehuldigt. Jetzt führte er die Novelle aus der Zaubernacht und Dämmerung der Romantik in das helle Tageslicht heraus.

Er selbst hat Boccaz, Cervantes und Goethe als seine Muster und Vorbilder in dieser Gattung bezeichnet, und zumal mit Begeisterung spricht er von den „leuchtenden" Novellen des Cervantes. So sind es denn hauptsächlich die beiden Deutschen und der Spanier, deren Standbilder wir am Eingang unseres Novellenhaines aufzustellen haben.

Allein die neue Richtung, welche Tieck angegeben, wurde den alten Sauerteig so bald nicht los. Der Meister selbst erlitt gewisse Rückfälle; und was von der Natur gesagt ist, daß sie mit keiner Gewalt ganz auszutreiben sei, das läßt sich zu Zeiten auch von der Unnatur sagen. Die falsche Romantik war in der alten Gestalt überwunden; aber sie wechselte proteïsch ihre Formen und Farben, und noch eine geraume Zeit sollte es dauern, bis ihr wunderlicher Rocken bis auf den letzten Faden abgesponnen war.

Denn nicht viele Jahrzehnte sind zu zählen, seit die Novelle das von Tieck gegebene Versprechen, daß sie auch im Wunderbaren stets natürlich sein werde, in gutem Ernste zu erfüllen begann. Damit dies geschehen konnte, mußte erst der sociale und künstlerische Geist im Allgemeinen die große Wandlung erfahren, die mit den letzten Regungen der Romantik entschieden brach, und die wir mit dem landläufigen Schulwort die Wendung zum Realismus nennen wollen. Eine Zeit, die in Politik und Philosophie sich zunächst wieder auf den Boden des Thatsächlichen stellte, in der Geschichtschreibung die Quellenforschung, in Physik und Chemie das Experiment ihrer Methode zu Grunde legte, mußte auch einer Dichtungsart günstig sein, in der die Begebenheit, das Ereigniß, der einzelne Fall so vielfach ohne alle höheren Ansprüche auf absoluten sittlichen und dichterischen Werth zu ihrem Rechte kommen. War es doch auch in Goethe's weltumfassendem Naturell der Respect vor dem Thatsächlichen, das epische Geltenlassen der Wirklichkeit, die Freude am überraschenden Phänomen gewesen, was ihn zum Begründer des deutschen Romans gemacht hatte. Nach dem verwirrenden Um- und Abweg durch den verkehrten und nur scheinbaren Idealismus der Romantik fand sich der poetische Geist der Nation wieder zu ihrem großen Führer zurück, um die von diesem eingeschlagene Bahn, allerdings oft ins Breite und Flache sich verlierend, mit klarem Selbstbewußtsein bis an die äußersten Grenzen zu verfolgen.

Bei dem unverkennbaren Einfluß, den diese allgemeinen Zustände insbesondere auch auf die Entwicklung der Novelle ausübten, hat noch ein ganz äußerlicher Umstand aufs Entscheidenste mitgewirkt: das Aufblühen des Journalismus; denn die von Jahr zu Jahr wachsende Menge der Tages- und Wochenblätter begünstigte in früher ungeahntem Maße die Prosaformen der Dichtung und machte durch den breiten Spielraum, den sie in ihren Spalten dem Roman und der Novelle öffnete, zugleich mit der Lockung rasch zu gewinnender Popularität selbst Talente sich dienstbar, die in der klassischen Periode unzweifelhaft höheren Formen sich zugewandt hätten.

So wurde zunächst mit einem Nachtheil für die sogenannte „hohe Poesie", die der rhythmischen Form nicht entbehren kann, der Gewinn für die Ausbildung einer künstlerischen Prosa bezahlt; aber auch für die Novelle selbst lagen in dem Hausrecht, das ihr der Journalismus einräumte, sehr erhebliche Gefahren. Denn es konnte nicht ausbleiben, daß man in der Nachbarschaft anderer Tagesneuigkeiten auch ihren Namen, der ja im Grunde nichts Anderes bedeutet, allzu wörtlich nehmen und die Novelle von gestern schon heute veraltet finden mußte. Von dem künstlerischen Rang, den sie in den Händen ihrer Meister erhalten, drohte sie zu bloßer Unterhaltungswaare herabzusinken und somit die schnelle und allgemeine Gunst, die sie erfuhr, durch die Flüchtigkeit dieser Gunst mehr als aufzuwiegen. Dazu machte sich auch ein künstlerischer Nachtheil nur allzu rasch fühlbar.

Die abgerissene Form des Erscheinens nämlich entwöhnte die Leser bald genug, auch eine Novelle als ein kleines Kunstwerk, ein abgerundetes Ganzes zu genießen und selbst an diese bescheidenste dichterische Form die Ansprüche der möglichsten Vollendung zu machen. Diese Genügsamkeit hatte die natürliche Folge, daß auch die Schaffenden Fähigkeit und Bedürfniß, es auf ein künstlerisch organisirtes Ganzes abzusehen, mehr und mehr verloren und dafür die Fertigkeit ausbildeten, was im Großen und Ganzen eingebüßt war, im Kleinen und Einzelnen wieder einzubringen. Es galt, den flüchtigen Leser, wie jene geistreiche Märchenerzählerin ihren grillenhaften Sultan, um jeden Preis von heut auf morgen festzuhalten, ihn, wenn er etwa nur ein mitten herausgerissenes Fragment in die Hände bekam, durch den reizenden Geschmack dieses Brockens nach der „Fortsetzung" lüstern zu machen und so von der Hand in den Mund lebend die tausend und einen Werkeltage des literarischen Handwerks hinzubringen. Daher das Übergewicht des Vortrags über den Stoff, der geistreichen Ausführung über die Gediegenheit der Composition, und das Umsichgreifen jener Zwittergattungen, die als Reisenovellen, Feuilletonphantasieen, Capriccio's u. s. w. so lange Jahre gewuchert und den gesunden Wuchs der echten Novelle verkümmert haben.

In noch höherem Grade hat der Romanstil unter der heillosen Zerstückelung der Tagesblätter zu leiden gehabt, und die Klage darüber ist selbst in jenen Kreisen laut geworden, von denen das Übel ausging. George Sand, im Vorwort zu ihrer *Jeanne* vom Jahre 1852, bezeichnet sogar ein bestimmtes Datum, auf das sich der Beginn dieser hastig dramatisirenden, in musivisch aneinandergereihten Effectscenen sich fortbewegenden Manier zurückführen lasse. „Es war", sagt sie, „im Jahre 1844, als der alte *Constitutionnel* sich verjüngte, indem er zum großen Format überging. Seitdem besaßen Alexander Dumas und Eugène Sue im höchsten Grade die Kunst, jedes Kapitel mit einer spannenden Peripetie zu schließen, die den Leser beständig in Athem erhalten und zur ungeduldigsten Neugier stacheln sollte. Das war nicht das Talent Balzac's und noch weniger das meine. Balzac, dessen Geist mehr von einem Mittelpunkt aus zu entwickeln liebte, ich, mehr von einem langsamen und träumerischen Charakter, wir konnten nicht daran denken, mit dieser an Erfindung von Begebenheiten und Häufung von Intriguen unerschöpflichen Phantasie zu wetteifern." – –

Sagen wir es mit Einem Wort: dem Roman wie der Novelle ist heutzutage die epische Ruhe des Stils mehr oder weniger verloren gegangen, die in den Mustern der Gattung bei den romanischen Völkern so großen Reiz übt und dem, was unser deutscher Großmeister der Erzählungskunst geschaffen, unvergänglichen Werth verleiht.

Aber wenn wir diese Thatsache mit unverhohlenem Bedauern erkennen, sind wir doch von der Meinung fern, als ob die Novelle nothwendig „umkehren" und um jeden Preis die edle Einfalt und classische Mäßigung zurückgewinnen müsse, die sie in ihrer Jugend besaß. Jeder Zeitgeschmack ist eine Macht, die zwar nicht vor Recht geht, der aber ein doctrinärer Eigensinn sich nicht in den Weg stellen darf. So wenig wir von Robert Schumann's durchgeistigt subjectiver Form und dem problematisch leidenschaftlichen Charakter seiner Kunst zu der durchsichtigen Objectivität Vater Haydn's zurückkönnen, weil die Stimmungen und Strömungen unseres heutigen Lebens über den Rand dieser krystallklaren Formen hinausschwellen, eben so wenig wird es uns einfallen dürfen, mit archaistischer Willkür die Novelle zu freiwilliger Armuth, zur Beschränkung an Stoffen und Darstellungsmitteln zu verpflichten. Nil humani a me alienum puto – Alles, was eine Menschenbrust bewegt, gehört in meinen Kreis – dieser Loosung wird die Novelle mit vollster Unumschränktheit treu bleiben müssen. Haben doch auch gerade in der neueren Zeit bedeutende Talente im verschiedensten Sinne mit diesem Wahlspruch Ernst gemacht. Von dem einfachen Bericht eines merkwürdigen Ereignisses oder einer sinnreich erfundenen abenteuerlichen Geschichte hat sich die Novelle nach und nach zu der Form entwickelt, in welcher gerade die tiefsten und wichtigsten sittlichen Fragen zur Sprache kommen, weil in dieser bescheidenen dichterischen Gattung auch der Ausnahmsfall, das höchst individuelle und allerpersönlichste Recht im Kampf der Pflichten, seine Geltung findet. Fälle, die sich durch den Eigensinn der Umstände und Charaktere und eine durchaus nicht allgemein gültige Lösung der dramatischen Behandlung entziehen, sittliche Zartheit oder Größe, die zu ihrem Verständniß der sorgfältigsten Einzelzüge bedarf, alles Einzige und Eigenartige, selbst Grillige und bis an die Grenze des Häßlichen sich Verirrende ist von der Novelle dichterisch zu verwerthen. Denn es bleibt ihr von ihrem Ursprung her ein gewisses Schutzrecht für das bloß Thatsächliche, das schlechthin Erlebte, und für den oft nicht ganz reinlichen Erdenrest der Wirklichkeit kann sie vollauf entschädigen, theils durch die harmlose Lebendigkeit des Tons, indem sie Stoffe von geringerem dichterischen Gehalt auch in anspruchsloserer Form, ohne den vollen Nachdruck ihrer Kunstmittel überliefert, theils durch die unerschöpfliche Bedeutsamkeit des Stoffes selbst, da der Mensch auch in seinen Unzulänglichkeiten dem Menschen doch immer das Interessanteste bleibt.

Thöricht wäre daher die Forderung, auch Probleme der oben bezeichneten Art, die oft nur durch die zartesten Schattirungen, reizendes Helldunkel oder eine photographische Deutlichkeit unser Interesse gewinnen, in jener naiven Holzschnittmanier der alten Italiener oder mit den ungebrochenen Farben des großen Spaniers zu behandeln. Hier sind alle jene Mittel höchst individueller Vortragsweise nicht nur erlaubt, sondern sogar gefordert, wie sie einigen der französischen Erzähler und in noch höherem Grade dem russischen Meister der Seelenkunde, Iwan Turgenjew, in so bewundernswerthem Maße zu Gebote stehen. Der Dichter, der uns in die geheimnißvollsten Gemüthstiefen seltener oder doch sehr entschieden ausgeprägter Individuen blicken läßt, wird, um uns in volle Illusion zu bringen, andere Töne anschlagen müssen, als wer uns von einem geraubten und unter Zigeunern wiedergefundenen Kinde erzählt, in dessen Geschick die abenteuerliche Verwicklung und Lösung äußerer Umstände das Hauptinteresse bildet. Bei jenen höchst modernen Aufgaben ist eine dramatische Unmittelbarkeit berechtigt, eine gesteigerte Schärfe der Naturlaute, ein gewisser nervöser, herzklopfender Stil, die mit der oben gerühmten epischen Ruhe im äußersten Gegensatz stehen.

Und freilich ist diese, wie jede Virtuosität, auch sehr der Gefahr ausgesetzt, die Mittel zum Zweck zu machen und über dem Reiz, mit der Schwierigkeit der Form zu spielen, den Sinn für den Werth des Ganzen einzubüßen. Auch der Erzähler dürfte nie vergessen, daß, wie bloße Farbeneffecte noch kein Bild machen, ein noch so geistreiches Spiel mit zerflatternden Motiven keine Geschichte ergiebt, die unserer Phantasie eingegraben bleibt, und daß auch in diesem Gebiet „groß sein heißt, nicht ohne großen Gegenstand sich regen."

Denn wie sehr auch die kleinste Form großer Wirkungen fähig sei, beweist unseres Erachtens gerade die Novelle, die im Gegensatz zum Roman den Eindruck eben so verdichtet, auf Einen Punkt sammelt und dadurch zur höchsten Gewalt zu steigern vermag, wie es der Ballade, dem Epos gegenüber, vergönnt ist, mit einem raschen Schlage uns das innerste Herz zu treffen. Es kann hier nicht unsere Aufgabe sein, das Kapitel der Ästhetik über Roman und Novelle zu schreiben, so wenig wir mit den einleitenden Notizen eine Geschichte der deutschen Novellistik zu geben dachten. So viel aber muß doch zu vorläufiger Verständigung gesagt werden, daß wir allerdings den Unterschied beider Gattungen nicht in das Längenmaß setzen, wonach ein Roman eine mehrbändige Novelle, eine Novelle ein kleiner Roman wäre. Da lang und kurz relative Begriffe sind und man bekanntlich die simpelste Liebesgeschichte für den Liebhaber nicht lang genug ausspinnen, dagegen den Inhalt der *Odyssee* „zum Gebrauch des Dauphin" auf eine Quartseite bringen kann, so muß, wenn es sich um mehr als Namen handeln soll, schon im Thema, im Problem, im unentwickelten Keim etwas liegen, das mit Nothwendigkeit zu der einen oder andern Form hindrängt.

Und dies scheint, wenn man auf das Wesentliche sieht, in Folgendem zu beruhen.

Wenn der Roman ein Cultur- und Gesellschaftsbild im Großen, ein Weltbild im Kleinen entfaltet, bei dem es auf ein gruppenweises Ineinandergreifen oder ein concentrisches Sichumschlingen verschiedener Lebenskreise recht eigentlich abgesehen ist, so hat die Novelle in einem einzigen Kreise einen einzelnen Conflict, eine sittliche oder Schicksals-Idee oder ein entschieden abgegrenztes Charakterbild darzustellen und die Beziehungen der darin handelnden Menschen zu dem großen Ganzen des Weltlebens nur in andeutender Abbreviatur durchschimmern zu lassen. Die Geschichte, nicht die Zustände, das Ereigniß, nicht die sich in ihm spiegelnde Weltanschauung, sind hier die Hauptsache; denn selbst der tiefste ideelle Gehalt des einzelnen Falles wird wegen seiner Einseitigkeit und Abgetrenntheit – der Isolirung des Experiments, wie die Naturforscher sagen – nur einen relativen Werth behalten, während es in der Breite des Romans möglich wird, eine Lebens- oder Gewissensfrage der Menschheit erschöpfend von allen Seiten zu beleuchten. Freilich wird es auch hier an Übergangsformen nicht fehlen. Hat doch unser größter Erzähler in seinen *Wahlverwandtschaften* ein echt novellistisches Thema mit vollem Recht zum Roman sich auswachsen lassen, indem er das bedeutende Problem mitten in ein reich gegliedertes sociales Leben hineinsetzte, obwohl vier Menschen auf einer wüsten Insel eben so gut in die Lage kommen konnten, die Gewalt dieses Naturgesetzes an sich zu erfahren.

Im Allgemeinen aber halten wir auch bei der Auswahl für unsern Novellenschatz an der Regel fest, der Novelle den Vorzug zu geben, deren Grundmotiv sich am deutlichsten abrundet und – mehr oder weniger gehaltvoll – etwas Eigenartiges, Specifisches schon in der bloßen Anlage verräth. Eine starke Silhouette – um nochmals einen Ausdruck der Malersprache zu Hülfe zu nehmen – dürfte dem, was wir im eigentlichen Sinne Novelle nennen, nicht fehlen, ja wir glauben, die Probe auf die Trefflichkeit eines novellistischen Motivs werde in den meisten Fällen darin bestehen, ob der Versuch gelingt, den Inhalt in wenige Zeilen zusammenzufassen, in der Weise, wie die alten Italiener ihren Novellen kurze Überschriften gaben, die dem Kundigen schon im Keim den specifischen Werth des Thema's verrathen. Wer, der im Boccaz die Inhaltsangabe der 9ten Novelle des 5ten Tages lies't:

„Federigo degli Alberighi liebt, ohne Gegenliebe zu finden; in ritterlicher Werbung verschwendet er all seine Habe und behält nur noch einen einzigen Falken; diesen, da die von ihm geliebte Dame zufällig sein Haus besucht und er sonst nichts hat, ihr ein Mahl zu bereiten, setzt er ihr bei Tische vor. Sie erfährt, was er gethan, ändert plötzlich ihren Sinn und belohnt seine Liebe, indem sie ihn zum Herrn ihrer Hand und ihres Vermögens macht" – wer erkennt nicht in diesen wenigen Zeilen alle Elemente einer rührenden und erfreulichen Novelle, in der das Schicksal zweier Menschen durch eine äußere Zufallswendung, die aber die Charaktere tiefer entwickelt, aufs Liebenswürdigste sich vollendet? Wer, der diese einfachen Grundzüge einmal überblickt hat, wird die kleine Fabel je wieder vergessen, zumal wenn er sie nun mit der ganzen Anmuth jenes im Ernst wie in der Schalkheit unvergleichlichen Meisters vorgetragen findet.

Wir wiederholen es: eine so einfache Form wird sich nicht für jedes Thema unseres vielbrüchigen modernen Culturlebens finden lassen. Gleichwohl aber könnte es nicht schaden, wenn der Erzähler auch bei dem innerlichsten oder reichsten Stoff sich zuerst fragen wollte, wo „der Falke" sei, das Specifische, das diese Geschichte von tausend anderen unterscheidet. [...]

105 *Brief an Theodor Storm vom 11. Dezember 1875.* In: Theodor Storm – Paul Heyse. Briefwechsel. Kritische Ausgabe. I. Bd: 1853–1875. In Verbindung mit der Th. Storm-Ges. hg. von C. A. Bernd. Berlin: E. Schmidt 1969, S. 101.

[...] Ich bin nur durch meine Schatzgräberei, wo ich jede Novelle zunächst auf ihren „Falken" ansah – Sie entsinnen sich vielleicht der Einleitung zu unserm *Novellen Schatz* – dahin gekommen, daß ich immer etwas vermisse, wenn kein eigentlich novellistisches Motiv mir entgegenspringt, eines mit einer psychologischen Collision, ein Problem, wenn Sie lieber wollen. Eine Reihe Genrebilder, selbst von Ihrer sichern und zarten Hand ausgeführt, hinterläßt mir ein verstohlenes Verlangen nach einem Mittelpunkt, der das Ganze organisirt. Aber ich bin nicht so Pedant, daß ich auch jede reizende Geschichte für „Unsere Jugend" nach ihrem novellistischen Paß befragte, und nur die Nachbarschaft des *Waldwinkels* hat diese Betrachtungen angeregt. [...]

106 *Novelle* [ED – mit kleineren Varianten – u. d. T.: Meine Novellistik. In: P. H., Jugenderinnerungen ... 1900]. In: P. H., Jugenderinnerungen und Bekenntnisse. 5. Auflage, neu durchgese-
hen und stark vermehrt. II. Bd: Aus der Werkstatt. Stuttgart u.
Berlin: Cotta 1912, S. 67–74, 77f., 8of.

[...] Denn auf dem Gebiet der Novelle hatten wir nicht wie
auf anderen von unseren Vätern aus der klassischen Zeit ein rei-
ches Erbe überkommen, das wir hätten „erwerben müssen, um
es zu besitzen". Goethe selbst, der größte aller Erzähler, hat
zur eigentlichen Novelle nur gelegentlich einen Anlauf genommen, der oft vor dem letzten Ziele stecken blieb und sich in
einen größeren Rahmen verlor, wie im *Mann von fünfzig Jahren*, der *Pilgernden Törin*, den *Wunderlichen Nachbarskindern*.
Die unvergleichlich reizvoll erzählten *Der neue Paris* und *Die
neue Melusine* gehören in die Region des Märchens, und was er
selbst schon durch den Titel als eigentliche *Novelle* wollte angesehen wissen, jenes halb mystische Abenteuer mit dem Löwen,
der durch den Gesang aus Kindermund gezähmt wird, läßt ver-
muten, daß ihm für den Gattungscharakter dieser Dichtungsart
das Wunderbare, Unerhörte, wenigstens Einzigartige maßgebend war.
Was vor und neben ihm Wieland an kürzeren Erzählungen
geschaffen hat, hält sich auf dem Grenzgebiet zwischen Roman
und moralisierender Skizze und steht den kleinen Voltaireschen
Romanen näher als deutschen Vorbildern. Erst Tieck setzte das
von Goethe Angebahnte erfolgreich fort, durch die Hinneigung
der Romantik zu den romanischen Literaturen auf das Vorbild
des Boccaccio und Cervantes geführt, deren engere Formen und
fast ausschließend erotische Themata er selbständig erweiterte,
so daß er in der Tat als der Schöpfer der modernen Novelle anzusehen ist. Wir können sagen, daß durch ihn und seine Nachfolger – wie groß ihre Zahl und wie fruchtbar ihre schöpferische
Tätigkeit war, liegt in unserem *deutschen Novellenschatz* zutage
– dieses ganze Kunstgebiet, die novellistische Provinz, zu dem
weiten Reiche unserer Klassiker hinzuerobert worden ist.
Tieck selbst aber erscheint in seinen Novellen durchaus nicht
immer musterhaft. Da ihm die naive Vollkraft der Phantasie,
die den großen Dichter macht, gebrach, die berüchtigte romantische „Ironie" sich so oft als Spielverderberin einmischte und

nur allzu oft „die alte Schwiegermutter Weisheit das zarte Seelchen beleidigte", gelang es ihm selten, auch eine glückliche Erfindung rein durchzuführen, ohne durch störende Zutaten, witzige oder lehrhafte Gespräche, die den Personen äußerlich angeheftet sind und nicht aus ihrem Charakter entspringen, oder durch willkürliche Führung der Fabel den vollen Eindruck zu schädigen. Selbst ein so geistreich konzipiertes Kabinetsstück wie *Des Lebens Überfluß* mutet uns heute nicht mit so natürlicher Frische an, wie es die Zeitgenossen bezauberte, während der *Decamerone* und des Cervantes *Novelas ejemplares*, dazu die Novellen, die in den *Don Quichote* eingestreut sind, in unvergänglicher Lebensfülle die Jahrhunderte überdauert haben.

Seitdem aber haben wir uns gewöhnt, an die Novelle höhere Forderungen zu stellen, als daß sie ein müßiges Unterhaltungsbedürfnis befriedige und durch eine Reihe bunter Abenteuer uns ergötze. Was von dieser Art unter dem Namen Novelle in unabsehlicher Menge in Zeitschriften und den Spalten der Familienblätter zu finden ist, steht selten höher als das Geplauder über Verlobungen, Heiraten, Ehebrüche und Ehescheidungen in der sogenannten guten Gesellschaft, und kann nicht den Anspruch machen, zur Literatur gerechnet zu werden. Denn von einer Novelle, der wir einen künstlerischen Wert zuerkennen, verlangen wir wie von jeder wirklichen dichterischen Schöpfung, daß sie uns ein bedeutsames Menschenschicksal, einen seelischen, geistigen oder sittlichen Konflikt vorführe, uns durch einen nicht alltäglichen Vorgang eine neue Seite der Menschennatur offenbare. Daß dieser Fall in kleinem Rahmen energisch abgegrenzt ist, wie der Chemiker die Wirkung gewisser Elemente, ihren Kampf und das endliche Ergebnis „isolieren" muß, um ein Naturgesetz zur Anschauung zu bringen, macht den eigenartigen Reiz dieser Kunstform aus, im Gegensatz zu dem weiteren Horizont und den mannigfaltigen Charakterproblemen, die der Roman vor uns ausbreitet. Je gehaltvoller die Aufgabe ist, je tiefere Probleme in dieser äußeren Beschränkung gelöst werden, desto ergreifender und nachhaltiger wird die Wirkung sein, desto wichtiger aber auch die Sorge des Dichters, keinen störenden Zug in das kleine Bild hineinzubringen.

Meister in dieser Kunst waren bei Franzosen und Russen Prosper Mérimée, Alfred de Musset, Guy de Maupassant, vor allem Turgenjew und viele andere seiner Landsleute, die uns in Wolfsohns Übersetzung zuerst bekannt geworden sind, von den Deutschen vor allen Gottfried Keller und in seinen letzten Novellen Theodor Storm. Im allgemeinen ist der künstlerische Takt, der gerade zur Beherrschung dieser eigenartigen Form nötig ist, uns Deutschen nur sparsam verliehen, während wir sonst auch für die Novelle eine Fülle von Gemütseigenschaften, Wärme der Empfindung, Humor und sinnliche Frische besitzen, um die uns die Nachbarnationen beneiden könnten. Dagegen sehen wir häufig einen dankbaren Stoff entweder durch Überladung mit Beiwerk, oder durch Ungeschick in der Komposition oder durch Häufung heterogener Motive seine Wirkung verlieren, so daß es nicht überflüssig scheint, gewisse Grundgesetze der Gattung in Erinnerung zu bringen, ohne deren Kenntnis so manches liebenswürdige oder tiefsinnige Talent stets ins Blaue hinein fabulieren wird.

Denn während niemand bestreitet, daß selbst das höchstbegabte musikalische Talent eine Schule der Komposition durchmachen müsse, um sich aller Mittel seiner Kunst bemächtigen zu lernen, ist doch die Meinung verbreitet, daß es, um Romane und Novellen zu schreiben, nur der unerläßlichen guten Einfälle, einiges Geschmacks und jener Gabe, flüssig zu erzählen, bedürfe, die zumal die Frauen schon durch ihren fleißigen Briefwechsel sich anzueignen pflegen. Daß es auch für die Novelle eine Technik gebe, die aus einem fruchtbaren Motiv die Handlung so folgerichtig geschlossen entwickeln lehre, wie der junge Musiker durch seinen Meister in der Komposition dazu gelangt, ein Thema von wenigen Takten zu einem Sonaten- oder Symphoniesatz auszubilden, davon haben viele Novellisten so einen Begriff, während das Publikum vollends die dichterische Produktion überhaupt als eine Gabe Gottes betrachtet, die dem Talent in „Weihestunden" durch Inspiration zuteil werde. [...]

Was zunächst die Qualität des Stoffes betrifft, der als spezifisch novellistisch betrachtet werden kann, will ich nur an das erinnern, was ich in der Einleitung zum *deutschen Novellenschatz* geäußert habe, und was seitdem vielfach als meine „Falkentheorie" zitiert worden ist: daß man sich fragen müsse, ob die zu erzählende kleine Geschichte eine starke, deutliche

Silhouette habe, deren Umriß, in wenigen Worten vorgetragen, schon einen charakteristischen Eindruck mache, wie der Inhalt jener Geschichte des *Decamerone* vom „Falken" in fünf Zeilen berichtet sich dem Gedächtnis tief einprägt. Ich habe nie leugnen wollen, daß auch eine glücklich beobachtete und lebhaft geschilderte einzelne Situation, ein merkwürdiges Charakterbild, selbst ohne eine sich daraus entwickelnde Handlung poetischen Reiz und künstlerischen Wert haben könne. Auch auf der Bühne, die doch von vorn herein auf kräftig bewegte Handlung angewiesen ist, kann ja unter Umständen ein idyllischer Vorgang, ein gemütvolles Stilleben unsere Sympathie gewinnen und einen Stimmungsreiz entfalten, der uns alle pedantischen Forderungen an eigentlich dramatische Entwicklung vergessen läßt. Dies aber sind Ausnahmen. Im übrigen werden wir starke Willens- oder Charakterkonflikte nach wie vor vom Drama vorgeführt verlangen, wie von einer echten und gerechten Novelle ein seelisches oder geistiges Problem in einem kräftig begrenzten Fall zum Austrag gebracht werden soll. Welch ein Unterschied zwischen einem solchen Fall und einem bloßen Vorfall ist, erkennt man leicht, wenn man die kleine Geschichte betrachtet, die im elften Kapitel des zweiten Buchs der *Wanderjahre* erzählt wird. Der Erzähler lernt bei einer Landpartie einen Knaben seines Alters, den Sohn des Fischers, kennen, an den er sich leidenschaftlich anschließt. Sie durchstreifen zusammen die Gegend, baden an einer schattigen Stelle des Flußufers, und in einer seltsamen seelisch-sinnlichen Aufregung, da sie sich nackt gesehen haben und von der Schönheit der jugendlichen Gestalt zum erstenmal überrascht worden sind, fühlen sie sich zueinander hingezogen und schwören sich ewige Freundschaft. Der Fischerssohn verunglückt am Abend desselben Tages mit anderen Kindern, mit denen er dem Krebsfang nachgehen wollte, und sein Freund wird aus dem ekstatisch seligen Zustand, in dem er den Tag zugebracht hat, in die tiefste Verzweiflung gestürzt, da er denselben glänzendweißen Knabenleib, der ihn am Mittag entzückt hatte, neben den anderen Opfern des Jammergeschicks starr und kalt auf dem Strohlager wiedersieht.

Das novellistisch Unzulängliche, mehr lyrisch Gestimmte des Themas, das in dem bloßen Kontrast der höchsten Wonne und des tiefsten Schmerzes besteht, ist durch die hohe Kunst der Darstellung allerdings „Ereignis" auch im künstlerischen Sinne geworden. Da aber aus dem äußeren Geschehnis nichts erfolgt, was eine bedeutungsvoll fortwirkende innere Entwicklung und äußere Handlung einleitete, wird man diese ergreifende Anekdote nur soweit zu den Novellen rechnen können, wie noch viel geringere faits divers im *Decamerone* mit diesem Namen benannt worden sind.

Darauf aber wird es ankommen, daß der Erzähler bei jeder einzelnen Aufgabe sich frage, auf welche Weise aus dem fruchtbaren Motiv möglichst alles zu machen wäre, was darin an psychologisch bedeutsamem Gehalt im Keim vorhanden ist. Freilich vollzieht sich die Entwicklung eines novellistischen Grundmotivs so wenig wie die eines musikalischen Themas mit so unfehlbarer organischer Notwendigkeit, wie aus einem Pflanzenkeim immer nur das einzige in ihm vorgebildete Gewächs hervorsprießt. Nach den verschiedenen geistigen und künstlerischen Anlagen des Erzählers werden die verschiedensten dichterischen oder musikalischen Gebilde aus demselben Motiv entspringen. Doch neben diesen berechtigten subjektiven Unterschieden, die unter anderem dazu führen, daß dieselben vier Takte von dem einen Komponisten in Dur, von dem anderen in Moll weiterentwickelt werden, derselbe Novellenstoff hier zu einer tragischen, dort zu einer versöhnenden oder selbst humoristischen Lösung gelangt, ist doch die Forderung ganz allgemein unerläßlich, das Möglichste an dichterischer oder musikalischer Wirkung dem Thema abzugewinnen. In den meisten Fällen wird auch der Kreis dieser Möglichkeiten nur beschränkt sein, und ein Zeugnis für die gereiftere Kraft des Künstlers ist die Sicherheit, mit der er diejenige Durchführung wählt, die das innerste Wesen des Motivs am schlagendsten zur Anschauung bringt.

Wie dies alles gemeint ist, und was ich unter einer bewußten kontrapunktischen Technik verstehe, will ich durch ein Beispiel aus eigener Erfahrung zu erläutern suchen. [...]

———

Wer nun begriffen hat, daß es bei der Komposition, novellistischer so gut wie dramatischer, nicht auf ein Zusammensetzen und Ordnen von außen her ankommt, sondern auf ein Entwickeln von innen heraus, wird es sich angelegen sein lassen, bei dem ersten Erfinden so zu verfahren, daß der Eigenwert des Stoffes, sein spezifischer Gehalt, seine Idee möglichst rein und erschöpfend in dem kleinen künstlerischen Gebilde zur Anschauung komme. Zu dem Zweck wird er, wenn der dichterische Impuls von einem Handlungsmotiv ausgeht, die Gestalten, die dasselbe darstellen sollen, so entwerfen, daß gerade solche Charaktere das zu Erlebende am tiefsten und nachdrücklichsten in sich durchzumachen geeignet seien. Gibt ein Charakterproblem den Anstoß, so wird er die Verhältnisse und Situationen suchen, in denen das psychologische Phänomen sich am schlagendsten offenbart. Eine Reihe von Möglichkeiten wird sich ihm darbieten, unter denen er seine Wahl zu treffen hat. Der Kreis solcher Möglichkeiten aber ist, wie gesagt, stets ein beschränkter. Je mehr Übung man erlangt, je rascher drängen sich die wenigen wahrhaft fruchtbaren Fälle auf, die überhaupt in Betracht kommen können, und wenn die erfindende Phantasie des Anfängers zuerst ziemlich ratlos zwischen einer Fülle lockender Bilder herumschwankt, entscheidet sich der Erfahrene zuweilen ohne alles Zaudern. Wie bei einem natürlichen Kristallisationsprozeß alle Elemente blitzschnell um ihren Kern anschießen, gruppieren sich die Charaktere mit Notwendigkeit um ihren Mittelpunkt; alles was an Zeit- und Ortsumständen erforderlich ist, findet sich wie selbstverständlich hinzu, so daß, wenn ein gesundes, lebendiges und fruchtbares Grundmotiv vorlag, oft schon binnen einer einzigen Stunde die ganze Komposition bis in die einzelnsten Verzweigungen zustande kommt, da alle Teile dem gleichen organischen Bildungstriebe gehorchen. [...]

———

Hier aber sei noch mit einem Wort der so stark im Schwange gehenden Unsitte gedacht, die Handlung durch ein Übermaß von Naturschilderungen zu ersticken, was gerade in dem knappen Raum, der der Novelle gewährt ist, doppelt fehlerhaft erscheint. Hatte schon Stifters Beispiel unheilvoll gewirkt, so wurde die Stimmungssucht der neuesten Zeit geradezu verhängnisvoll. Wir finden Mondnächte, Schneelandschaften, Torfheiden mit so liebevoller Umständlichkeit behandelt, daß wir die Menschengeschicke, die hier sich vollziehen, eine Weile völlig aus den Augen verlieren, während doch die Kulissen sich der Handlung bescheiden unterordnen sollen. In dieser taktvollen

Mäßigung sind die französischen Novellisten, die ich oben genannt habe, musterhaft. Vor allen aber Turgenjew, selbst in seinem Tagebuch eines Jägers, in dem freilich die Naturstimmungen einen breiten Raum einnehmen, immerhin aber durch die Klarheit und Schärfe des beobachtenden Jägerauges einen großen Reiz erhalten und schließlich doch nur als Hintergrund von menschlichen Erlebnissen erscheinen, die nur aus solchen Naturbedingungen ganz zu verstehen sind. Bedenklich dagegen dünkt mich die Gewohnheit des großen Erzählers, den immer und immer wieder zu studieren einem jungen Novellisten nicht genug empfohlen werden kann, seine Figuren von vornherein mit einer ausführlichen Beschreibung ihres Äußeren einzuführen. Ehe wir noch für ihren Charakter und ihre Handlungsweise irgend ein Interesse gefaßt haben, haben wir kein Bedürfnis, ihr genaues Signalement uns einzuprägen. Erst wenn der weitere Verlauf die geschilderte Person uns näher bringt, wünschen wir auch über Gesicht und Kleidung und die „besonderen Kennzeichen" etwas zu erfahren, was wir inzwischen alles wieder vergessen haben, wenn es uns gleich zu Anfang mitgeteilt worden ist. Es wird darauf ankommen, den Leser in eine Stimmung zu bringen, in der wenige charakteristische Züge ihm genügen, um mit eigener malerischer Phantasie sich das Bild zu vervollständigen. Diese Erregung des inneren plastischen Sinns ist überhaupt für den Erzähler das wichtigste. Ist er darin ein Meister, so kann er sich alle möglichen Palettenkünste sparen und wird vollends das Illustrieren durch Zeichner als eine Beeinträchtigung seiner eigenen Arbeit empfinden. Von Philines Äußerem wird uns nichts mitgeteilt, als daß sie schöne Haare hatte. Und doch steht die reizende Sünderin vor unserer Phantasie, als ob sie leibte und lebte.

Doch genug der allgemeinen Betrachtungen, da ich nicht vorhabe, eine vollständige „Technik der Novelle" zu schreiben, wie wir eine Technik des Dramas und des Romans von berufenen Meistern erhalten haben. Mit den obigen Ausführungen habe ich nur dartun wollen, daß auch die novellistische Kunst bis zu einem gewissen Grade erlernt werden kann, wenigstens soweit wie nach sokratischer Doktrin auch die Tugend lernbar ist. Rezepte sind freilich in beiden Fällen nur wirksam, um krankhaften Neigungen vorzubeugen oder sie zu korrigieren.

Ohne ein angeborenes Talent wird man keinen wesentlichen Nutzen von ihnen gewinnen, und zu den höchsten Leistungen sowohl in der dichterischen Konzeption wie in der Welt der sittlichen Aufgaben sind geniale Anlagen erforderlich, die aller Schulweisheit spotten. [...]

GOTTFRIED KELLER

107 *Brief an Emil Kuh vom 12. Februar 1874.* In: G. K., Gesammelte Briefe. Hg. von C. Helbling. III. Bd, 1. Hälfte. Bern: Benteli 1952, S. 173.

[...] Dies sage ich, weil ich dieser Tage eine Äußerung von unserm Otto Ludwig über den 1. Band der *Leute von Seldwyla* von 1861 gelesen habe aus einem Briefe an Berthold Auerbach, den Julian Schmidt der Schwätzer in der Westermannschen Monatsschrift in einem Aufsatze über Ludwig reproduziert. In dieser Äußerung, mit welcher ich unverdient gut wegkomme, fiel mir nämlich wieder das Grübeln über die Mache auf, dieses aprioristische Spekulieren, das beim Drama noch am Platz ist, aber nicht bei der Novelle und dergleichen. Das ist bei dieser Schule ein fortwährendes Forschen nach dem Geheimmittel, dem Rezept und dem Goldmacherelixier, das doch einfach darin besteht, daß man unbefangen etwas macht, so gut man's gerade kann, und es das nächste Mal besser macht, aber beileibe auch nicht besser, als man's kann. Das mag naturburschikos klingen, ist aber doch wahr. [...]

108 *Brief an Friedrich Theodor Vischer vom 29. Juni 1875.* In: Ebda, S. 139.

[...] Die letzte Seldwyler Geschichte haben Sie, wie ich bei der Frau Heim hörte, zu tendenziös und lokal gefunden. Ich glaube, der Hauptfehler liegt darin, daß es eigentlich ein kleiner Romanstoff ist, der novellistisch nicht wohl abgewandelt werden kann. Daher vieles deduzierend und resümierend vorgetragen werden mußte, anstatt daß es sich anekdotisch geschehend abspinnt, daher der tendenziöse langweilige Anstrich. [...]

109 *Brief an Paul Heyse vom 27. Juli 1881.* In: Ebda, S. 56f.

[...] Wir sind nachgerade gewöhnt, psychologisch sorgfältig ausgeführte kleine Romane Novellen zu nennen, und würden den *Werther*, den *Vicar of Wakefield* u. dgl. heut ebenfalls Novellen nennen. Dem gegenüber, glaubte ich, könne man zur Abwechslung etwa auch wieder die kurze Novelle kultivieren, in welcher man puncto Charakterpsychologie zuweilen zwischen den Seiten zu lesen hat, respektive zwischen den Factis, was nicht dort steht. Freilich darf man dabei keine Unmöglichkeiten zusammenpferchen, und immerhin muß der Eindruck gewahrt bleiben, daß dergleichen vorkommen könne und in concreto die Umstände wohl darnach beschaffen sein mögen. Sind dann die Ereignisse nicht interessant genug, daß sie auch ohne psychologische Begleitung fesseln, so ist der Handel freilich gefehlt. [...]

[...] Im stillen nenne ich dergleichen die Reichsunmittelbarkeit der Poesie, d. h. das Recht, zu jeder Zeit, auch im Zeitalter des Fracks und der Eisenbahnen, an das Parabelhafte, das Fabelmäßige ohne weiteres anzuknüpfen, ein Recht, das man sich nach meiner Meinung durch keine Kulturwandlungen nehmen lassen soll. Sieht man schließlich genauer zu, so gab es am Ende doch immer einzelne Käuze, die in der Laune sind, das Ungewohnte wirklich zu tun, und warum soll nun dies nicht das Element einer Novelle sein dürfen? Natürlich alles cum grano salis.

110 *Brief an Theodor Storm vom 14./16. August 1881.* In: Ebda, S. 462–464.

Eben als ich fortfahren will, kommt Ihr neuer Brief [vgl. Nr 93], der meine Faulheit willkommener Weise beschämt. Ich hatte vor, auch gleich an Heyse zu schreiben, der mir aus seinem Strandexil schrieb, er müsse 5 Wochen dort bleiben. Da Sie ihn nun in wenigen Tagen erwarten, bin ich unsicher, ob ich es tun soll, und bitte Sie daher vorläufig, den Dulder recht heftig in meinem Namen zu grüßen. Beschäftigen Sie ihn aber ja nicht mit theoretischen Skrupeln über die Novelle etc., denn er muß auf Befehl der Ärzte alle Morgen und Abend eine halbe Flasche Portwein trinken, um seine Vernunft einzuschläfern. Haben Sie keinen im Hause, so soll Petersen herbeischaffen, der Verjüngungskommissär.

Die Eberssche Novelle habe ich nicht gelesen, weil er sie als Illustration eines Bildes von Alma Tadema gemacht hat, eines Mannes, der als Maler genau das ist, was Ebers als Schriftsteller. Es handelt sich also um eines jener Gedichtchen, die zu Almanachbildchen gemacht werden. Das, was er zur Herabsetzung der Gattung der Novelle sagt, würde mich nicht stark rühren; vor ein paar Jahren degradierte er ebenso den Roman, indem er von sich aussagen ließ, er schreibe nur Romane, wenn er krank und zu ernster Arbeit unfähig sei. Übrigens hat sein Judentum, das mir unbekannt ist, mit der Sache nichts zu schaffen. Herr von Gottschall, ein urgermanischer Christ, hat schon ein dutzendmal verkündigt, Roman und Novelle seien untergeordnete, unpoetische Formen und fielen nicht in die Theorie. Da niemand darauf hörte, fing er zuletzt selbst an und schmiert jedes Jahr seinen Roman. Auch Gustav Freytag, der ja sonst ein anständiger Mann ist, tat um die Zeit, wo er seine *Ahnen* im Schild führte, den Ausspruch, die Zeit der kleinen Erzählung dürfte für immer vorbei sein, nach der schlechten Manier, die Gattung, die man nicht selber pflegt, vor der Welt herunterzusetzen und die augenblickliche eigene Tätigkeit als den einzig wahren Jakob hinzustellen. [...]

Was die fragliche Materie selbst betrifft, so halte ich dafür, daß es für Roman und Novelle so wenig aprioristische Theorien und Regeln gibt als für die andern Gattungen, sondern daß sie aus den für mustergültig anzusehenden Werken werden abgezogen, resp. daß die Werte und Gebietsgrenzen erst noch abgesteckt werden müssen. Das Werden der Novelle, oder was man so nennt, ist ja noch immer im Fluß; inzwischen wird sich auch die Kritik auf Schätzung des Geistes beschränken müssen, der dabei sichtbar wird. Das Geschwätze der Scholiarchen aber bleibt Schund, sobald sie in die lebendige Produktion eingreifen wollen. Wenn ich nicht irre, so wird zwischen den grassierenden Neo-Philologen und den poetischen Hervorbringern der gleiche Krieg entstehen, wie er jetzt zwischen den bildenden Künstlern und den Kunstschreibern waltet, die keine Ader haben. [...]

111 *Novelle oder Roman?* (Gelegentlich der Novellen von Marie v. Olfers.) (1876). In: F. Sp., Beiträge zur Theorie und Technik des Romans. Leipzig: Staackmann 1883, S. 245–248.

Der Unterschied zwischen Novelle und Roman hat den Ästhetikern schon viel Kopfzerbrechen verursacht. Indessen, man hat sich im ganzen und großen doch geeinigt und braucht keinen erheblichen Widerspruch zu fürchten, wenn man jenen Unterschied ungefähr so charakterisiert: die Novelle hat es mit fertigen Charakteren zu thun, die, durch eine besondere Verkettung der Umstände und Verhältnisse, in einen interessanten Konflikt gebracht werden, wodurch sie gezwungen sind, sich in ihrer allereigensten Natur zu offenbaren, also, daß der Konflikt, der sonst Gott weiß wie hätte verlaufen können, gerade diesen, durch die Eigentümlichkeit der engagierten Charaktere bedingten und schlechterdings keinen anderen Ausgang nehmen kann und muß. Fügen wir noch hinzu, daß in der älteren Novelle „die besondere Verkettung der Umstände und Verhältnisse" präponderiert, in der neueren dagegen, der modernen Empfindung gemäß, der Hauptaccent auf die „Eigentümlichkeit der engagierten Charaktere" fällt, so haben wir, glaube ich, so ziemlich beisammen, was die Novelle hinreichend scharf von dem Romane scheidet. Der Roman hat es weniger auf eine möglichst interessante Handlung abgesehen, als auf eine möglichst vollkommene Übersicht der Breite und Weite des Menschenlebens. Er braucht deshalb – und gerade zu seinen Hauptpersonen – nicht Menschen, die schon fertig sind, und, weil sie es sind, wo immer sie eingreifen, die Situation zu einem raschen Abschluß bringen, sondern solche Individuen, die noch in der Entwicklung stehen, infolgedessen eine bestimmende Wirkung nicht wohl ausüben können, vielmehr selbst durch die Verhältnisse, durch die Menschen ihrer Umgebung in ihrer Bildung, Entwicklung bestimmt werden, und so dem Dichter Gelegenheit geben, ja ihn nötigen, den Leser auf großen, weiten (allerdings möglichst blumenreichen) Umwegen zu seinem Ziele zu führen.

Natürlich ist dieses Ziel für den Novellisten und Romandichter im Grunde dasselbe: die Einsicht in die Tiefen der Menschenseele; aber da jener sich schon mit einer partiellen Deutung des

Sphinx-Rätsels begnügt, dieser eine finale Lösung wenigstens anstrebt, so ist mit der verschiedenen Höhe und Distance der Ziele auch die entsprechende Verschiedenheit in der Behandlung der künstlerischen Mittel gesetzt. Der Novellist, wie er weniger Personen auf die Leinwand zu bringen hat, und eigentlich alles bei ihm auf dem ersten Plane vor sich geht, hat auch weniger Farben auf der Palette, dafür aber desto bestimmtere, und er malt in kecken, festen Strichen, gleichsam prima; der Romandichter, der viele Personen in Scene setzen und auf Vordergrund, Hinter- und Mittelgrund schicklich verteilen soll, braucht einen möglichst großen Rahmen und kann eigentlich gar nicht genug Farben zur Verfügung haben; muß bald mit einem feinen Pinsel, bald mit einem breiten, hier ein Kabinettstück, dort beinahe al fresco malen. So gleicht die Novelle einem Multiplikationsexempel, in welchem mit wenigen Faktoren rasch ein sicheres Produkt herausgerechnet wird; der Roman einer Addition, deren Summe zu gewinnen, wegen der langen Reihe und der verschiedenen Größe der Summanden, umständlich und im ganzen etwas unsicher ist. Deshalb hat auch die Novelle sowohl in ihrem Endzweck als in ihrer künstlerischen Ökonomie eine entschiedene Ähnlichkeit mit dem Drama, während der Roman (und nichts ist vielleicht bezeichnender für den tiefen Unterschied zwischen Novelle und Roman) in jeder Beziehung des Stoffes, der Ökonomie, der Mittel, ja selbst, subjektiv, in Hinsicht der Qualität der poetischen Phantasie und dichterischen Begabung, der volle Gegensatz des Dramas ist.

Wenn nichtsdestoweniger – trotz des tiefen theoretischen Unterschiedes zwischen Novelle und Roman – beide Species fortwährend nicht bloß in den Köpfen der Laien konfundiert werden, sondern auch in praxi so oft ineinander übergehen, so starke Übergriffe eine in das Gebiet der andern machen, daß auch der gewiegte Ästhetiker manchmal in Verlegenheit gerät, ob er dies oder jenes Produkt hierhin oder dorthin klassifizieren soll, so ist dies eine Folge der Eigentümlichkeit der modernen Novelle, auf welche ich schon oben hingedeutet habe. Es ist uns modernen Menschen eben nicht mehr oder kaum noch möglich, so einfach zu sehen und infolgedessen so einfach-plastisch zu erzählen, wie etwa Boccaccio. Wo für sein Auge eine Fläche, sind für das unsre drei oder vier; wo für ihn nur eine Farbe, schimmern für uns die benachbarten und die komplementären mit durch. Wir haben die entschiedene Absicht, eine merkwürdige Begebenheit, die sich zwischen wenigen Personen abgespielt hat, rein aus der Masse der scheinbar gleichgültigen Umgebung herauszuarbeiten; und, ehe wir es uns versehen, finden wir, daß diese Umgebung doch sehr wesentlich zur Sache gehört; oder wir vertiefen uns so in die Genesis der Charaktere, die wir ursprünglich als bloße Faktoren behandeln wollten, daß im Handumdrehen aus der Multiplikation eine Addition, aus der Novelle ein Roman geworden ist.

Manchmal wirklich, oft freilich auch nur zum Schein. In den meisten Fällen entdeckt das kundige Auge, trotz des Ineinanderfließens der Grenzlinien, nicht nur, was ursprünglich beabsichtigt war, sondern vermag auch zu bestimmen, was denn nun schließlich, trotz alledem, aus der ursprünglichen Anlage geworden oder von derselben geblieben ist. Für mich sind die *Wahlverwandtschaften*, wenn ich das Werk nicht auf den Umfang hin ansehe, sondern auf den ursprünglichen Plan, auf die Form der Charaktere (die sich nicht entwickeln, sondern auswickeln), auf die Führung selbst der Erzählung (besonders in dem ersten, für die Absicht des Dichters entscheidenden Teil) nicht mehr und nicht weniger, als eine über ihre natürlichen Grenzen hinaus getriebene, ja stellenweis aufgebauschte Novelle, während wiederum manche Dichtung von viel kleinerem Umfang, trotz desselben, trotz auch der von dem Autor selbst beliebten Klassifizierung, durchaus keine Novelle, sondern ganz entschieden für einen Roman, zum wenigsten für eine Romanskizze angesehen werden muß. [...]

112 *Roman oder Novelle?* (Gelegentlich Serge Panine par Georges Ohnet, Ouvrage couronné par l'Academie Française.) [ED in: Gegenwart XX. 1882]. In: Ebda, S. 263f., 278–281, 285–288.

[...] Dieses eigentümliche Verhältnis dürfte denn auch der Grund sein, weshalb jene scharfe Scheidung zwischen Roman und Novelle, die bei uns im Princip wenigstens anerkannt ist und meistens auch in der Praxis beobachtet wird, bei den Franzosen weder principiell zu bestehen scheint, und ganz gewiß, falls sie besteht, nur eine laxe praktische Anwendung findet.

Wenn Paul Heyse, wenn Gustav Freytag sich zum Schreiben setzen, wissen sie so sicher, ob das, was sie vorhaben, eine Novelle ist oder ein Roman, wie ein Baumeister, ob er das Fundament zu einem Palais oder einer Villa legt; ich zweifle daran, daß selbst die kunstverständigsten unter den französischen Dichtern in dem analogen Momente sich der entsprechenden klaren Einsicht in ihre eigenen Intentionen erfreuen. Nun mag aber der Dichter in gewissen zaghaften Stunden mit Schiller gern seine ganze Ästhetik für einen einzigen praktischen Hand- und Kunstgriff hingeben – die theoretische Schulung kommt dennoch der Kunstübung auf das herrlichste zu gute. Und so ist es gewiß kein Zufall, daß wir neben unserer eigentlichen Roman-Litteratur eine Novellen-Dichtung haben von einer Fülle und stilvollen Schönheit und Reinheit, mit der sich, was andere Nationen in diesem Genre erzeugen, auch nicht annähernd messen kann.

Umgekehrt entspricht in Frankreich der geringen Neigung, über die Grenze zwischen Roman und Novelle ästhetische Untersuchungen anzustellen, eine gewisse Laxheit in der poetischen Praxis, die, wie wir sehen werden, von den übelsten Folgen ist. [...]

—

Denn dies ist der richtige Ausdruck für die Sache: diese Romane sind nur die letzten Kapitel von Romanen, deren übriger Stoff in Form der vielbesprochenen Einleitung und jener eingestreuten ungeschickten Erklärungsepisoden wohl oder übel, d. h. mehr übel, als wohl, wenn nicht bewältigt, so doch auf die Seite geschafft wird.

Aber, möchte hier jemand einwerfen, wäre da nicht die Bezeichnung „Novelle" als eine geläufigere und die Sache doch auch deckende besser?

Der Einwurf ist nicht ohne scheinbare Berechtigung und verdient deshalb eine ernstliche Prüfung.

Die Ähnlichkeit zwischen der in Frage stehenden Sorte von Romanen und der Novelle springt in die Augen. Da ist zuerst, – in den meisten dieser Romane wenigstens – nur eine geringe Anzahl von Hauptpersonen, die von einer womöglich noch geringeren Begleitschar von Nebenpersonen unterstützt wird – gerade wie es die Novelle liebt. Da brauchen wir nicht über das geheimnisvolle Wesen der Menschen lange zu grübeln: sie treten fix und fertig, so zu sagen, vor uns hin; ja der Hauptaccent des Interesses fällt nicht sowohl in das Wesen und den Charakter der Menschen, als in die Peripetien des Konfliktes, der aus dem Kontakt dieser fertigen Menschen resultiert, und auf dessen Katastrophe mit möglichster Kraft hinzuarbeiten, die einzige, jedenfalls die hauptsächlichste Aufgabe des Dichters scheint – alles genau so, wie wir es bei der Novelle zu fordern und zu finden gewohnt sind. Und daß die etwaige Länge eines derartigen spannenden Romanes die Bezeichnung Novelle unmöglich machte, kann man gewiß nicht behaupten, angesichts der modernen Novelle, welche die lakonisch-knappe Vortragsweise früherer Zeiten längst überwunden, sich längst auf die Darstellung der kompliziertesten Seelenzustände und Konflikte eingelassen hat, ja, dieselben mit Vorliebe aufsucht und zur Bewältigung dieser ihrer größeren Vorwürfe natürlich auch umfangreicherer Mittel, besonders eines größeren Raumes bedarf.

Um bei der Erwiderung dieser Einwürfe mit dem letzten Punkte zu beginnen, so muß zugestanden werden, daß aus dem äußeren Umfang einer Erzählung in der That nur mit großer Unsicherheit auf die ästhetische Kategorie derselben geschlossen werden kann. Kommt es doch auch bei uns nicht selten vor, daß der Titel „Roman" wirklich nur eine Konzession an den Leser ist, der sich wundern möchte, eine ausgedehnte Geschichte als Novelle bezeichnet zu sehen, die man doch, rein ästhetisch genommen, so nennen müßte, weil sie alles in allem – trotz ihrer echt modernen psychologischen Akribie und Vertiefung in die Abgründe der Menschennatur, – der Goethe'schen Definition der Novelle entspricht, d. h. „eine sich ereignete unerhörte Begebenheit" ist. Hat ja doch der Altmeister hier wieder einmal das Resultat einer langen ästhetischen Analyse auf die einfachste Formel gebracht; ist ja doch in der That die glaubwürdige Darstellung einer unerhörten d. h. höchst merkwürdigen Begebenheit die Aufgabe des Novellendichters. Eine Aufgabe, bei der alles andere, und wäre es an und für sich noch so interessant, dem einen Hauptzweck untergeordnet werden muß; die Charaktere der Betreffenden nur soweit in Betracht kommen, als die Möglichkeit und Wirklichkeit der Begebenheit darauf basiert; der Weltlauf – das Menschengetriebe im Großen

– unbeachtet bleibt, oder doch nicht genauer beachtet wird, als es die Verständlichkeit jener Begebenheit unbedingt erfordert. Umgekehrt, wie der Romandichter gerade das Menschenge-triebe, den Weltlauf erschöpfend darstellen möchte und sich nicht ohne Trauer und Wehmut bescheidet, wenn er sieht, daß er immer doch nur einen Teil seines Vorhabens auszuführen im-stande ist. Und sich mithin, in Anbetracht der Verschiedenheit ihrer Aufgaben, Strebungen und Darstellungsmethoden, die Novelle und der Roman in der Dichtkunst voneinander unter-scheiden möchten, wie etwa in der medizinischen Wissenschaft ein pathologischer Einzelfall von der Pathologie des betreffen-den Organs. Gewiß kann der Einzelfall ohne Kenntnis des Or-gans nicht begriffen werden und so weist auch jede Begebenheit – und je „unerhörter" desto eindringlicher – in das Ganze der Menschheit hinüber. Aber wie eine Monographie über einen be-sonders merkwürdigen pathologischen Einzelfall, ohne sich nur einen Schritt von ihrer Aufgabe zu entfernen – bei der streng-sten Methode und knappsten Darstellung – den Umfang eines Lehrbuches erreichen oder gar übersteigen kann, das etwa das ganze betroffene Organ behandelt, – so wüßte ich in der That nicht, weshalb unter Umständen eine Novelle aufhören sollte, Novelle zu sein, weil sie an Umfang es mit den landläufigen Romanen aufnimmt. Daß es nicht die Regel sein wird, gebe ich eben so willig zu, als ich bereit bin anzunehmen, es werden Lehrbücher ganzer Disciplinen gemeiniglich die Monographien über Specialfälle an Bogenzahl übertreffen. [...]

———

Von der langen Reihe derartiger, bald einseitiger, bald gegen-seitiger Attraktionen und Repulsionen interessieren uns hier nur zwei Verhältnisse, die, in welchen Roman und Novelle zu dem Drama stehen.

Glücklicherweise gehören sie zu den ausgesprochensten, so daß man aus ihnen Regeln abstrahieren kann, die kaum eine Ausnahme zulassen. Diese Regeln lauten:

Kein Romanstoff ist auch zugleich ein Dramenstoff, folglich kann kein Roman in ein Drama umgedichtet werden.

Ein Novellenstoff ist fast immer zugleich dramatisch; folg-lich kann beinahe jede Novelle in ein Drama umgedichtet wer-den.

Freilich wolle man unter „Romanstoff" – „Novellenstoff" nicht etwa jedes beliebige Material verstehen, das unter anderem in einem Romane, einer Novelle verarbeitet werden mag, sondern die Idee, welche dem Romane, der Novelle zu Grunde liegt, in denselben zum vollkommenen Ausdruck gebracht ist und in der dramatischen „Umdichtung" zu einem ebenso vollkommenen Ausdruck gebracht werden müßte. [...]

[...] nachdem wir uns durch einfache Umkehr aller jener Gründe, aus denen wir die totale Diskrepanz der Roman-Idee und der dramatischen Idee und die obligate Unmöglichkeit der Umdichtung jener in die dramatische Form nachwiesen, überzeugt haben, wie eng die Wahlverwandtschaft der Novellen-Idee und der dramatischen ist, und wie leicht deshalb eine Umwandlung aus der novellistischen Form in die dramatische stattfinden kann. Nicht stattfinden muß. Es mag ja sein, daß die „unerhörte Begebenheit" zu verzweigt ist, um dem Begriff und Wesen der „Handlung", wie sie das Drama verlangt, völlig zu genügen; es mag ja sein, daß die „Begebenheit" zu straff an gewisse geschichtliche, kulturelle, lokale Bedingungen gebunden ist, welche der erzählende Dichter leicht mit anklingen und exponieren, der Dramatiker aber schwer zur Darstellung bringen kann. Aber in den weitaus meisten Fällen – man denke an die Unzahl der notorisch aus Novellen geschöpften vorzüglichen Dramen! – wird das Verhältnis ein durchaus günstiges sein: die „unerhörte Begebenheit" sich als „Handlung" im dramatischen Sinne ausweisen; die geringe Anzahl der Personen sich willig in den beschränkten Rahmen des Dramas fügen; die epische Gebundenheit an Ort und Zeit dem Dramatiker keine unüberwindlichen Schwierigkeiten bereiten.

Aber wohlgemerkt: die Entscheidung, ob ein novellistischer Stoff sich für die dramatische Behandlung eigne, kann in gegebenem Falle irrtümlich sein; die Annahme, daß ein Roman-Stoff sich derselben willig fügen werde, ist es unter allen Umständen, selbst dann, wenn die Ähnlichkeit des letzteren mit dem ersteren eine noch so große ist. [...]

113 *Die epische Poesie und Goethe* [Festvortrag 1895. ED in: Goethe-Jahrbuch XVI]. In: F. Sp., Neue Beiträge zur Theorie und Technik der Epik und Dramatik. Leipzig: Staackmann 1898. S. 74f.

[...] Ich habe *Hermann und Dorothea* vorhin – gewiß zur Verwunderung eines und des andern unter Ihnen – eine Novelle genannt. Hier ist der Ort, diese Namengebung zu rechtfertigen.

Nun aber mögen wir die Goethische Definition in den Gesprächen mit Eckermann (I. 220.) „Was ist die Novelle anders, als eine sich ereignete unerhörte Begebenheit?" einfach acceptieren, oder an die erweiterte Form und psychologische Vertiefung denken, welche diese Dichtungsart in der neuern Litteratur gefunden hat, immer wird ihr Charakter bleiben, daß sie – zum Unterschiede von dem Roman, in welchem eine Entwickelung der Charaktere, mindestens des Helden stattfindet – fertige Charaktere aufeinander treffen läßt, die sich in dem Kontakt nur zu entfalten, gewissermaßen auseinanderzuwickeln haben. Weiter: daß, damit die Wirkung des Kontaktes sich nicht zersplittere, nur wenige Personen in Mitleidenschaft gezogen werden dürfen, und so das Resultat bald hervorspringen, d. h. die dargestellte Handlung kurzlebig sein wird.

Ist dies nun aber die Signatur der Novelle, so wüßte ich in der That nicht, wie *Hermann und Dorothea* anders zu rubrizieren wäre, man müßte denn in der Versifikation ein Kriterium sehen, das die Dichtung in eine andre Gattung – sagen wir also mit Humboldt: bürgerliche Epopöe – verweist. Und dagegen möchte ich entschieden Einspruch erheben. Mag die Lyrik mit dem Vers stehen und fallen, – das Drama und wahrlich auch die Epik ruhen auf festerem Grund. Auch nicht eine der edlen Qualitäten der Dichtung braucht geopfert zu werden, wenn wir sie uns in ungebundener Rede denken: nicht das rasche Fortschreiten der bruchlosen Handlung; nicht die herrliche Plastik der Gestalten; nicht die klare Herausarbeitung der sie umgebenden Natur, oder ihres gesellschaftlichen Milieu. Wollen wir doch den ästhetischen Wert des Verses nicht zu hoch veranschlagen! doch nicht vergessen, wie oft er nur ein bauschiges Gewand ist, geistige Armut und dichterische Ohnmacht dem weniger scharfsichtigen Auge zu verhüllen! uns daran erinnern, wie die gebundene Rede des *Werther* in Schönheit und eindringlicher Kraft mit der gebundenen von *Hermann und Dorothea* getrost den Wettstreit aufnehmen kann!

Das scheint fast eine Abschweifung. Aber auf eine besondere Eigentümlichkeit der Novelle muß ich Ihre Aufmerksamkeit lenken: die im Verhältnis zum Roman viel lockerere Bindung nämlich, welche bei ihr zwischen der Individualität des Dichters und seinem Stoff stattfindet. Handelt es sich doch bei ihr in erster Linie um die unerhörte Begebenheit, erst in zweiter um die Individualität des Erzählers, ja, um diese so wenig, daß er die Begebenheit keineswegs selbst erlebt, nicht einmal erfunden, sondern – man denke an jene von Jahrhundert zu Jahrhundert fortgeerbten, wieder und immer wieder behandelten Stoffe! – nur gefunden und etwa noch dem Geschmack und Verständnis seines Publikums angepaßt zu haben braucht.

Diese Einsicht aber in die Natur der Novelle ist notwendig, denn sie löst den Widerspruch, in welchen ich mich verstrickt zu haben scheine, wenn *Hermann und Dorothea* jene von mir behauptete straffe Bindung des epischen Dichters und seiner individuellen Erfahrung an sein Werk so wenig erkennen läßt, daß – lassen wir die Modifikation nicht gelten – diese Dichtung allerdings in dem Schema nicht unterzubringen wäre.[...]

114 *Streifblicke über den heutigen deutschen Roman.* In: Ebda, S. 162f.

[...] Nun ist Skizze ein vieldeutiger Begriff, und so läßt sich vielerlei unter ihn subsumieren. Mit der Novelle steht es anders und besser. Zwar schwankt auch ihre Definition in der Ästhetik; aber man glaubt doch zu wissen, daß sie die Erzählung einer merkwürdigen Begebenheit sein soll. Das ist sie denn auch bei den alten Meistern, denen sich noch unser Kleist ruhmreich anreihte. Dann haben früher und später große Künstler, wie Goethe, Tieck, Brentano, Storm, Keller, Heyse – und wer wäre da nicht noch zu nennen! – das alte, etwas enge und trockene Schema erweitert und bereichert, bis das Gebilde schließlich eine frappante Ähnlichkeit mit den letzten Akten oder dem letzten Akte eines Dramas hatte, von denen oder dem es sich fast nur noch durch das Wegbleiben der dialogischen Form unterschied. [...]

ERWIN ROHDE

115 *Der griechische Roman und seine Vorläufer*. Leipzig: Breitkopf
u. Härtel 1876, S. 6f.

[...] Diese modernen Romane streben – und die vollkommen-
sten mit der grössten Deutlichkeit und dem höchsten Erfolge –
dahin, an einer Reihe zweckmässig erfundener, oder aus der geschichtlichen Überlieferung sorgfältig auserlesener, gesetzmässig
sich entwickelnder Ereignisse die eigenthümliche Art eines oder
mehrerer Individuen sich entfalten und darstellen zu lassen; ihr
wesentliches Interesse beruht gerade auf der psychologischen
Kunst einer solchen Entwickelung. Der Novelle, wie wir sie namentlich aus den italienischen Meisterwerken kennen, kommt
es im Gegentheil darauf an, irgend ein merkwürdiges Verhält-
niss der Menschen zu einander an einem besonders deutlichen
Fall zu verbildlichen; wenn dem Roman die in solchen Verhältnissen sich darstellende Person die Hauptsache ist, so ist die
künstlerische Aufgabe des Novellendichters im Wesentlichen
beschränkt auf eine scharfe und geistreiche Zeichnung der interessanten Verhältnisse, in welche er Personen zu einander
stellt, die uns nur so weit und so lange sie in die flüchtige Beleuchtung solcher Verhältnisse treten, interessant zu sein brauchen. [...]

HIERONYMUS LORM

116 *Ferdinand Kürnberger*. In: Westermanns illustrierte deutsche
Monatshefte. Hg. von F. Spielhagen. 47. Bd: October 1879 bis
März 1880. Braunschweig: Westermann 1880, S. 507.

[...] Ganz ungestört läßt sich die Größe und Eigenthümlichkeit
des Kürnberger'schen Talents nur genießen, wo sein isolirtes
Denken, das, auf die wirkliche Welt bezogen, einseitig und brü-
chig erscheint, sich selbst eine vollständige und allseitige Welt
erschafft, eine Welt nach seinem Traum und seinem Sinn, also
in der Dichtung, in der Novelle.

Schon nach dem Charakter dieser Kunstgattung, welche das
Absonderliche zum Inhalt haben und es auf psychologischem
Wege zu allgemeiner Wahrheit erheben soll, war Kürnberger's

Geist und Talent für die Novelle vorbestimmt. Sie ist sein Gebiet, sie ist – wenn das Interesse an Belletristik in Deutschland
nicht, wie es leider den Anschein hat, gänzlich ersterben sollte
– auch seine Unsterblichkeit. [...]

THEODOR FONTANE

117 *Rudolf Lindau. Ein Besuch* [Geschr. 1883]. In: Th. F., Sämtliche Werke. Bd XXI/1: Literarische Essays und Studien. 1. Teil.
Gesammelt und hg. von K. Schreinert. München: Nymphenbur-
ger 1963, S. 326f.

[...] Ich [Fontane] gab ihm [Lindau] Beispiele, namentlich
aus *Der Gast* und *Hans der Träumer* und setzte hinzu: „Das
sind Sprünge im Charakter, in denen sich der Leser nicht zu-
rechtfindet; er empfindet solche Sprünge als Fehler und hält sie
für unmöglich. Ein Charakter, der zehn Seiten lang so und so
gezeichnet ist, kann zehn Seiten weiter nicht Dinge tun, die seiner Vergangenheit und seiner bis dahin gegebenen Charakterschilderung widersprechen."
    Er lächelte. „Ja, das sagen Sie wohl, aber die Charaktere
machen tatsächlich solche Sprünge, und sind es gar Frauencha-
raktere, so sind solche Sprünge die Regel."
    „Zugegeben."
    „Nun gut, wenn sie die Regel sind, wenn das Leben bestän-
dig diese Sprünge zeigt, so zeig' ich sie auch in meinen Novellen,
die nichts sein wollen als Leben. Ich bin eben Realist. Ich stelle
die Personen so in meine Geschichte hinein, wie ich sie draußen
im Leben finde. Wer das Leben kennt, wird folgen können,
muß sich darin zurechtfinden."
    „Darin muß ich Ihnen widersprechen. Sehr oft wird es sich
so treffen, daß scharf beobachtete Personen, auch in dem Wi-
dersprechenden ihres Tuns, einfach aus dem Leben in die Kunst
übertragen werden können. Dann tant mieux. Das sind die
Glücks- und Festtage des Realisten. Aber er darf es nicht immer
und muß ein Gefühl dafür haben, wo's geht und wo nicht. [...]"
    Mit vieler Liebenswürdigkeit ging er auf diese Auseinander-
setzung ein.
    „Ich glaube, mein Prinzip ist richtig; aber es gibt nichts in

der Welt, wo man nicht auch Ausnahmefälle zu konstatieren hätte. Das Prinzip, nach dem ich verfahre, ist das von Turgenjew, mit dem ich vor fünfundzwanzig Jahren und länger über ebendiese Dinge oft gesprochen habe. Wenn Sie Turgenjew verehren, wie ich es tue, so werden Sie sich von unserer modernen Novellistik, auch speziell von unserer deutschen, wenig angeheimelt fühlen. Es fehlt ihr an Wahrheit, Objektivität, Realität. Die Menschen tun und sagen beständig Dinge, die sie, wie sie nun mal sind, nie tun und sagen könnten. Empfindet man dies erst stark, so wird einem dies hohle Wesen grenzenlos langweilig.«

Er nannte nun Namen.

»Ich kann Ihnen leider nicht widersprechen. Aber Sie lassen Ausnahmen gelten?«

»Ja, nennen Sie welche.«

»Beispielsweise Gottfried Keller.«

»Ja, Keller und den anderen Züricher, den Meyer, ebenso Storm und Anzengruber lass’ ich gelten. Vielleicht noch zwei, drei andere. Aber nun bin ich fertig. [...]«

CONRAD FERDINAND MEYER

118 *Brief an Felix Bovet vom 14. Januar 1888.* In: Briefe Conrad Ferdinand Meyers. Hg. von A. Frey. I. Bd. Leipzig: Haessel 1908, S. 138.

[...] On ne saurait s’exprimer avec moins de vérité, car je n’écris absolument que pour réaliser quelque idée, sans avoir aucun souci du public et je me sers de la forme de la nouvelle historique purement et simplement pour y loger mes expériences et mes sentiments personnels, la préférant au Zeitroman, parce qu’elle me masque mieux et qu’elle distance davantage le lecteur.

Ainsi, sous une forme très objective et éminemment artistique, je suis au dedans tout individuel et subjectif. [...]

119 *Brief an Conrad Ferdinand Meyer vom 10. Oktober 1889.* In:
Louise von François und Conrad Ferdinand Meyer. Ein Brief-
wechsel. Hg. von A. Bettelheim. 2., vermehrte Auflage. Berlin u.
Leipzig: de Gruyter 1920, S. 249.

[...] Dem Vergleiche Ihrer dichterischen Natur mit der Schil-
lerschen widerspricht u. A. der Lyriker in Ihnen, den ich fast
geneigt bin, noch über den Novellisten zu setzen, wie denn
auch die phantastisch spitzfindigen Lösungen, auf denen die
Novellistik wesentlich beruht, dem philosophisch lehrhaften
Schiller nicht geläufig sind. [...]

120 *Brief an Conrad Ferdinand Meyer vom 19. November 1891.* In:
Ebda, S. 268f.

Ich habe nunmehr Ihre *Angela* gelesen; um das, was mir nicht
ganz augenscheinlich geworden war, mir möglichst einleuchtend
werden zu lassen. Vollkommen gelungen ist mir das nun nicht,
– wie überhaupt kaum je in einer Novelle von irgend wem und
irgend wo. Die standhafte Vernunftsprinzessin, die mit Phantasie und Märchensinn kläglich zu kurz gekommen ist, scheiterte
allemal an dem springenden Punkt, der die Novelle von den
Erzählungen unterscheidet. Heise [sic] nennt ihn nach einer Novelle des *Dekamerone* „den Falken". (Beiläufig: ich hätte wenig Appetit auf den Braten dieses armen Liebesopfers gehabt.)
    In Ihrer Novelle ist das erforderliche Ingredienz, der Falke,
nun ein wunderschönes Augenpaar, dessen Sinnenreiz die Hel-
din sich nicht als „Liebe" eingesteht und durch einen vorlauten
Widerspruch einen unerhörten Greuel provocirt. Wie sich darauf aus einem reumüthigen Mahnen das ideale Grundmotiv
eines barmherzigen Liebesopfers entwickelt, das ist sehr schön.
Sie sehen, verehrter Freund, daß mein novellistisches Bedenken
lediglich bis zur Falkencatastrophe reicht und daß im erzählenden Verlauf Charactere und Geschehnisse mir so logisch einleuchtend geworden sind, wie ich es von dem Geschichts- und
Menschenkundigen Dichter erwarten durfte. [...]

121 *Löwenblut. Novelle* [ED: 1892]. In: F. K., Gesammelte Werke. Hg. von O. E. Deutsch. V. Bd: Das Schloß der Frevel. 3. Auflage. Löwenblut. 4. Auflage. München u. Leipzig: G. Müller 1914, S. 393f.

[...] Ich unterfing mich also, seine Phantasie mit Bildern des Überflusses zu erhitzen; ich malte ihm die Honorare aus, die man heutigen Tages für gute Novellen bezahlt; ich setzte ihm so beredsam als möglich zu und kam schließlich darauf zurück, wie lohnend es wäre, wenn er aus seinen guten Gedanken nun gleichfalls gute Novellenmanuskripte zu machen bereit wäre.

Aber alles war eitel. Er antwortete mir voll Ernst und Einfalt: „Das Vaterunser ist keine Bittschrift mit Beilagen. Ich rede kürzer mit meinem Herrn. Ich sage mein Wort, aber für Millionen nicht – Wörter!"

Das imponierte mir. Ich war beschämt wie einer, der falsch und wohl auch ein bißchen gemein spekuliert hat. Es griff mir wirklich ans Herz. Ach, und jetzt erst hätte ich ihm nur um so lieber geholfen! Leider sah ich nun gar kein Mittel mehr dazu, denn die wenigen waren versucht. Da geschah es, daß ich mit einer Art von Galgenhumor in die Worte ausbrach: „Aber Geld steckt eben doch in diesen Konzepten; wie bringen wir's also heraus? Wären wir auf einer Wollbörse, – bei Gott, ich würde sagen, verkaufen Sie das alles kurzweg als Rohstoff, was zuletzt doch noch dankbarer wäre, als in dieser Form es zu drukken, was ganz unmöglich ist. Eine Novelle, die größte wie die kleinste, soll immer eine durchgespielte Schachpartie sein; das aber sind ja nur Stummel, nur Pointen, gleichsam lauter Schachaufgaben, von denen es heißt: ‚Im dritten Zuge matt'."

„Hm," brummte er, „bleiben wir bei dem Bilde. Schachaufgaben sind ja auch ein Unterhaltungsgenuß und man bringt sie vors Publikum."

Diese Antwort frappierte mich. Ich sah zum ersten Male Licht. Und beim Lichte betrachtet, ging es wohl so. Ich blieb also wirklich bei dem Bilde und gab das Bild weiter. Ich kündigte den Abonnenten etwas an, das ich Novellensame nannte, – Erfindungen einer sinnreichen Phantasie, welche aber auf Kunstleistungen verzichtet und bloß durch den Reiz des Problems wirkt, ungefähr wie man auch Schachprobleme liebe, wobei der Genuß in der Katastrophe allein liege, nämlich in einem Matt nach dem dritten oder vierten Zuge, während der Verzicht auf die vorausgesetzte, aber niemals wirklich gespielte Partie selbstverständlich sei. [...]

PAUL ERNST

122 *Zur Technik der Novelle* [ED in: Der Lotse. II. Jg. 1901–1902].
In: P. E., Der Weg zur Form. Ästhetische Abhandlungen, vornehmlich zur Tragödie und Novelle. Berlin: Julius Bard 1906, S. 53–62.

In den letzten Jahren hat bei uns in Deutschland, vornehmlich unter dem Einfluß der naturalistischen Lehren, eine völlige Verwirrung der Ansichten über die Bedeutung der Kunstformen um sich gegriffen. Es geschieht das immer, wenn die Kunst sich durch Rückkehr zur Natur erneut; man denke nur, wie in der Frührenaissance mit einem Male das feine Stilgefühl der Gothik wie weggeblasen ist, und um nur ein bezeichnendes Beispiel herauszugreifen, das Relief erst bei Donatello sich wieder darauf besinnt, daß es anderen Gesetzen unterliegt wie das Bild; und die Geschichte der Reliefs zeigt auch, wie schnell bei dem Verfall der Kunst gerade dieses Verständnis wieder verloren geht: Cellinis Reliefs am Sockel seines Perseus haben schon wieder Ähnlichkeit mit denen des Ghiberti, natürlich mit dem Unterschiede des virtuosenhaften Könnens von dem inbrünstigen und befangenen Ringen.

In den redenden Künsten sind ihrer Natur nach am stärksten durch Gesetze eingeengt Drama und Novelle. Welcher ästhetischen Wüstheit heute das Drama verfallen ist, braucht wohl nicht auseinandergesetzt zu werden: schon die Möglichkeit der Idee, den Milieugedanken aus der Halbkunst des Romans in die Vollkunst des Dramas herüberzunehmen, zeigt das ja genügend; denn während der Roman zur Not immer noch auskommen kann bei genauer Beobachtung der Wechselwirkung des Geschilderten, wobei der sich langweilende Leser mehr oder weniger als qualité négligeable gilt (wenn er will, kann er ja Seiten überschlagen), geht beim Drama doch der erste Gedanke des

Künstlers notwendig auf die Wirkung vom Geschilderten zum Zuschauer, der Wort für Wort über sich ergehen lassen muß und für den eine einzige nicht wirkende Stelle, mag sie noch so wahr sein, mehrere wirkende tot macht.

Wie das Drama eine abstrakte Kunstform ist, welche interessante Inhalte des Lebens, das heißt Punkte, um welche sich bei den Menschen Energieen lagern, in einem sinnlichen Gewand giebt, durch dessen Anblick diese Energieen gelöst werden (mag das Gewand in engerer oder weiterer Beziehung zur Wirklichkeit stehen, welches Sache des Zeitgeschmacks ist und das Ewige, das heißt im Technischen begründete Wesen der Kunst nicht berührt), so ist es auch die Novelle.

Wir Deutsche, die wir eine engere Beziehung zur Wirklichkeit haben und daher schon durch ein Anklingen an diese gerührt und erregt werden, haben nicht das starke Gefühl für die künstlerische Form wie die Romanen; und da die Novelle durch einen wahren Zufall denselben äußeren Bedingungen unterliegt wie der Roman, nämlich von einzelnen Personen allein und ruhig gelesen wird (überhaupt sollte ein Ästhetiker einmal untersuchen, ob nicht die Einzellektüre gegenüber Rezitation, Erzählung und Aufführung in früheren Zeiten unser Stilgefühl geschwächt hat, wie ja ganz naiv ein verpfuschtes Drama ein „Buchdrama" genannt wird; aus der alten Novelle vom Bianco Alfani, die im Anhang der *Cento novelle antiche* von 1572 steht, scheint mir klar hervorzugehen, daß die mündliche Erzählung von Novellen damals als eine Kunst betrachtet wurde), so freuen wir uns sehr, daß wir uns ihre grundsätzliche Verschiedenheit vom Roman nicht klar zu machen brauchen; wir ergötzen uns an Charakteristik, Sprache, Stimmung, Gedanken und allerhand Belehrendem (nach der augenblicklichen Mode ist das sozialer Natur, sonst war es wohl ethnologischer, historischer etc. Art) und vergessen, daß für die Novelle genau wie für das Drama das Wesentliche der Aufbau ist, neben dem alles Andere nur zweite Bedeutung haben kann und darf. Ja, wir haben uns sogar an „Skizze" und „Studie" gewöhnt, mit großer Verachtung des Leihbibliotheklesers, welcher ein Geschehnis möglichst knapp und spannend erfahren möchte; mit demselben Unrecht, mit dem wir uns an Skizze und Studie in der Malerei gewöhnt haben: Charakterbilder, Landschaftsbilder, Stimmungsbilder, ohne Komposition und außer aller Komposition, die für die Ästhetik noch gar nicht in Betracht kommen, sondern nur Material für den schaffenden Künstler sind; recht bezeichnend ist doch, daß Böcklin nur auf hartes Drängen an gute Freunde Studien weggab, während von Menzel unzählige Studien im Kunsthandel sind.

Der Klarheit wegen soll an einem ganz einfachen Beispiel exemplifiziert werden, an einer Novelle von Giovanni Sercambi, einem alten Italiener, der 1375 schrieb (*Novelle inedite di G. S.*, herausgegeben von Rudolfo Renier, S. 158). Der Kaiser von Konstantinopel hat einen einzigen Sohn, welcher schlechte Gesellschaft liebt und aus Furcht vor Strafe flieht. Nachdem er sein Geld verbraucht hat, lebt er unerkannt in Genua sehr elend. Durch Zufall bekommt er einen Falken, welchen er sorgfältig behandelt, so daß er sehr schön wird. Als er mit ihm einst auf der Straße geht, redet ihn ein vornehmer Ritter an, ob er ihm das Tier verkaufen wolle; er erwidert, er wolle es ihm schenken, aber verkaufen werde er es nicht. Der Ritter wird zornig, daß ein so zerlumpter Strolch ihm etwas schenken wolle, weil er das als Beleidigung auffaßt, nimmt ihm den Falken aus der Hand und schlägt ihm damit mehrmals ins Gesicht, so daß er blutet, und der Falke stirbt. Die Behandlung geht dem Jüngling sehr zu Herzen, denn er denkt daran, welchen Stand er eigentlich habe; daß sein Vater bald sterben könne, und er dann immer in seiner jetzigen Lage bleiben müsse. Er verdingt sich auf einem Schiff, fährt nach Hause, söhnt sich mit seinem Vater aus und wird nach dessen bald folgendem Tode Kaiser. Alsbald kommen unter andern huldigenden Abgesandten auch solche von Genua, mit ihnen jener Ritter. Der Kaiser giebt sich ihm zu erkennen, sagt, er sei ihm sehr zu Dank verpflichtet, denn durch seine Handlung habe er ihn wieder zu sich gebracht, und belohnt ihn reichlich.

Hier ist ein ganzes Menschenschicksal, insofern es an Charakter und Umstände geknüpft ist, in einem einzigen Punkt entschieden, welches ein außergewöhnlicher Vorfall ist. Viele verlorene Söhne mögen in der Fremde Elend erdulden, durch deren Summe schließlich gedemütigt werden und dann nach Hause zurückkommen; und nach der heute gewöhnlichen naturalistischen Theorie hätte der Dichter die ermüdende Menge dieser kleinen, sich häufenden Elendsfälle aufzuweisen, welche den Menschen allmählich mürbe machen; hier wird derartiges nicht erzählt, sondern das alles in einem einzigen Vorfall zusammengefaßt, von dem aus das Leben dann nach rückwärts und nach vorwärts bestrahlt wird; und dieser Vorfall ist seltener und eigentümlicher Art, so daß er sich der Phantasie einprägt.

Unsere Novelle ist ein wahres Paradigma, denn nicht nur an den äußeren Vorgängen ist die starke Abstraktion vorgenommen, sondern auch bei der Schilderung des Geisteszustandes der Person; denn in Wirklichkeit entscheidet in solchen Fällen nicht ein rationalistisches Vordergrundmotiv, sondern tausend Triebe und Dinge sind entscheidend. Aber es ist gar nicht eine Schilderung der Wirklichkeit beabsichtigt; den Verfasser interessierte nur ein Schicksalsproblem, das er darstellte gewissermaßen mit der Stenographie, mit welcher etwa ein griechisches Relief ein Haus durch eine Thür andeutet.

Die Italiener sind in sittlichen Dingen Naturwesen. Das ist für viele Kunstbethätigung ein großer Vorteil bei ihnen gewesen, nur verdanken sie es diesem Umstande, daß sie keine Tragödie erzeugt haben, außer der klassizistischen, in einer ganz anderen Linie stehenden des Alfieri. Aber eben diese Geistesrichtung prädisponierte sie zur Novelle, welche weltanschaulich das Gebiet eignet, das heute die Zwitterform des Schauspiels beansprucht: die Verknüpfung von Schicksal und Charakter und das ewige Problem ihrer gegenseitigen Bestimmtheit; dessen Behandlung erforderte jenen außersittlichen Standpunkt, den zuerst der große Bocaccio hat und dann die zahlreichen großen Novellisten, welche ihm folgen, merkwürdigerweise sogar noch bis tief in die Zeit der kirchlichen Reaktion hinein; erst mit dem vorigen Jahrhundert beginnt die „sittliche" Novelle in Italien. In unserem Paradigma ist das Problem noch, wiewohl Sercambi zehn Jahre nach Bocaccio schrieb, von der naiven bürgerlichen Enge des Trecento und sagt uns heute eigentlich nichts.

Als Beispiel einer modernen Novelle dieser Art wollen wir unseres großen Meisters Conrad Ferdinand Meyer *Versuchung des Pescara* wählen; vielleicht wäre ein Paradigma von Mérimée besser, allein jene Novelle hat den Vorzug, daß sie sehr bekannt ist.

Das Schicksal Italiens ist auf einen Punkt gekommen, wo ein starker Mann es vielleicht zum Einheitsstaat umwandeln kann und es dadurch vor dem Untergang rettet, indem er sich zum König macht; vielleicht aber sind auch die dazu nötigen Kräfte nicht mehr vorhanden. Der Mann findet sich; er müßte als Preis einen Verrat begehen, der bei seiner (mit feiner Kunst nicht ganz sicher gezeichneten) Art ihm schwere sittliche Kämpfe bereiten würde. Aber das Schicksal hat ihm einen baldigen Tod bestimmt, den er voraus weiß, und die Versuchung trifft einen Sterbenden.

Am Rande: bei diesem spezifisch novellistischen Inhalt sieht man den Unterschied von der Tragödie. Bei Wallenstein ist dasselbe Problem; aber Wallenstein wird nicht gehindert, begeht den Verrat und geht an seinen Folgen zu Grunde; jenes ist novellistisch, dieses tragisch; eine Warnung für die Naiven, welche noch immer durch die scheinbar dramatische, in Wahrheit kunstvoll novellistische Konstruktion Meyers verführt werden, aus seinen Novellen Dramen zu machen.

Meyers Problem ist nicht nur tiefer und weiter, wie in der kindlichen Geschichte Sercambis, die Erzählung ist auch reicher geworden: wir haben eine Anzahl scharf silhouettierter Personen, Zeitkolorit, sogar eine Spur Landschaftliches. Aber gerade bei diesem großen Reichtum zeigt sich das Charakteristische der Novelle als abstrahierende und konzentrierende Kunstform. Bei Meyer geschieht das Abstrahieren mit Vorliebe dadurch, daß er möglichst viel in den Dialog legt, der natürlich, weit, weit von aller Natürlichkeit, nur Quintessenz giebt. Er umgeht dadurch die weitläufige, unmittelbare Darstellung der Gedanken und Strebungen und giebt dem Unbestimmten und Vielfachen der Wirklichkeit gleich die feste Form, die er braucht. Alles, was nicht in den Dialog geht, wird in ganz kurze Bemerkungen gedrängt, welche das unumgänglich Nötige berichten und die Situation anschaulich machen durch raffinierte Auswahl der Bilder, indem er nur solche anwendet, welche sich fest einprägen.

Man vergleiche den erschütternden Eindruck, den eine solche Novelle macht, mit der relativ geringen Wirkung, die der unendlich viel reichere Tolstoi etwa in dem uferlosen *Krieg und Frieden* erzielt bei der äußersten Verschwendung jedes dichte-

·ischen Talents, und man wird sehen, welche Macht in der bloßen künstlerischen Form liegt.

Die bisher betrachtete Art der Novelle ist die vornehmste.
Einen flacheren Eindruck erzeugt die zweite Art, wenn es sich
nämlich nicht um die entscheidende Schicksalsstunde eines Menschen handelt, sondern um ein minder bedeutendes Vorkomm-
nis, das aber immer nicht nur charakteristisch für die Person,
sondern auch, wenn der Autor nicht in die Läppischkeit mancher Modernen verfallen will, eigentümlich in seiner Art sein
muß. Eben die Eigentümlichkeit ist der Grund, weshalb die Geschichte erzählt wird. In den ersten Anfängen der Novellistik,
da, wo die Novelle sich aus der Anekdote einerseits, aus den
Märchen andererseits entwickelt, vornehmlich in den *Cento
novelle antiche* und dem altkastilianischen *Conde Lucanor*
überwiegt diese Art. Später gehören namentlich die zahlreichen
Novellen von betrogenen Ehemännern, gefoppten oder schwin-
delnden Pfaffen, die Streiche, welche Einfältigen gespielt worden, und ähnliches hierher. Auch diese Art muß man noch als
vollkünstlerisch rechnen; ihre Wirkung ist der des Lustspiels
ähnlich, bei dem ja, im Unterschied von der Tragödie, zuletzt
alles beim alten, nach seinem Wesen, bleiben muß; und auch die
Tendenz auf Typisierung der Personen deutet auf die seelische
Verwandtschaft mit dem Lustspiel. Sehr viele Werke aus der guten Zeit der italienischen Novellistik gehören hierher. Viele von
ihnen erscheinen uns heute albern, infolge der Veränderung
der Bildung, der gesellschaftlichen Zustände u. s. f., wie ja auch
das Lustspiel und die gesamte Komik leicht veraltet. Man kann
sich das klar machen, wenn man Maupassants *Pain maudit* als
Beispiel nimmt: der Witz, daß die Familie einer Kokotte aus
ganz harmlosen und braven Spießbürgern besteht, welche, da
sie die Hochzeit der einen Schwester bei der Kokotte feiern, ein
sentimentales Couplet über das gesegnete Brot der Arbeit und
das verfluchte des Lasters anstimmen, ist offenbar nur verständ-
lich in einer Zeit wie der unseren, wo die soziale Trennung der
Klassen so tief ist, daß die eine der anderen ein unentdecktes
Amerika bleibt. Vergleichen wir die Kokottenmotive Maupassants etwa mit den *Hetärengeschichten* Lucians, so sieht man
das; damals war einzig interessant die scheußliche Habsucht
der Hetäre, die den verliebten Jüngling ausbeutet; an jener hu-

moristischen Schilderung ihres objektiven Seins, außerhalb der Beziehung zu dem betrogenen Mann, hätte der Grieche nicht gefunden, das war ihm so gleichgültig wie den Bauern die Schönheit der Natur.

Als dritte Art der Novelle endlich muß man etwas rechnen was wir heute kaum noch recht verstehen können, nämlich die geistreiche Antwort; und zwar erscheint als besonders geistreich schon etwas, was für uns heute bloß ganz einfach treffend und richtig ist. Man muß wissen, welche Anstrengung es früher kostete, einen Gedanken in Worte zu bringen; man sprach und schrieb mit Anstrengung; ähnlich hat ja noch heute der gemeine Mann aus dem Volke eine besondere Achtung vor dem schriftlich Ausgedrückten. Prinz Juan Manuel, der Verfasser des *Conde Lucanor*, schreibt im vierzehnten Jahrhundert, er habe sein Buch gemacht, indem er es aus den schönsten Worten zusammensetzte, wie er konnte („fiz este libro, compuesto de las mas fermosas palabras que yo pude"). Hier kann man verfolgen, wie Kunstformen auszusterben vermögen durch Veränderungen der allgemeinen Kultur.

Unzweifelhaft hat die moderne Auflösung der Novelle ihren letzten Grund in tiefliegenden Ursachen: die relativistische Richtung des modernen Geistes ist jeder Form feindlich, bei der es eben Anfang und Ende, eine Ursache und feste Folge geben muß. Aber ob sich aus ihr ein Stilprinzip herausbilden läßt? Mir persönlich scheint die einzige Möglichkeit künstlerischer Art die Arabeske zu sein, wie sie zuerst von Arnim und teilweise auch von Brentano geschaffen ist, und als deren bestes Muster ich Arnims *Isabella von Egypten* hinstellen möchte. Hier gleicht das Kunstwerk einer luftigen Seifenblase, die im Sonnenschein in tausend Farben aufleuchtet und ohne Halt in der Luft schwebt, und deren ganze Substanz nur ein Tropfen schmutziges Wasser ist, dessen ganze Form das gegenseitige Sichstützen der Moleküle.

Recht lehrreich ist der Untergang der guten Novelle in Italien. Der letzte Grund ist hier der Verfall der Weltanschauung der Renaissance durch die kirchliche Reaktion und den spanischen Einfluß, welcher die ethische Konvention, die bereits die klassische Literatur Spaniens für die Fremden eigentlich zu einer Kuriosität stempelt, den Italienern einimpfte. Schon Giraldi zeigt in seiner prinzipiellen Verwendung von Zufall, Grausamkeit und Ehrenkodex den völligen Verfall. Trotzdem brachte noch im vorigen Jahrhundert Italien eine so wundervolle Novelle hervor, wie die dem Magalotti zugeschriebene *Gli amori innocenti di Sigismondo Conte d'Arco,* welche sonderbarerweise von manchen für eine spanische Übersetzung gehalten wird. Als Typus dieser Verfallszeit gelte eine Probe aus einem seltenen französischen Bändchen (*Les amans malheureux,* à Amsterdam 1706): ein betrogener Ehemann wird durch einen treuen Diener benachrichtigt, überrascht das Liebespaar, zwingt die Frau, den Liebhaber in ihrem Zimmer zu erhängen, und mauert sie dann mit diesem in dem Zimmer ein. Gegen solche barocke Zerstörung der alten Form aus ihrem Innern heraus ist die moderne Stillosigkeit – denn Meyer ist nicht modern und nicht in seiner Zeit erwachsen – doch im Vorteil: sie birgt die Möglichkeit einer Entwicklung, die freilich, da die Novelle, wie wir sahen, gleich der Tragödie Weltanschauungsdichtung ist, von der Entwicklung unserer geistigen Kultur abhängt.

HEINRICH HART

123 *Roman und Novelle* [ED in: Der Tag. 1905]. In: H. H., Gesammelte Werke. Hg. von J. Hart. IV. Bd: Ausgewählte Aufsätze [...]. Berlin: Fleischel 1907, S. 111–113.

Auch unter den Belletristen gibt es den und jenen, der von dem Unterschied zwischen Roman und Novelle nichts anderes auszusagen weiß als: Romane sind länger, Novellen sind kürzer. Oder: An einer Novelle schreib' ich einen bis vierzehn Tage, an einem Roman einen bis vierzehn Monate. Derartige Unklarheiten zeugen von einem ästhetischen Notstand, den all' unsere literarische Schulmeisterei noch nicht zu bannen vermocht hat. Wie weit die Unklarheit verbreitet ist, das merkt man am deutlichsten, wenn man sieht, was alles unter der Flagge Novelle in die große Literatursee hinaussteuert. Und doch ist es ebenso geschmacklos, feuilletonistische Skizzen, aphoristische Studien, Plaudereien, Stimmungsbilder als Novellen auf den Markt zu bringen, wie es töricht wäre, ein Epos Drama oder ein schlichtes Volkslied Sonett zu nennen. Mit dem inneren Wert hat freilich keinerlei Bezeichnung etwas zu tun, aber eine klare Ordnung in allen Dingen hat auch ihr Gutes. Einmal geschaffene ästhetische Rubriken, die geschichtlich festgelegt sind, wirft nur der Unwissende acht- und fühllos über den Haufen. Ästhetische Unwissenheit aber scheint eine sorgsam gepflegte Eigentümlichkeit unserer Dutzenddichter zu sein, sonst liefen nicht die „Romane" in Massen herum, die jeder Kundige auf den ersten Blick als „Novellen" erkennt. Vielleicht wäre es nützlich, ein literarisches Standesamt zu schaffen, das den Poeten die Namengebung abnähme und für die rechte Rubrizierung sorgte. Allzu verborgen sind ja die Merkmale nicht, die es ermöglichen, Roman und Novelle zu unterscheiden. Da ist vor allem das eine, daß der Roman ein vielverschlungenes Gewebe von Handlung und Charakteristik gibt, ein umfassendes Gesamtbild, das entweder ein Einzelleben in seinem Steigen und Fallen, mit allen seinen Beziehungen und Ausstrahlungen, oder eine ganze Zeitepoche umspannt. Der Roman ist gleichsam ein Gebilde von konzentrischen Kreisen. Die Novelle aber ist nur ein Einzelkreis mit einheitlichem Handlungskern, sie bietet nur einen Einzelfall und ein fest in sich geschlossenes Einzelproblem, und zwar in einer bestimmten Momentbeleuchtung. Dadurch erklärt es sich auch, daß dem Roman, der ins Weite geht, das Gebiet des Typischen und Allgemeinen, der Novelle das Absonderliche, Ungewöhnliche, Seltsame, das rein Individuelle näher liegt. In ihrer Hauptmasse lassen sich die Novellen aller Literaturen in zwei Gruppen einordnen: entweder sind sie nichts als behaglich ausgesponnene Anekdoten à la Boccaccio und Maupassant – die Erfindung bietet den wesentlichen Reiz –, oder sie vertiefen sich in ein ethisches, soziales, psychologisches Problem, wie das bei der deutschen Novelle von Tieck bis auf Heyse vorzugsweise der Fall ist. Auch der Roman kann so ein Einzelproblem behandeln, aber dann wird er es in all seinen Verzweigungen, von den verschiedensten Gesichtspunkten aus zu erfassen suchen, während die Novelle sich an einen einzigen Hauptgesichtspunkt halten wird. So wäre es möglich, daß ein Romanstoff sich mit weit weniger Seiten erledigen ließe als ein Novellenstoff. Länge und Kürze machen den Unterschied nicht.

124 *Bürgerlichkeit und l'art pour l'art: Theodor Storm.* In: G. v. L.,
Die Seele und die Formen. Essays. Berlin: Fleischel 1911, S. 157
bis 159.

[...] Storm greift hier der modernen, impressionistischen Entwicklung vor, welche die Novelle ganz verinnerlicht, den alten
Rahmen ausschließlich mit seelischem Inhalte füllt; jener Umwandlung, welche – in ihrer letzten Konsequenz – jede starke
Konstruktion und jede Form in das leise und feine, nur vibra-
tionsartige Nacheinander von psychologischen Übergängen
auflöst. Die moderne Novelle – ich weise als auf den charakte-
rischsten Typus in erster Reihe auf die Jünger Jacobsens hin –
überschreitet inhaltlich die Möglichkeiten der Novelle. Die
Themata werden feiner, tiefer, umfassender und wuchtiger, als
dass sie Platz hätten in der Novellenform, und darum – im
ersten Moment erscheint dies paradox – werden diese Novellen
weniger tief und fein, als die einfachen alten Novellen gewesen
sind. Denn ihre Feinheit und Tiefe beruht einzig auf dem rohen
und unverarbeiteten Stoffe, darauf, wie die Menschen und wie
ihre Schicksale sind und darauf, daß diese den Lebensgefühlen
der modernen Menschen verwandt sind. Das Wesen der Novellenform ist kurz gefaßt: ein Menschenleben durch die unendlich
sinnliche Kraft einer Schicksalsstunde ausgedrückt. Der Unterschied der Ausdehnung der Novelle und des Romans ist nur ein
Symbol des wahren, tiefen und die Kunstgattung bestimmen-
den Unterschiedes; dessen, daß der Roman die Totalität des Lebens auch inhaltlich gibt, indem er den Menschen und sein
Schicksal in den vollen Reichtum einer ganzen Welt hineinstellt,
die Novelle dies aber nur formal tut, durch eine derart stark
sinnliche Gestaltung einer Episode des Lebens, daß neben deren
Allumfassen alle andern Teile des Lebens überflüssig werden.
Die inhaltliche Vertiefung und Verfeinerung nimmt nun einerseits der entscheidenden Situation der Novelle die frische und
die starke Sinnlichkeit; zeigt anderseits die Menschen so man-
nigfaltig und in so mannigfaltigen Beziehungen, daß es kein
Ereignis mehr gibt, welches sie ganz ausdrücken könnte. So entsteht eine neue Kunstgattung, eine – wie jede durch die moderne
Entwicklung geschaffene – widersinnige Gattung, eine solche,

deren Form die Formlosigkeit ist. Denn was so gewonnen und erreicht werden kann, ist nicht mehr als einige Episoden aus einem Menschenleben; die Episoden können aber nicht mehr symbolisch werden (wie in der Novelle) und das Ganze ist nicht so stark, um ein besonderes geschlossenes, alles umfassendes Universum sein zu können (wie der Roman). Somit erinnern diese Novellen an wissenschaftliche Monographien, ja noch mehr an Skizzen zu Monographien. Ihr Wesen ist kunstfeindlich – wenn ihre Mittel auch wirklich künstlerisch sind – weil das Ganze niemals eine von dem konkreten Inhalt unabhängige, durch die Form bewirkte Empfindung auslösen kann; eine Empfindung, welcher deshalb die Veränderung unserer Ansichten über den Inhalt nichts anhaben kann. Die Wirkung dieser Werke fußt, wie der der wissenschaftlichen Werke, einzig und allein auf den Inhalt, auf jenem dem Wesen nach mehr wissenschaftlichen Interesse, welches die in ihnen zusammengetragenen neuen Beobachtungen wecken können. [...]

ROBERT MUSIL

125 *Die Novelle als Problem* [ED in: Die Neue Rundschau. 1914]. In: R. M., Tagebücher, Aphorismen, Essays und Reden. Hg. von A. Frisé. Hamburg: Rowohlt 1955 (= Gesammelte Werke in Einzelausgaben), S. 684f.

Ein Erlebnis kann einen Menschen zum Mord treiben, ein anderes zu einem Leben fünf Jahre in der Einsamkeit; welches ist stärker? So, ungefähr, unterscheiden sich Novelle und Roman. Eine plötzliche und umgrenzt bleibende geistige Erregung ergibt die Novelle; eine langhin alles an sich saugende den Roman. Ein bedeutender Dichter wird jederzeit einen bedeutenden Roman schreiben können (und ebenso ein Drama), wenn er über Figuren und eine Erfindung verfügt, die gestatten, daß er seine Art zu denken und fühlen ihnen eindrückt. Denn die Probleme, die er entdeckt, verleihen nur dem mittleren Dichter Bedeutung; ein starker Dichter entwertet alle Probleme, denn seine Welt ist anders und sie werden klein wie Gebirge auf einem Globus. Aber man möchte denken, daß er nur als Ausnahme eine bedeutende Novelle schreiben wird. Denn eine solche ist nicht er, sondern etwas, das über ihn hereinbricht, eine Erschütterung; nichts, wozu man geboren ist, sondern eine Fügung des Geschicks. – In diesem einen Erlebnis vertieft sich plötzlich die Welt oder seine Augen kehren sich um; an diesem einen Beispiel glaubt er zu sehen, wie alles in Wahrheit sei: das ist das Erlebnis der Novelle. Dieses Erlebnis ist selten und wer es öfters hervorrufen will, betrügt sich. Die sagen, der Dichter hätte es immer, verwechseln es mit den gewöhnlichen intuitiven Elementen des Schaffens und kennen es überhaupt nicht. Es ist ohneweiters sicher, daß man große innere Umkehrungen nur ein- oder ein paarmal erlebt; die sie alle Monate erleben (es wären solche Naturen denkbar), hätten ihr Weltbild nicht so fest verankert, daß seine Losreißung von Bedeutung sein könnte.

Die Konstruktion eines solchen Idealfalls der Novelle mag komisch aussehen, da es Novellisten gibt und Novelle ein Handelsartikel ist. Aber es ist selbstverständlich, daß hierbei nur von den äußersten Anforderungen gesprochen wird. Ein Mensch ist vorausgesetzt, der an sein Tun die stärksten Ansprüche stellt; dem Schreiben keine selbstverständliche Lebensäußerung ist, sondern der jedesmal eine besondere Rechtfertigung von sich dafür verlangt, wie für eine leidenschaftliche Handlung, die ihn (vor der Ewigkeit) exponiert. Der nicht gackert, wo sich nur ein Ei in ihm regt, sondern Einfälle für sich behalten kann. Der durchaus nicht nur darauf angewiesen ist, sich auszudichten, sondern auch ein Denker ist und weiß, bei welchen inneren Feldzügen man sich auf die eine, bei welchen auf die andre Waffe stützen muß, und nicht beide gegeneinander mengt. Und der schließlich mit indianischer Eitelkeit zu tragen vermag, daß vieles ihm nicht zu sagen gelingt und mit ihm zugrunde gehen wird. Dieser Mensch wird freilich sogar selten ein Gedicht machen, seine Phantasie wird nicht strömen wie ein Brunnen auf einem öffentlichen Platz. Er wird fremd bleiben und ein Sonderling; er wird vielleicht gar kein Mensch sein, sondern ein Etwas in mehreren. Wenn Kritik einen Sinn hat, so ist er, diese Möglichkeit nicht zu vergessen und manchmal alles o ja gewiß Schöne zur Seite zu schieben und zu zeigen, daß es nur eine Gasse ist.

Aber selbstverständlich erfordert der normale Betrieb auch eine andre Betrachtung. Dichtungen sind nur in einer Wurzel

Utopien, in einer andren aber wirtschaftliche und soziale Produkte. Sie haben nicht nur Pflichten, sondern sind Fakten, und die Pflichten haben sich mit ihnen abzufinden. Man schreibt Dramen, Romane, Novellen und Gedichte, weil es diese Kunstformen nun einmal gibt, weil Nachfrage besteht und weil sie sich zu vielem eignen. Kunstformen kommen auf und vergehen, wie das Versepos; und nur bis zu einem gewissen Grad ist das Ausdruck innerer Notwendigkeiten. In ästhetischen Fragen steckt oft mehr Praxis und gemeine Notwendigkeit als man denkt. Und wie man mit Interesse auf kleine schöne Erlebnisse, auf Tagebuchnotizen, Briefe und Einfälle zurückblickt und wie im Leben nicht nur die größten Spannungen Wert haben, so schreibt man Novellen. Sie sind eine rasche Form des Zugreifens. Und man darf nicht übersehen, daß von den starken Eindrücken der Literatur viele aus solchen Novellen kommen, und muß es ihnen danken. Sie sind oft kleine Romane oder in Bruchstücken skizzierte oder Hinwürfe irgendeiner Art, die nur im wesentlichen ausgeführt sind. Ihr Wesentliches kann in Symptomhandlungen eines Menschen liegen oder in solchen seines Dichters, in Erlebnissen, in der Silhouette eines Charakters oder eines Schicksalsablaufs, die für sich zur Darstellung reizt, und vielen kaum zusammenzählbaren Möglichkeiten. Es kann Wundervolles darunter sein und eben noch Hinlängliches; die kleinste Schönheit legitimiert schließlich auch noch das Ganze. Außer dem Zwang, in beschränktem Raum das Nötige unterzubringen, bedingt kein Prinzip einen einheitlichen Formcharakter der Gattung. Hier lebt das Reich nicht der notwendigen, wohl aber der hinreichenden Gründe. Wie man über die Versuche zu denken hat, statt von der Erlebnisbedeutung, von den ästhetischen Wundern der Novelle zu sprechen, von der Knappheit, dem Glück der Kontur, dem Zwang zur Tatsächlichkeit oder zur Wahl eines repräsentativen Augenblicks und ähnlichem solchen – neben das Menschliche gestellt – künstlerischen Mittler- und Maklerglück, das ihre Stellung bezeichnen soll, braucht nach all dem nicht gesagt zu werden.

REGISTER

Das Register ergänzt die Angaben in den Texten und bringt die voll-
ständigen Namen und Werktitel, auf diese Weise eine gewisse Kom-
mentierung bietend.
   Mit * bezeichnete Seitenzahlen beziehen sich auf die aufgenomme-
nen Texte. In Klammern gesetzte Seitenzahlen bedeuten, daß das
Stichwort im Text nicht aufscheint, sondern inhaltlich erschlossen ist.